GESELLSCHAFT
FÜR INFORMATIK

Axel Kalenborn, Masud Fazal-Baqaie, Oliver Linssen,
Alexander Volland, Enes Yigitbas, Martin Engstler,
Martin Bertram (Hrsg.)

Projektmanagement und Vorgehensmodelle 2023

PVM 2023

Nachhaltige IT-Projekte

**Gemeinsame Tagung der Fachgruppen
Projektmanagement (WI-PM) und
Vorgehensmodelle (WI-VM)
im Fachgebiet Wirtschaftsinformatik
der Gesellschaft für Informatik e.V.
in Kooperation mit der Fachgruppe
IT-Projektmanagement der GPM e.V. und
dem PMI Germany Chapter e.V.**

**16. und 17. November 2023
in Hagen**

Gesellschaft für Informatik e.V. (GI)

Lecture Notes in Informatics (LNI) - Proceedings
Series of the Gesellschaft für Informatik (GI)

Volume P-340

ISBN 978-3-88579-734-0
ISSN 1617-5468

Volume Editors
Prof. Dr. Axel Kalenborn, Universität Trier (kalenbor@uni-trier.de)
Dr. Masud Fazal-Baqaie, NEXT Data Service AG (masud@next-data-service.com)
Prof. Dr. Oliver Linssen, FOM Hochschule für Oekonomie und Management,
        Bergische Universität Wuppertal (oliver.linssen@fom.de)
Alexander Volland, Union IT-Services GmbH (alexander.volland@union-investment.de)
Dr. Enes Yigitbas, Paderborn University (enes@mail.uni-paderborn.de)
Prof. Dr. Martin Engstler, Hochschule der Medien Stuttgart (engstler@hdm-stuttgart.de)
Dr. Martin Bertram, PMI Germany Chapter e. V. (martin.bertram@pmi-gc.de)

Geleitwort

Liebe Teilnehmer:innen, geschätzte Forscher:innen,

sehr geehrte Damen und Herren,

es ist mir eine außerordentliche Freude, Sie zur diesjährigen Auflage der PVM-Fachtagung, Projektmanagement und Vorgehensmodelle 2023, begrüßen zu dürfen. In diesem Jahr kommen wir in Hagen zusammen, um über ein Thema von zentraler Bedeutung für unsere heutige Zeit zu diskutieren: "Nachhaltige IT-Projekte". Die Zukunft der projekthaften Zusammenarbeit gestaltet sich zunehmend im Kontext der Nachhaltigkeit – etwa in Form von New Work-Projektmanagementansätzen und an New Work adaptierte Vorgehensmodelle. Aus diesem Grund bin ich sehr dankbar, dass diese Konferenz uns die Plattform bietet, um Ideen, Erkenntnisse und Innovationen zu teilen, die den Weg für mehr Nachhaltigkeit ebnen.

Die vergangenen Jahre haben uns gelehrt, wie rasch und tiefgreifend Veränderungen eintreten können. Während die Welt mit globalen Herausforderungen konfrontiert ist, müssen wir als Akademiker:innen, Forscher:innen und Fachleute die Verantwortung übernehmen, nachhaltige Lösungen zu finden, die unseren Planeten schützen und gleichzeitig Fortschritt ermöglichen. Durch die erarbeiteten und diskutierten Beiträge haben wir die Gelegenheit, voneinander zu lernen, unsere Perspektiven zu erweitern und gemeinsam an einer besseren Zukunft zu arbeiten.

Unser herzlicher Dank gilt zunächst dem Fachbereich Technische Betriebswirtschaft (TBW) an der Fachhochschule Südwestfalen, der diese Konferenz ermöglicht und einen Raum schafft, in dem Wissen ausgetauscht und neue Impulse geboren werden können. Ganz nach unserem Motto „Wir geben Impulse".

Es erfüllt mich Freude und zugleich Stolz, dass dieser Austausch in Südwestfalen stattfindet. Die hier ansässigen Unternehmen und Bildungseinrichtungen streben nach kontinuierlicher Innovation und können von diesem Austausch nur profitieren.

Der Dank des Organisationskomitees gilt den großzügigen Sponsoren: Der Akf Bank GmbH & Co KG, der liquidmoon GmbH sowie als Spin-off der TBW der Code Zero Consulting. Ihr Engagement und Ihre Unterstützung sind von unschätzbarem Wert und tragen dazu bei, dass diese Konferenz ein Ort des Austauschs und der Inspiration wird.

Ich wünsche Ihnen inspirierende Diskussionen, wegweisende Erkenntnisse und fruchtbare Interaktionen während der PVM-Konferenz 2023 sowie beim Lesen des Tagungsbandes. Möge diese Veranstaltung uns nicht nur informieren, sondern auch dazu ermutigen, aktiv an der Gestaltung von verantwortungsvollen IT-Projekten teilzunehmen, die ökologisch, sozial und wirtschaftlich nachhaltig sind.

Mit freundlichen Grüßen,

Prof. Dr. André Coners

Im Namen der TBW

Fachhochschule Südwestfalen, Hagen

Vorwort

Liebe Leserinnen und Leser,

unter dem inspirierenden Leitthema "Nachhaltige IT-Projekte" möchten wir Sie mit diesem Tagungsband auf eine Reise durch die aktuellen Herausforderungen und Lösungsansätze der sich stetig entwickelnden IT-Projektwelt mitnehmen.

Die Welt um uns herum befindet sich im rasanten Wandel. Die Digitalisierung und die digitale Transformation verändern nicht nur die Art und Weise, wie wir arbeiten, sondern auch die Projekte, die wir gestalten. Projektaufträge sind nicht mehr nur technische Herausforderungen, sondern sie müssen auch gesellschaftlichen Trends und politischen Vorgaben gerecht werden. Die Forderung nach Nachhaltigkeit wird dabei immer lauter. IT-Lösungen sollen nicht nur effizienter sein, sondern auch die Auswirkungen auf die Umwelt und die Gesellschaft berücksichtigen.

Die IT kann sowohl positive als auch negative Auswirkungen auf die Nachhaltigkeit haben. Der Energieverbrauch von IT-Systemen und Online-Diensten ist enorm, aber gleichzeitig bietet die IT auch die Möglichkeit, durch smarte Lösungen und intelligente Steuerungssysteme erhebliche Einsparungen zu erzielen. Unternehmen stehen vor der Herausforderung, ökologisch und sozial verantwortlich zu handeln und gleichzeitig wirtschaftlich erfolgreich zu sein. Dies erfordert nicht nur technologische Innovation, sondern auch neue Governance-Strukturen und Vorgehensmodelle.

Die PVM 2023 widmet sich daher dem wichtigen Thema der Nachhaltigkeit im IT-Projektmanagement und in anderen IT-Vorhaben. An den beiden Konferenztagen, die jeweils mit einer passenden Keynote eröffnet werden, möchten wir dies mit seinen verschiedenen Aspekten beleuchten und diskutieren.

Das Hauptprogramm umfasst elf ausgewählte Fachbeiträge aus Praxis und Wissenschaft. Alle Beiträge haben einen wissenschaftlichen Reviewprozess durchlaufen (Annahmequote 50%). Neben den Autoren gilt unser Dank vor allem den Mitgliedern des Programmkomitees, die durch ihre Begutachtungen einen objektiven Bewertungsprozess der Beiträge für das wissenschaftliche Hauptprogramm und das Future-Track-Programm ermöglicht haben.

Im Hauptprogramm greifen Vorträge unter anderem auf, wie Virtualisierung mehr Nachhaltigkeit unterstützt und wie digitale Nachhaltigkeit über digitale Souveränität durch den Einsatz von Open Source gestaltet werden kann. Es wird außerdem diskutiert, inwiefern Agile Leadership einen positiven Einfluss auf Nachhaltigkeit im Projekt hat, außerdem wird untersucht, wie der Nachhaltigkeitsgrad eines Unternehmens bestimmt werden kann.

Die Beiträge im Future-Track-Programm liefern daran anknüpfend Impulse zu verschiedenen Facetten der Nachhaltigkeit. So wird Nachhaltigkeit als mögliches Selektionskriterium für Projekte im Portfoliomanagement diskutiert, es geht um nachhaltige Prozessorientierung und Nachhaltigkeitsmanagement im IT-Projektmanagement. Darüber hinaus wird beleuchtet, inwiefern über Circular Economy bei IT-Dienstleistern bereits in der Literatur berichtet wird.

Die PVM 2023 verspricht spannende Diskussionen, inspirierende Vorträge und innovative Ideen, die dazu beitragen werden, die IT-Projektwelt nachhaltiger und zukunftsorientierter zu gestalten. Wir möchten uns an dieser Stelle bei all denjenigen bedanken, die an der Organisation und Gestaltung dieser Tagung beteiligt sind, insbesondere bei unseren Kooperationspartnern, der GPM e.V. und dem PMI Germany Chapter e.V., sowie bei der FH Südwestfalen, die uns als Gastgeber unterstützt. Wir bedanken uns außerdem bei der AKF Bank, der Code Zero Consulting UG, der liquidmoon GmbH und der Plutoneo Consulting GmbH für die Unterstützung der Veranstaltung.

Wir hoffen, dass dieser Tagungsband für Sie eine wertvolle Quelle neuer Erkenntnisse, und Anregungen sein wird. Wir ermutigen Sie, die Diskussionen und Fragestellungen, die auf dieser Tagung aufkommen in der GI-Fachgruppenarbeit weiter zu vertiefen. Informationen zu Workshops, Terminen und Kontakten finden Sie auf den Internetseiten der GI-Fachgruppen Projektmanagement WI-PM (https://fg-wi-pm.gi.de) und Vorgehensmodelle WI-VM (https://fgwi-vm.gi.de).

Wir wünschen Ihnen eine anregende, erkenntnisreiche und unterhaltsame PVM 2023 in Hagen mit vielen spannenden Diskussionen rund um nachhaltige IT-Projekte.

Berlin, Paderborn, Frankfurt am Main, Trier im November 2023

Alexander Volland, Axel Kalenborn
Masud Fazal-Baqaie, Enes Yigitbas

Sprecher und stellv. Sprecher der GI-Fachgruppen Projektmanagement und Vorgehensmodelle

Programmkomitee

Vorsitz

Dr. Masud Fazal-Baqaie (Sprecher der Fachgruppe Vorgehensmodelle)

Dr. Enes Yigitbas (Stv. Sprecher der Fachgruppe Vorgehensmodelle)

Alexander Volland (Sprecher der Fachgruppe Projektmanagement)

Prof. Dr. Axel Kalenborn (Stv. Sprecher der Fachgruppe Projektmanagement)

Prof. Dr. Oliver Linssen (Sprecher der Fachgruppe IT-Projektmanagement der GPM)

Dr. Martin Bertram (Vorstand PMI Germany Chapter e.V.)

Prof. Dr. Martin Engstler, Hochschule der Medien Stuttgart

Mitglieder

Dr. Martin Bertram, PMI Germany Chapter e. V.

Denis Beßen, GI

Prof. Dr.-Ing. Hans Brandt-Pook, FH Bielefeld

Dr.-Ing. Birgit Demuth, TU Dresden

Prof. Dr. Martin Engstler, Hochschule der Medien Stuttgart

David Faißt, IFS Consulting GmbH

Dr. Masud Fazal-Baqaie, Next Data Service AG

Dr. Thomas Greb, Thomas Greb Consulting

Dr. Marvin Grieger, VHV Gruppe

Dr. Andreas Helferich, International School of Management

Prof. Dr. Georg Herzwurm, Universität Stuttgart

Silke Homann-Vorderbrück, Stadt Tönning

Prof. Dr. Axel Kalenborn, Universität Trier

Gerrit Kerber, Gerrit Kerber Unternehmensberatung

Prof. Dr. Marco Kuhrmann, Reutlingen University

Prof. Dr. Oliver Linssen, FOM Hochschule für Oekonomie und Management

Chinn-Jia Meng, DB Fernverkehr AG, Deutsche Bahn

Dr. Helge Nuhn, Wilhelm Büchner Hochschule Darmstadt

Prof. Dr. Joachim Sauer, NORDAKADEMIE

Alexander Volland, Union IT-Services GmbH

Dr. Enes Yigitbas, Universität Paderborn

Organisationskomitee

Prof. Dr. Axel Kalenborn (Sprecher der Fachgruppe Projektmanagement)

Alexander Volland (Stv. Sprecher der Fachgruppe Projektmanagement)

Dr. Masud Fazal-Baqaie (Sprecher der Fachgruppe Vorgehensmodelle)

Dr. Enes Yigitbas (Stv. Sprecher der Fachgruppe Vorgehensmodelle)

Prof. Dr. Oliver Linssen (Sprecher der Fachgruppe IT-Projektmanagement der GPM)

Dr. Martin Bertram (Vorstand PMI Germany Chapter e.V.)

Prof. Dr Martin Engster, Hochschule der Medien Stuttgart

Gastgeber

Fachhochschule Südwestfalen

Hauptsponsor

akf bank GmbH & Co KG

Weitere Sponsoren

Plutoneo Consulting GmbH

Code Zero Consulting UG

liquidmoon GmbH

Kooperationspartner

GPM Deutsche Gesellschaft für Projektmanagement e.V., Fachgruppe IT-Projektmanagement

Project Management Institute (PMI)
Germany Chapter e. V.

Unsere berufliche Familie sucht digitale Mindsets

Digitals sollen bei uns vor allem eines sein: immer up to date. Denn was heute noch der neueste Stand ist, gilt morgen schon als veraltet. Verfügen Sie über das nötige Mindset, um die Digitalisierung unserer Prozesse voranzutreiben und die Infrastruktur der akf bank zukunftssicher zu gestalten? Dann werden Sie Teil unserer beruflichen Familie!

Wir sind Motor der Wirtschaft und seit über 50 Jahren in NRW und deutschlandweit zu Hause. Als Tochter des internationalen Vorwerk-Konzerns sind die akf bank und akf leasing eine der großen Finanzierungs- und Leasinggesellschaften Deutschlands.
Wir bieten auf den Kunden zugeschnittene Finanzlösungen für Projekte und Produkte des Mittelstandes. Wir suchen mutige, ideenreiche und kommunikative Köpfe, die mit uns Taktgeber des Fortschritts sein wollen.

Wenn Sie die Mitgestaltung der akf bank von morgen antreibt, haben Sie als Digital bei uns beste Aussichten – wir suchen regelmäßig Application Manager, Projektmanager, Software Entwickler, Service Manager, Full Stack Software Entwickler und Servant Leader für unseren IT Bereich. Alle Jobs finden Sie unter https://www.akf.de/jobs-und-karriere/aktuelle-stellen-angebote/.

Inhaltsverzeichnis

Teil III – Beiträge der Session „Future Track"

Teil I

Keynotes

Nachhaltigkeit gestalten: Integration von ESG im Target Operating Model als Schlüssel zum Erfolg

Stefan Bochtler[1]

Abstract: Eine umfassende Integration von ESG-Aspekten (Environmental, Social, Governance) in das Target Operating Model eines Unternehmens ist von entscheidender Bedeutung, um eine Vorreiterrolle einzunehmen und den wachsenden regulatorischen Anforderungen gerecht zu werden. Dabei bildet ein sauberes ESG-Datenmodell, das effektiv in die IT-Infrastruktur des Unternehmens eingebunden ist, die Basis und ermöglicht eine Quantifizierung von ESG-Metriken. Bei der Integration von ESG in das Betriebsmodell sind regulatorische Vorgaben zu berücksichtigen, zentrale Kernprozesse um ESG-Aspekte zu ergänzen und innovative ESG-Produkte zu entwickeln. Den Rahmen hierfür bildet eine übergeordnete ESG-Strategie, in der Ambition, Ziele und Steuerungsmechanismen festgelegt werden. Anhand des Beispiels von Finanzinstituten wird aufgezeigt, welche Herausforderungen und Chancen mit der Verankerung von ESG im Target Operating Model verbunden sind und wie diese entsprechend adressiert werden können.

Keywords: IT, Management, Nachhaltigkeit, ESG, Target Operating Model

---

[1] Boston Consulting Group, bochtler.stefan@bcg.com

Datacenter Evolution und Nachhaltige Digitale Infrastrukturen

Gunnar Schomaker[1]

Abstract: High-Performance Computing (HPC) gehört heute zu einem der vielen Technologien der Industrie und Wissenschaft und zählt zu deren unabdingbaren Ressourcen zur Bewältigung rechenintensiver Aufgaben. Exemplarisch in der Industrie sind komplexe Produkt-Simulationen oder in der Wissenschaft Klimamodelle, die Atomphysik oder die Biologie. Die Rechenzentren in Deutschland benötigen ca. 3 % des nationalen Stroms, Tendenz steigend. Der Anteil der deutschen HPC-Rechenzentren (-Leistung) und HPC-Ressourcen wird derzeit nicht separat erfasst. Ausschließliche Effizienz-Maßnahmen für Energieeinsparungen werden in Rechenzentren die massiven Einsparungen hin zur gewünschten CO2-Neutralität nicht erzeugen. Dennoch, das Ziel vieler Forschungsaktivitäten ist es durch die Verbesserung der Energieeffizienz Rechenzentren nachhaltiger und wirtschaftlicher am Standort Deutschland zu betreiben. Das Forschungsvorhaben ESN4NW schlägt mit seinem progressiven Lösungsansatz unter Einbezug der Wind-CORES-Idee eine neue Richtung für nachhaltige digitale Infrastrukturen ein. Es stellt die Versorgung, die Verortung, die HPC-Rechenzentrumsarchitektur, kombiniert mit einer Energie- und Abwärme-geführten Betriebsführung zur Diskussion und die tatsächliche Herkunft der Energie in den Mittelpunkt. Letztendlich ein weiterer konsequenter Schritt in der Evolution von nutzenorientierten Architekturvarianten für nachhaltige Rechenzentren.

Der Impuls dieser technischen Evolution entsprang aus der Anforderung Überlastungen im Stromnetz zu vermeiden. Dazu werden Windkraftanlagen unter Verlust der erzeugbaren Energie gedrosselt und bisweilen auch abgeriegelt. Diese Ressource wird nicht erschlossen, sie wird „weggeworfen" und steht als nachhaltige Energie z.B. für High-Performance Computing nicht zur Verfügung. Um dies dennoch zu erreichen sind einige Innovationsschritte notwendig und neue Fragestellungen zu beantworten. Wie sieht das Betriebsmodell von verteilten Rechenzentren innerhalb der Bestandsinfrastrukturen der Energieerzeugungssysteme aus? Welche physischen und digitalen Infrastrukturen sind notwendig, um das Betriebsmodell umzusetzen. Wird durch die entstehenden Architekturen tatsächlich der gewünschte Nachhaltigkeitseffekt erreicht?

Der Vortrag wird versuchen Einblicke in die Geschichte der WindCORES bis hin zum aktuellen Stand der Arbeiten zu geben und die Motive der noch immer stattfindenden Evolution darzulegen.

Keywords: High-Performance Computing, Nachhaltigkeit, WindCORES

---

[1] Universität Paderborn, Software Innovation Campus Paderborn (SICP), schomaker@sicp.de

Teil II

Hauptprogramm

Requirements for a Decision Support System for Managing Complexity of Multidimensional IT Project Assessments in the Context of IT Portfolio Management

Julian Abbing[1], Oliver Linssen[2]

Abstract: Many companies evaluate their IT projects primarily according to financial decision criteria. The subsequent IT project selection for the IT portfolio is additionally influenced by political factors, various (partially unclear) standards, and questionable evaluation methods. There is a risk of misinvestment in IT projects that do not fit the company's strategy and accordingly lead to misallocation of resources. To solve this problem, this study will develop requirements for a decision support system that will enable a systematic, comprehensive, and transparent decision-making process for selecting suitable IT projects.

Keywords: Project portfolio management, IT project evaluation, project assessments, IT project selection, decision support system, requirements, requirements templates, PARIS, Patterns for Requirements Specification

1   Introduction

According to Markowitz's (1955) modern portfolio theory, securities portfolios should be selected so that the risks are spread as widely as possible through diversification. An efficiency curve can be used to identify a securities portfolio that, compared to other portfolios, has a lower risk with the same expected return or a higher return with the same risk [Ma52]. The risk dimension is also a significant consideration when selecting IT projects for IT project portfolios (ITPP) due to the imbalance between often high investment costs on the one hand and elusive, intangible benefits on the other [Ay18]. In contrast to securities portfolios, IT project portfolios require further considerations in addition to financially oriented key figures [CZ08]. Strategic, benefit-oriented, or time-related vital figures are also considered so a purely financial perspective does not fully account for such decisions.

1.1   Problem statement

According to Bernroider et al. [Be14], the systematic, comprehensive, and transparent evaluation of IT projects is still one of the most important unsolved problems for (IT) management. However, the fundamental problem is not new. In addition to optimal IT project selection, timely decision-making, targeted IT project implementation, accurate evaluation, and timely termination of projects are critical challenges of IT portfolio management [Th07]. Inefficient decision-making processes when selecting IT projects can

---

[1] julianabbing@uni-muenster.de
[2] ifid - Institut für IT-Management & Digitalisierung, FOM Hochschule für Oekonomie & Management gemeinnützige GmbH, Essen, Studienzentrum Düsseldorf, oliver.linssen@fom.de

have two negative consequences. On the one hand, resources are consumed by inappropriate IT projects, and on the other hand, the company cannot reap the benefits it would have achieved if those resources had been used on better projects [Es16]. Due to the scarcity of resources caused by the shortage of skilled workers and the cost pressure caused by the ever-increasing IT expenditures of recent years, the pressure to make decisions and improve efficiency is also increasing [Ay18]. At the core of the described problems is the complexity management in the form of various influencing factors. To cope with this complexity, methods, and techniques are required to achieve a systematic assessment for decision support and portfolio management. Decision support systems (DSS) offer possibilities to increase the efficiency and success of an IT portfolio and manage complexity factors simultaneously [Ko20]. The essential goal is an optimal investment decision with the highest possible value from the project result [TW14].

1.2   Aim of the study

The aim of this research is to design a DSS for IT project portfolio management. For this purpose, a model to represent the decision-making process and the corresponding requirements should be documented. The process model and the requirements are derived from the scientific literature with the help of a systematic literature review (SLR). In addition, the requirements are subject to external reviews to obtain an assessment from the perspective of practitioners to improve the requirements then. Since the requirements were formulated with Patterns for Requirements Specification (PARIS) [Li22], the advantages and disadvantages of PARIS were also examined via the external reviews in order to evaluate them as part of the PARIS research project.

1.3   Structure of the study

In Chapter 2, the problem of this study is specified. Reference is made to the complexity drivers and the need to address them. In addition, we examine which dimensional approaches are required, how these dimensions are methodically evaluated, and which processes can be used as a basis for an DSS. Upon this basis, the formulation of requirements for an DSS is described in Chapter 3 and the findings of the external reviews for validating the requirements are presented. Chapter 4 compares complementary findings from the SLR and the external reviews in terms of opportunities and risks in the introduction, as well as the use of an DSS. In the context of the PARIS research project, the advantages and disadvantages of PARIS as a formulation language for further development are reflected upon. Finally, the main results are summarized in Chapter 6.

2   Complexity drivers in IT project evaluation

In science, IT projects are considered high-risk projects because they not only involve high costs, but also the determination of benefits is time-consuming and often remains unclear [Ay18], [Sc10]. This means that, in addition to a classic cost, time, and scope analysis, a multidimensional view is also appropriate for the investment decision. Using the example of the benefit of IT projects, not only economic key figures but also non-economic key figures should be taken into account in the evaluation. In contrast to the modern portfolio theory, according to Markowitz, quantitative *and* qualitative key figures must be evaluated accordingly [Pe14]. In the case of the qualitative key figures, the consideration of personal judgments in the decision-making process is of great relevance. This is due to the fact that some researchers consider purely rational approaches to be insufficient and that, in addition to political behavior and intentions, social structure must also be taken into account [Ho21]. Another complexity driver is volatility in the IT project environment due to constantly changing project scopes, general uncertainties, unknown influences, or the challenge of implementation [Al16]. The critical importance of unpredictability and uncertainties in IT projects has a corresponding influence on the decision-making process and the IT project evaluation [Al16]. The IT project assessment is embedded in the decision-making process for the IT portfolio selection so corporate organizational frameworks for IT control must be in place to enable reliable monitoring of the implementation and management of the IT projects [RL18]. The decision-making process when selecting an IT project is another complexity driver that must be carried out not just once but rather iteratively. The project life cycle plays an important role here since the content of the project management decision is different for each phase in the cycle, so that development costs, return on investment, scheduling and project risks arise accordingly [HG09]. In [Al20], [Ke95] and [Ar14], it is argued that deciding whether to cancel or continue a project that has got into difficulties is one of the most challenging decision-making situations for management. The participation of a large number of actors in the decision-making process also makes the relevance of systematic decision-making management and decision-making support clear since the different decision-making processes should be integrated and harmonized [PK15]. In addition to the targeted selection of criteria for the evaluation, correct, precise, and reliable input data are absolutely necessary for the procedures. In other words, it would be of little use to (IT) management if the best dimensions and criteria were found, but the data used was incorrect, manipulated, or incomplete [PK15]. Therefore data quality is an important prerequisite and another complexity driver in order to meet the various requirements for timeliness, consistency, accuracy, and completeness [PK15]. Above all, collecting and reproducing data in a suitable form is difficult, time-consuming, and expensive for companies [Ar15]. In summary, it can be seen that the sum of all the influencing factors listed leads to a high level of complexity in the IT project evaluation.

2.1   Systematic Literature Review for requirements elicitation

A Systematic Literature Review (SLR) was employed to assess the current state of research in order to identify essential dimensions for evaluating IT projects. The SLR followed the methodology outlined in Kitchenham's "A systematic review of systematic review process research in software engineering" [KB13]. First, a search strategy with predefined keywords was developed, followed by searches across various scientific databases to compile a selection of relevant articles. Subsequently, a quality assessment was conducted, and a final evaluation was summarized. To identify critical dimensions, the articles were examined for criteria that could serve as suitable dimensions. Additionally, various perspectives on project evaluation were explored to uncover potential dimensions. Consequently, critical dimensions were synthesized through a combination of criteria and diverse perspectives on projects. This synthesis was necessitated by the fact that only a few articles presented a higher-level, dimensional view as a result of their research. Many articles focused primarily on analyzing and developing multi-criteria evaluation methods, evaluating processes and process models within the context of project portfolio management, or investigating industry and company-specific issues. For the SLR, the following databases were selected for the search: BASE, IEEE Xplore, ScienceDirect, Google Scholar, The ACM Guide to Computing Literature, and Wiley Online Library. The primary keywords for the in-depth keyword analysis were "IT Project Evaluation" and "IT Project Portfolio Selection." To refine the search and encompass related topics, combination keywords were incorporated into the final search terms. Prior to initiating the search, inclusion and exclusion criteria were defined, including the exclusion of books and theses. The identified candidates underwent a thorough quality assessment. Articles with a quality assessment score below 50% were excluded from further consideration in the SLR results report. Ten articles were affected by this criterion. The outcomes are outlined below in tabular form.

Table 1: Summary of Results from Database Searches

Database	Number of hits	Candidates	Final selection
Base	35	2	2
IEE Xplore	11	9	4
ScienceDirect	204	2	1
ACM Digital Library	3	0	0
Wiley Online Library	4	0	0
Google Scholar	312	32	28
Total	**569**	**45**	**35**

From a compilation of 35 journal and conference contributions, eight critical dimensions were synthesized. These dimensions provide a comprehensive framework for the meticulous evaluation of IT projects [Ab23].

2.2   Need for a multidimensional view

Due to the prevailing dominance of the classic dimensions of IT project evaluation time, costs, and scope (also known as the iron or magic triangle [Wa16], [PK15], [VÁ18], [Bi17], [Sa22]) there is a risk that companies will select the wrong IT project. In [Kh13] it was already recognized in 2001 that IT portfolios are selected that do not fit the company's strategy because they are based on a limited view. Due to the strategic importance of IT in companies, maximizing business value has become increasingly relevant and, thus, an essential goal of agile software development [Ho21]. The strategic dimension should be considered accordingly in the IT project evaluation.

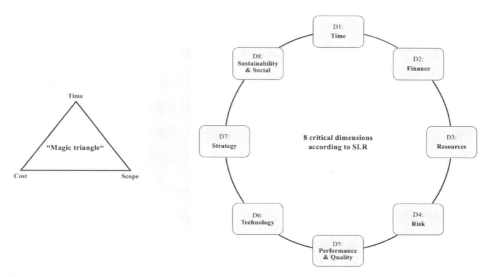

Figure 1: Extension of the "magic triangle" into further critical dimensions. Diagram by the authors.

Figure 1 shows the classic "magic triangle" compared to the results of the SLR with eight critical dimensions. Exemplary criteria for each of the eight dimensions are listed below:

- D1 Time: Project duration, milestones, or start and end times
- D2 Finance: Cost type, cost causer or project costs
- D3 Resources: Resource type or software/hardware
- D4 Risk: Project dependencies, number of risks, or risk class
- D5 Performance & Quality: Increase in company performance, improvement in customer satisfaction, or degree of requirement fulfillment
- D6 Technology: scalability, improvement of IT security or technology complexity
- D7 Strategy: Achievement of business goals, urgency, or obligation
- D8 Sustainability & Social: CO_2 footprint, storage reduction, or employee satisfaction

The eight dimensions that emerged out of the SLR make it clear that a three-dimensional view no longer seems appropriate to fully evaluate IT projects. In order to be able to evaluate IT projects according to these dimensions, suitable methods must be selected. Standardized methods such as the Balanced ScoreCard already propose concrete dimensions [Ar12]. However, these must be adjusted or adapted accordingly; hence an evaluation method from the environment of multi-criteria decision analysis (MCDA) is proposed for this study.

2.3   Selection of a multi-criteria evaluation method

More than 100 methods and techniques for MCDA are established in the literature to solve different types of decision problems [Yu22]. MCDA methods help decision-makers identify the best alternative from several potential candidates, depending on several criteria or attributes, which can be concrete or vague, tangible or immaterial [Al13]. The various MCDA methods can be sorted into groups, e.g., benefits measurement, mathematical programming, cognitive emulation, simulation and heuristics, real options, ad hoc models, and financial methods (e.g., net present value, return on investment, or payback period) [Al19], [Ka20], [LH04], [PS19]. In order to propose a suitable method, the decision problem should first be specified in order to derive specific requirements. From a theoretical point of view, the optimization problem for the evaluation method can be defined in such a way that the project portfolio selection involves selecting a subset of projects with the objective of maximizing the value of the portfolio in terms of several qualitative and quantitative criteria, given the (resource) constraints [Ch18]. This results in real decision-making problems, which recognize conflicting goals, make decisions, and find compromise solutions according to several criteria [Bą21]. As part of the search for methods, it quickly became apparent that researchers [Ka20], [Bą21] take the view that the use of many different criteria leads to the increased complexity of the decision problem. This makes it almost impossible to find a single, universal method for solving various sub-problems. Researchers [Es16], [ZT10], [Kh13], [EB17], [Bą21] propose so-called hybrid approaches in which different algorithms for solving the decision problem are combined in order to meet the respective requirements for goal optimization. For this study, the Analytical Hierarchy Process method was selected from the MCDA environment [Sa08]. The method is used, examined and repeatedly mentioned in the literature and offers a concrete solution for the ranking and scoring problem of IT projects in the IT portfolio selection. In addition, it can be flexibly combined with other methods (e.g., for hybrid approaches) and takes into account personal judgments in the form of preferences weighted by criteria.

2.4   Modeling of the decision-making process and the DSS

This study proposes a holistic decision-making process that represents the interaction between the business process level and the application system level. The relevance of such process modeling for the decision-making problem is also recognized in the literature: "There is a need for an elastic, agile and flexible interaction of people and technology in the form of a DSS that can respond in totality to subtle changes to meet the complex requirements of project assessment for portfolio design" [Th19]. The aim is to show the decision-making process for the selection of an IT project portfolio with influence by relevant key players. Not only the process up to the decision-making should be mapped, but also the recurring management activities after the decision. The iterative core process can be subdivided into sub-processes. The sub-processes contain activities that can also be found in other standard or reference processes, especially the continuous improvement process. In terms of content, the core process is based on the literature regarding project portfolio management and the portfolio life cycle in order to include essential activities and critical processes [Ma11], [FT00], [Ar12]. The decision-making process was subdivided into sub-processes (P1, P2, P3, and P4) as part of the study. The core process begins with the business event of completing the strategic corporate planning, which is handed over to the IT portfolio management with strategic targets (e.g., compliance with a cost limit or prioritization of sustainability projects). The DSS, called "EMP", provides various services and functions so that the process can be run more efficiently and effectively. In summary, it offers the following advantages: improvement of the process throughput time; a reduction in workload; an increased quality of results in the context of the decision problem; and a consolidation, preparation, and processing of information with corresponding calculations for analysis. The individual sub-processes are briefly explained below. For the modeling, the modeling language ArchiMate 3.1 [Th19] was used in order to be able to represent different views. The interaction between the process and the application level should be able to be modeled, while the meaning of individual elements such as roles, services, components and goals should be able to be represented.

Figure 2 (on the next page) contains the overall representation of the process. Only sub-processes P2 to P5 are described for reasons of space and scope.

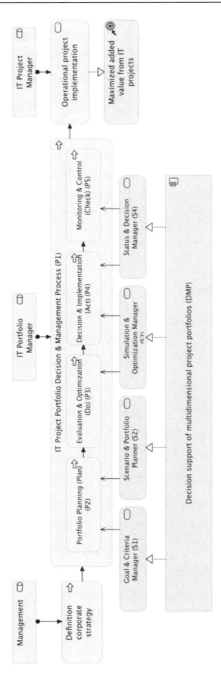

Figure 2: ITPP decision and management process as core process. Notation Archimate Ver. 3.1. Diagram by the authors. The colors correspond to the specifications in Archimate.

Sub-process P2: The portfolio planning process involves essential planning and preparatory activities necessary to be able to carry out the project evaluation and to ensure coordination with the business strategy and its business goals for the later project portfolio. The DSS services can be used to set goals and scenarios, select criteria, make an initial project selection, and then define a suitable evaluation method.

Sub-process P3: The evaluation and optimization process includes the project, portfolio and scenario evaluation to create an optimized decision template for approval by management. With the support of the application services, the following processes take place: the evaluation step for prioritization and evaluation of the planned criteria; the actual project evaluation according to the previously determined portfolio scenarios; the result check with corresponding optimization; and the preparation for a final decision template from the evaluation. In addition, the application service should automatically suggest recommendations for action for optimization, point out possible contradictions or errors, and make the decision recommendation more tangible through appropriate visualizations.

Sub-process P4: The decision-making and implementation process comprises the actual decision-making process based on the decision template, with the corresponding release from management for operational implementation. The final IT portfolio for implementation is determined here. The application service also supports deriving possible recommendations for action in order to derive possible optimization variables.

Sub-process P5: The sub-process of control involves the monitoring and control of the selected portfolio in order to continuously check the original selection decision for progress and target achievement, taking critical dimensions into account. This process step may lead to a need for reassessment and possible restructuring of the project portfolio. This would start the process again in the planning step of portfolio planning (P2). The application service provides status and progress reports on the defined goals and independently indicates changes. The service independently recognizes a new decision-making problem; for example, because individual IT projects have been aborted or stopped or because general critical dimensions have exceeded the target specifications.

3   Requirements for a decision support system

In a further step, the requirements for the decision support system were formulated using the PARIS templates in order to obtain precise requirements documentation [Li22]. The requirements were derived from the findings of the above-mentioned SLR and from the models of the ITPP decision and management process (see previous section) before being supplemented on the basis of expert reviews. A total of 210 requirements and definitions of terms were created in this way. The requirements have been documented in tabular form, with the following structure being used for the table:

Table 2: Table for formulating requirements for an DSS with PARIS (example)

ID	PARIS	Formulation according to PARIS templates	Review	ArchiMate object
129	functional requirement	If the EMP system has not yet stored business objective data, the system must allow the user to create one or more business goals.	Initial version	P2, S1

The table is sorted by an identification number (ID) and by the respective PARIS template. In addition, reference was always made to the respective expert review (EXP1 to EXP5) or the initial creation (initial version). The identification of the associated ArchiMate object was set for each requirement. This should make the reference to the modeling of the presented ITPP decision-making and management processes clear. The corresponding components (C), services (S), processes (P), databases (D), and the core system (EMP) were referenced here. When numbering the requirements (ID), reference was made in places to the corresponding process (P2, P3, P4, P5), which was modeled using Archi-Mate. Different types of requirements were used with PARIS templates, such as stakeholder requirements, service requirements, objectives, context, functional requirements, and glossary. As the details of PARIS have already been presented elsewhere [Li22], [Li20], they will not be discussed further here. The appendix to this article contains an excerpt of 55 critical requirements that are identified as particularly relevant in terms of importance and according to comments made in expert reviews. A total of 249 requirements and glossary entries were documented. The full specification is published on Researchgate [AL23].

External reviews were conducted with selected experts from IT management and IT project portfolio management to review, expand and improve the formulated requirements. The five experts come from different industries, roles and responsibilities but work in a corporate environment and at a university, so no expert at the top management level could be interviewed. The main goal of the external reviews was the validation of the requirements formulated with the help of the PARIS templates in order to check them for various criteria such as correctness, completeness, comprehensibility, and usefulness for practice. In addition to the general review of the requirements, interviewees were asked to identify the requirements that are particularly critical to the success of the, so that they can be introduced and used in practice and to identify any significant opportunities and risks. The experts were asked according to their professional and qualification profile. Five suitable candidates with experience in IT portfolio management and IT management were found who agreed to participate in a review. Before the actual review with defined key questions, the experts received all the requirements in advance so that they could be discussed in an individual video call. The duration of the call for all five experts was around 90 minutes. After the review was completed, the experts were asked about PARIS [Ab23].

The result of the reviews is that all five experts confirm the problem for practice. There were also additions identified by the experts, which were taken into account by formulating new requirements. Some of these additions are listed below as examples:

- It should be possible to define dependencies between IT projects, sub-projects and programs.
- Enable release and authorization functions so that the final implementation decision is accompanied by the system and there is a commitment to release by decision-makers.
- A clear evaluation of results in the form of defined key figures (e.g. as an ROI value).
- Groupings should be made in the form of project classifications and project categories in order to be able to structure the portfolio content.

- There should be documentation of past decisions on approved portfolios to build transparency into decision history.
- It is necessary to consider prioritization options for important or urgent IT projects, for example, due to legal requirements.
- A decision-making process should be run through repeatedly; e.g., during the planning rhythms, status, and progress changes of IT projects or after certain time periods.
- There should be independent reassessment and restructuring recommendations, e.g., after a progress change.

4   Further findings after SLR and external reviews

After summarizing the various information from the literature and the discussions with the experts, further insights into the introduction and use of an DSS can be derived in the form of possible opportunities and risks. These are summarized in Tables 2 and 3 below and could form the basis for further research work.

Table 3: Opportunities of introducing and using an DSS

ID	Opportunities	Impact
1	Streamline and structure the decision-making process	Reduction of investment risks and wrong decisions Traceability and transparency
2	Release and control mechanisms	Reduction of political influencing factors and conflicts of interest Auditability and process compliance
3	Systematic comparison with the corporate strategy	Reduction of "gut feeling decisions" Strategic alignment of the IT portfolio Structured operationalization of the goals in the form of IT projects
4	Integration into the application landscape	(Partial) automation for resource and cost efficiency Collection, preparation, and processing of various data from different systems to improve the quality of decisions
5	Speed and flexibility in decision-making	Increased reaction speed in dynamic and volatile IT environments Involvement of different stakeholders Access to historical experience

Table 4: Risks of introducing and using an DSS

ID	Risks	Impact
1	Resistance of	Change process within the organization required with

ID	Risks	Impact
	individual actors	clarification of authorities and responsibilities
2	Illusion of an "optimal" IT portfolio	Clarification of objectives and expectations necessary (satisfaction and compromise solutions) Disappointment in terms of controllability and plannability among decision-makers
3	Presentation of added value	Formal and sophisticated IT project reviews might not necessarily provide better results for decision making Challenge in measuring success
4	Fulfillment of requirements	Backing of top management Quality of the data Organizational maturity
5	Standard solution not sufficient	Customization requirements for processes or interfaces, for example Different requirements depending on the industry, size of companies, or culture of companies

5   Reflection on the use of PARIS

As part of the study, the advantages and disadvantages of the PARIS templates were examined. One of the main advantages of PARIS is that the requirements formulated are easy to read and understand. This was also shown in the reviews because only a few clarification questions were asked. The structure of the PARIS templates avoided complicated wording in order to facilitate reader accessibility. The repetitive template structure not only made it easier to read but also the actual wording. PARIS thus not only offers advantages for the reader, but also for the creator of the requirements. A routine was already established after the formulation of a few requirements, since the elements and the structure are repeated. Critically, some experts noted that the tabular form could distract from important and critical requirements and therefore wanted a compressed version (e.g., via grouping or graphic highlighting). Although specifications and functional specifications are often extensive, the use of PARIS templates results in increased effort in structuring and managing individual requirements. The number of requirements is increasing because requirements formulated with PARIS are very finely granulated. During the reviews, some experts were surprised by the high number of requirements. The large number of requirements was perceived as "tiring" by experts during validation. Tool support can help with some points here, but large numbers of requirements are a fundamental problem in requirements engineering, a problem that can only be partially solved by software. For example, the search, structuring, and clarity of a large number of requirements, as well as the actual formulation, could be technically facilitated with interactive templates for the writers.

6   Conclusion and future work

Within the scope of the study, eight dimensions were identified from the scientific literature for the holistic evaluation of IT projects: time, finance, resources, risk, performance
and quality, technology, strategy, sustainability and social. Companies are confronted by
influencing factors with a high level of complexity, so the use of a decision support system
(DSS) can help them to cope. For such an DSS, 249 requirements were formulated and
assessed in a review by five external experts. After discussing opportunities and risks, it
was concluded that a purely rational, algorithmic evaluation does not seem suitable for
practical use. Instead, an DSS offers the possibility of combining subjective and algorith-
mically defined influencing factors. An DSS can thus influence decision-making behavior
in order to avoid a purely intuitive, subjective decision and to solve the decision problem
in a structured manner. In practice, this could provide a middle ground between elaborately
detailed planning and absolute "laissez-faire" project assessments. However, technological and political barriers in companies still have to be solved by human intervention. For
this reason, an DSS cannot completely resolve the complexity, but it can move toward a
more optimal investment decision for (IT) managers. Since this study represents a conceptual basis for the development of an DSS, critical success factors for introduction and use
should be examined in advance. In addition, an evaluation of existing software solutions
on the market should be considered and a strategic positioning for the development of a
prototype should be derived from this.

In summary, PARIS has proven to be an effective tool for formulating comprehensible
and precise requirements. PARIS could thus be highly relevant for broad practical use and,
above all, prevent failures in software development and IT projects. It is even conceivable
that it could be used in non-IT subject areas, possibly creating further templates in PARIS.

7   Appendix: Review of requirements

Table 5: Excerpt of requirements for a decision support system

ID	PARIS	Formulation according to PARIS templates	Review	Archi-Mate object
12	Stake-holder Require-ment	Corporate compliance requires that the EMP system manda-torily prioritize projects into project portfolios to ensure the company's legal compliance, so that they are implemented as quickly as possible to avoid penalties and sheeple cases.	Initial version	Not mo-deled.
14	Stake-holder Require-ment	Occupational safety requires that the EMP system include projects to improve occupational safety requirements so that they are implemented as prioritized as possible to prevent occupational accidents.	Initial version	Not mo-deled.
20	Stake-holder Require-ment	(IT) management requires that the EMP system enables the Decision Maker user role to release decision templates for a project portfolio.	Initial version	P2.5, P4
34	Service Require-ment	The manager of occupational safety must review projects for requirements to increase occupational safety so that such projects are prioritized.	Initial version	Not mo-deled.

ID	PARIS	Formulation according to PARIS templates	Review	Archi-Mate object
35	Service Require-ment	The IT security manager must review projects for IT security relevance so that such projects are prioritized.	Initial version	Not modeled.
36	Service Require-ment	The Compliance Manager must mark projects on compliance requirements of the company as mandatory so that such projects are implemented immediately.	Initial version	Not modeled.
38	Service Require-ment	The decision maker must specify goals from strategic corporate planning so that the IT portfolio can be aligned with the corporate strategy.	Initial version	Not modeled.
39	Service Require-ment	The decision maker can specify scenarios from strategic business planning so that the IT portfolio can be aligned with the business strategy.	Initial version	Not modeled.
41	Objec-tive	It must be an outcome objective of the EMP system that the system assists in pre-selecting IT project portfolios for evaluation so that different portfolios can be compared.	Initial version	EMP
44	Objec-tive	It must be an outcome goal of the EMP system that the system will assist in restructuring IT project portfolios so that new projects can be added to the portfolio or existing projects in the portfolio can be removed.	EXP5	EMP
45	Objec-tive	It must be an outcome goal of the EMP system to assist in rebalancing IT project portfolios so that existing projects can be given a different priority.	Initial version	EMP
46	Objec-tive	It must be an outcome objective of the EMP system that the system takes into account strategic objectives in the evaluation in order to achieve the most profitable IT project investment decision with the highest possible added business value from the perspective of decision makers.	Initial version	EMP
48	Objec-tive	It must be an outcome goal of the system EMP that the system allows various stakeholders to participate in the decision-making process so that the inputs or outputs can be influenced to the point of decision-making.	Initial version	EMP
69	Objec-tive	It must not be an outcome goal of the EMP system to replace operational project management applications because EMP is intended to be integrated into the core decision-making process in the context of project portfolio design.	EXP1	EMP
75	Context	The EMP system must consider it relevant that data is manipulated by users to influence assessment results.	Initial version	EMP
76	Context	The EMP system must consider as relevant that -depending on the company- different processes for portfolio selection are defined to achieve decision making.	Initial version	EMP
82 (P2)	Functio-nal re-quire-ments	If the system EMP detects the project status "project abort" or "project end" in the project data, the system must independently recommend the user to re-evaluate the portfolio, so that the system can optimize the portfolio.	Initial version	P5.3, compo-nent K5
89 (P2)	Functio-nal re-quire-ments	The EMP system must allow the user to create one or more portfolio objectives so that there are objective or optimization sizes based on the business strategy.	Initial version	P2, P2.3, S2, D2

ID	PARIS	Formulation according to PARIS templates	Review	Archi-Mate object
94 (P2)	Functional requirements	The EMP system must allow the user to assign one or more projects to a portfolio.	Initial version	P2.3, component K2
95 (P2)	Functional requirements	The EMP system shall allow the IT portfolio manager to assign one or more objectives to a portfolio.	Initial version	P2.1, P2.2, component K2
97 (P2)	Functional requirements	The EMP system shall allow the IT project manager to assign one or more projects to another project to define dependencies between projects.	Initial version	P2.1, P2.2, component K3
101 (P2)	Functional requirements	The EMP system shall allow the IT portfolio manager to create one or more project categories.	EXP2	Not modeled.
103 (P2)	Functional requirements	The EMP system must allow the user to jointly evaluate projects with dependencies on other projects.	EXP2	Not modeled.
108 (P2)	Functional requirements	The EMP system shall allow the IT portfolio manager to release one or more portfolios to another user group for viewing.	EXP2	Not modeled.
116 (P2)	Functional requirements	The EMP system must allow the IT portfolio manager to create one or more criteria so that the system can use them to evaluate projects.	Initial version	P2.2, component K1
118 (P2)	Functional requirements	The EMP system must allow users IT portfolio managers to weight one or more criteria so that the system can use personal preferences to score projects.	Initial version	P2.2, component K1
122 (P2)	Functional requirements	The EMP system must allow users to comment on user objectives with a collaboration feature so that user input and assessment results can be commented on directly in the system.	EXP3	Not modeled.
131 (P2)	Functional requirements	The EMP system must enable the IT portfolio manager to structure corporate, portfolio, and project objectives and criteria in the form of a goal hierarchy so that the objectives and the associated criteria are clearly assigned in each case.	Initial version	Component K1, P2.1, P2.2
138 (P2)	Functional requirements	The EMP system must allow the IT portfolio manager to create one or more scenarios so that users can evaluate the portfolio according to different constraints and objectives.	Initial version	Component K2, P2.3
139 (P2)	Functional	The system shall allow the IT portfolio manager to assign one or more objectives to a scenario so that multiple	Initial version	P2, S1

ID	PARIS	Formulation according to PARIS templates	Review	Archi-Mate object
	require-ments	optimization problems for the evaluation method can be solved by the system EMP for comparison.		
140 (P2)	Functio-nal re-quire-ments	The system shall allow the IT portfolio manager to assign one or more constraints to a scenario so that multiple optimi-zation problems for the evaluation method can be solved by the system EMP for comparison.	EXP3	P2, S1
141 (P2)	Functio-nal re-quire-ments	The EMP system must allow the IT portfolio manager to create a portfolio baseline so that the system can optimize the assessment according to a budget limit.	EXP2	Com-ponent K2, P2.3
142 (P2)	Functio-nal re-quire-ments	The EMP system must allow the IT portfolio manager to as-sign a portfolio baseline to a portfolio so that the system can optimize the assessment according to a budget limit.	EXP2	Com-ponent K2, P2.3
143 (P2)	Functio-nal re-quire-ments	The EMP system shall allow the IT portfolio manager to as-sign one or more scenarios to each portfolio.	Initial version	Com-ponent K2, P2.3
144 (P2)	Functio-nal re-quire-ments	After component K1 (Goals & Criteria) has processed the input data to the goal and criteria data, component K1 (Goals & Criteria) must transmit a matrix to component K3 (Decision Support) so that component K3 (Decision Sup-port) can create a hierarchy structure from it in the form of a mapping.	Initial version	Com-ponent K1, S1
145 (P2)	Functio-nal re-quire-ments	After component K1 (Goals & Criteria) has processed the criteria input data, component K1 must provide component K2 (Scoring) with a listing of these criteria so that compo-nent K2 can calculate the criteria weights.	Initial version	Com-ponent K2
157 (P3)	Functio-nal re-quire-ments	The EMP system shall allow the IT portfolio manager to se-lect the AHP & ANP evaluation method for project evalua-tion to enable a two-step evaluation process of project rank-ing and project selection for IT portfolio managers.	Initial version	P3.2, compo-nent K3, S3
163 (P3)	Functio-nal re-quire-ments	After performing the evaluation methods, the EMP system must independently perform a mathematical consistency check so that the EMP system can point out inconsistencies in the user's project evaluation.	Initial version	Com-ponent K3
165 (P3)	Functio-nal re-quire-ments	The EMP system must allow the IT portfolio manager to de-fine a criteria weight for each criterion so that the system can use the weight to consider appropriate prioritization or relevance of the criteria for project evaluation.	Initial version	Com-ponent K3, S3
169 (P4)	Functio-nal re-quire-ments	The EMP system must allow the user to obtain results of project evaluations in the form of scoring metrics so that re-sults can be compared using numerical values.	EXP2	Not mo-deled.
170 (P4)	Functio-nal re-quire-ments	The EMP system must allow users to visualize outcome metrics of project evaluations in the form of charts so that users can retrieve descriptive reports on the results.	Initial version	Not mo-deled.

ID	PARIS	Formulation according to PARIS templates	Review	Archi-Mate object
179 (P5)	Functional requirements	The EMP system must allow the user to retrieve documentation of past portfolio releases so that the decision history can be tracked at any time.	EXP4	S5
180 (P5)	Functional requirements	The EMP system must allow the Administrator user group to set release stages to prevent arbitrary or political influence on the EMP decision-making process.	EXP1	S5
184 (P5)	Functional requirements	The EMP system must allow the decision maker user group to release one or more portfolios for implementation so that final releases are officially issued by decision makers.	EXP1	S5
189 (P5)	Functional requirements	If one or more statuses of projects change, the EMP system must independently change the objective achievement of the portfolio so that users can view the progress of the portfolio.	Initial version	P5.3, S4, component K5
190 (P5)	Functional requirements	If one or more objective achievements change, the EMP system must independently determine the progress of the portfolio so that users can reassess or restructure the portfolio.	EXP5	P5.3, S4, component K5
191 (P5)	Functional requirements	If records for one or more projects change, the EMP system should independently display a recommendation to re-evaluate the projects so that users can make new decisions about portfolio selection.	EXP5	P5.3, S4, component K5
212	Glossary	System component means in the system EMP a demarcation from its environment or consists of individual parts with definable relationships among themselves, because each individual part of the overall system EMP is then a system component.	EXP1	-
213	Glossary	DSS in EMP system means the abbreviation of the term decision support system.	Initial version	-
214	Glossary	In the EMP system, EMP stands for decision support multi-dimensional project portfolio (EMP).	Initial version	-
217	Glossary	In the EMP system, executing an evaluation method means being able to calculate one or more mathematical algorithms for users to solve optimization problems.	Initial version	-
224	Glossary	Project dependency in the EMP system means a definition of a dependency of a project to one or more, other projects, consisting of a predecessor as well as successor project, because this is used to calculate the critical path for the realization of the project portfolio.	EXP3	-
226	Glossary	AHP & ANP in the EMP system means the abbreviation for Analytic Hierarchy Process (AHP) and Analytic Network Process (ANP), which describes an evaluation method for solving multi-criteria decision problems because mathematical algorithms are necessary for IT project evaluation.	EXP2	-

ID	PARIS	Formulation according to PARIS templates	Review	Archi-Mate object
234	Glossary	In the EMP system, scoring means a result variable from the project evaluation, which makes it possible to derive the ranking of individual projects, because this is used to determine the most lucrative IT projects within the framework of the IT project evaluation.	EXP2	-
236	Glossary	Portfolio baseline in the EMP system means the defined cost limit that a scenario or a portfolio may not exceed, because this must be taken into account as an optimization variable in the context of portfolio design.	EXP2	-

8   References

[Ab23]   Abbing, J.: Anforderungen an ein Entscheidungsunterstützungssystem zur Komplexitätsbewältigung mehrdimensionaler IT-Projektbewertungen im Kontext des IT-Portfoliomanagements, (2023).

[AL23]   Abbing, J., Linssen, O.: Eine Liste mit Anforderungen an ein Entscheidungsunterstützungssystem zur Komplexitätsbewältigung mehrdimensionaler IT-Projektbewertungen im Kontext des IT-Portfoliomanagements. Aug. 2023. Accessed: Aug. 30, 2023. https://doi.org/10.13140/RG.2.2.35705.44648.

[Al20]   Alami, A. et al.: To continue or discontinue the project, that is the question. Int. Res. Work. IT Proj. Manag. 2020. 15, 1, 1–24 (2020). https://doi.org/10.1109/HICSS.2015.531.

[Al16]   Alami, A.: Why Do Information Technology Projects Fail? Procedia Comput. Sci. 100, 62–71 (2016). https://doi.org/10.1016/j.procs.2016.09.124.

[Al13]   Aldea, A., et al.: Strategic planning and enterprise architecture. In: Proceedings of the First International Conference on Enterprise Systems: ES 2013. pp. 1–8 (2013). https://doi.org/10.1109/ES.2013.6690089.

[Al19]   Aldea, A., et al.: Multi-Criteria and Model-Based Analysis for Project Selection: An Integration of Capability-Based Planning, Project Portfolio Management and Enterprise Architecture. In: Proceedings of EDOCW 2019. pp. 128–135 (2019). https://doi.org/10.1109/edocw.2019.00032.

[Ar12]   Arshad, N.H., et al.: A Balanced Scorecard approach in evaluating IT projects in the public sector. In: BEIAC 2012 - 2012 IEEE Business, Eng. Ind. Appl. Colloq. pp. 162–166 (2012). https://doi.org/10.1109/BEIAC.2012.6226043.

[Ar14]   Arviansyah, et al.: Equivocality in IS/IT Project Evaluation: Model Development and Pilot Study. In: Procedia Technol. vol. 16, pp. 1155–1165 (2014). https://doi.org/10.1016/J.PROTCY.2014.10.130.

[Ar15]   Arviansyah, et al.: To continue or discontinue the project, that is the question. In: 2015 Int. Conf. Inf. Syst. Explor. Inf. Front. ICIS 2015. pp. 1–20 (2015).

[Ay18]   Ayu, I.G., et al.: A Concept of Information Technology Investment Evaluation Framework. In: Int. J. Sci. Res. Comput. Sci. Eng. Inf. Technol. vol. 3, no. 6, pp. 159–174 (2018).

[Bą21]   Bączkiewicz, A., et al.: Towards Objectification of Multi-Criteria Assessments: A Comparative Study on MCDA Methods. In: Proc. 16th Conf. Comput. Sci. Intell. Syst. FedCSIS 2021. vol. 25, pp. 417–425 (2021). https://doi.org/10.15439/2021F61.

[Be14]   Bernroider, E.W.N., et al.: Dissemination and impact of multi-criteria decision support methods for IT project evaluation. In: Proc. Annu. Hawaii Int. Conf. Syst. Sci. pp. 1103–1112 (2014). https://doi.org/10.1109/HICSS.2014.143.

[Bi17]   Bierwolf, R.: Towards project management 2030: Why is change needed? In: IEEE Eng. Manag. Rev. vol. 45, no. 1, pp. 21–26 (2017). https://doi.org/10.1109/EMR.2017.2667237.

[Ch18]   Chatterjee, K., et al.: Prioritization of project proposals in portfolio management using fuzzy AHP. In: Opsearch. vol. 55, no. 2, pp. 478–501 (2018). https://doi.org/10.1007/s12597-018-0331-3.

[CZ08]   Chu, Y.P., Zhang, P.: The comparative study on utility maximizing of the portfolio selection model. In: Proc. - 2008 Int. Work. Model. Simul. Optim. WMSO 2008. pp. 42–46 (2008). https://doi.org/10.1109/WMSO.2008.110.

[Co01]   Cooper, R., et al.: Portfolio management for new product development: Results of an industry practices study. In: R D Manag. vol. 31, no. 4, pp. 361–380 (2001). https://doi.org/10.1111/1467-9310.00225.

[EB17]   Elbok, G., Berrado, A.: Towards an effective project portfolio selection process. In: Proc. Int. Conf. Ind. Eng. Oper. Manag. pp. 2158–2169 (2017).

[Es16]   Esfahani, H.N., et al.: Project Portfolio Selection via Harmony Search Algorithm and Modern Portfolio Theory. In: Procedia - Soc. Behav. Sci. vol. 226, no. October 2015, pp. 51–58 (2016). https://doi.org/10.1016/j.sbspro.2016.06.161.

[FT00]   Fasheng, Q., Teck, Y.K.: IS/IT project investment decision making. In: Proc. 2000 IEEE Int. Conf. Manag. Innov. Technol. vol. 2, pp. 502–507 (2000). https://doi.org/10.1109/ICMIT.2000.916741.

[Ho21]   Holgeid, K.K., et al.: Benefits management in software development: A systematic review of empirical studies. In: IET Softw. vol. 15, no. 1, pp. 1–24 (2021). https://doi.org/10.1049/sfw2.12007.

[HG09]   Huang, D., Gao, H.: On evaluation of investment decision of MIS projects. In: 2008 IEEE Symp. Adv. Manag. Inf. Glob. Enterp. AMIGE 2008 - Proc. pp. 331–333 (2009). https://doi.org/10.1109/AMIGE.2008.ECP.80.

[Ka20]   Kandakoglu, M., et al.: The use of multi-criteria decision-making methods in project portfolio selection: a literature review and future research directions. In: Optimization-Online.Org. vol. 1, pp. 1–14 (2020).

[Ke95]   Keil, M.: Pulling the plug: Software project management and the problem of project escalation. In: MIS Q. Manag. Inf. Syst. vol. 19, no. 4, pp. 421–443 (1995). https://doi.org/10.2307/249627.

[Kh13]   Khalili-Damghani, K., et al.: A hybrid fuzzy rule-based multi-criteria framework for sustainable project portfolio selection. In: Inf. Sci. (Ny). vol.   220,   pp.   442–462   (2013). https://doi.org/10.1016/J.INS.2012.07.024.

[KB13]   Kitchenham, B., Brereton, P.: A systematic review of systematic review process research in software engineering. In: Inf. Softw. Technol. vol. 55,   no.   12,   pp.   2049–2075   (2013). https://doi.org/10.1016/J.INFSOF.2013.07.010.

[Ko20]   Kock, A., et al.: Project portfolio management information systems' positive influence on performance – the importance of process maturity. In: Int. J. Proj. Manag. vol. 38, no. 4, pp. 229–241 (2020). https://doi.org/10.1016/J.IJPROMAN.2020.05.001.

[LH04]   Lin, C., Hsieh, P.J.: A fuzzy decision support system for strategic portfolio management. In: Decis. Support Syst. vol. 38, no. 3, pp. 383–398 (2004). https://doi.org/10.1016/S0167-9236(03)00118-0.

[Li20]   Linssen, O.: PARIS-Die Entwicklung einer Mustersprache zur Dokumentation von Anforderungen. In: Rundbr. GI-Fachausschuss Manag. der Anwendungsentwicklung und -wartung. vol. 26, no. 44, pp. 7–24 (2020).

[Li22]   Linssen, O.: Anforderungen strukturiert mit Schablonen dokumentieren in PARIS. In: Fazal-Baqaie, M., Linssen, O., Volland, A., Yigitbas, E., Engstler, M., Bertram, M. & Kalenborn, A. (Hrsg.). Projektmanagement und Vorgehensmodelle. 2022 - Virtuelle Zusammenarbeit und verlorene Kult. Bonn: Gesellschaft für Informatik e.V., pp. 109-139 (2022).

[Ma11]   Madic, B., et al.: Project portfolio management implementation review. In: African J. Bus. Manag. vol. 5, no. 2, p. 240 (2011). https://doi.org/10.5897/AJBM10.256.

[Ma52]   Markowitz, H.: PORTFOLIO SELECTION*. In: J. Finance. vol. 7, no. 1,   pp.   77–91   (1952).   https://doi.org/10.1111/J.1540-6261.1952.TB01525.X.

[Pe14]   Petrović, D., et al.: Challanges of IT Portfolio Selection. In: SYMORG New Bus. Model. Sustain. Compet., pp. 1392–1399 (2014).

[PK15]   Ponsteen, A., Kusters, R.J.: Classification of Human- and Automated Resource Allocation Approaches in Multi-Project Management. In: Procedia - Soc. Behav. Sci., vol. 194, pp. 165–173 (2015). https://doi.org/10.1016/J.SBSPRO.2015.06.130.

[PS19]   Purwita, A.W., Subriadi, A.P.: Literature Review – Using Multi-Criteria Decision-Making Methods in Information Technology (IT) Investment. (2019). https://doi.org/10.4108/EAI.13-2-2019.2286076.

[RL18]   Rooswati, R., Legowo, N.: Evaluation of IT Project Management

Governance Using Cobit 5 Framework in Financing Company. In: Proc. 2018 Int. Conf. Inf. Manag. Technol. ICIMTech 2018., pp. 81–85 (2018). https://doi.org/10.1109/ICIMTech.2018.8528192.

[Sa08]   Saaty, T.L.: Decision making with the analytic hierarchy process. In: Int. J.   Serv.   Sci.,   vol.   1,   (2008). https://doi.org/10.1504/IJSSCI.2008.017590.

[Sa22]   Saiz, M., et al.: A clustering-based review on project portfolio optimization methods. In: Int. Trans. Oper. Res., vol. 29, no. 1, pp. 172–199 (2022). https://doi.org/10.1111/itor.12933.

[Sc10]   Schniederjans, M.J., et al.: Information technology investment: Decision-making methodology, 2nd edition. In: Inf. Technol. Invest. Decis. Methodol., 2nd Ed., pp. 1–442 (2010). https://doi.org/10.1142/7433.

[Th19]   The Open Group: ArchiMate® 3.1 Specification. (2019).

[Th07]   Thomas, G. et al.: IT Project Evaluation: Is More Formal Evaluation Necessarily Better? In: PACIS 2007 Proc. (2007).

[TW14]   Too, E.G., Weaver, P.: The management of project management: A conceptual framework for project governance. In: Int. J. Proj. Manag., vol. 32,   no.   8,   pp.   1382–1394   (2014). https://doi.org/10.1016/J.IJPROMAN.2013.07.006.

[VÁ18]   Varajão, J., Álvaro Carvalho, J.: Evaluating the Success of IS/IT Projects: How Are Companies Doing It? In: Int. Res. Work. IT Proj. Manag., vol. 8, (2018).

[Wa16]   Walenta, T.: Projects & Programs are two Different Animals, don't Underestimate the Gap. In: Procedia - Soc. Behav. Sci., vol. 226, October 2015,   pp.   365–371   (2016). https://doi.org/10.1016/j.sbspro.2016.06.200.

[Yu22]   Yuan, Z. et al.: Application of Multi-Criteria Decision-Making Analysis to Rural Spatial Sustainability Evaluation: A Systematic Review. In: Int. J.   Environ.   Res.   Public   Health,   vol.   19,   no.   11,   (2022). https://doi.org/10.3390/ijerph19116572.

[ZT10]   Zandi, F., Tavana, M.: A multi-attribute group decision support system for information technology project selection. In: Int. J. Bus. Inf. Syst., vol.   6,   no.   2,   pp.   179–199   (2010). https://doi.org/10.1504/IJBIS.2010.034353.

Management verteilter Softwareentwicklungsprojekte nach einer Unternehmensfusion

Till Behrendt[1], Joachim Sauer[2]

Abstract: Viele Unternehmen stehen nach Fusionen vor großen Herausforderungen. Ehemals eigenständige Organisationen müssen sich zu einer neuen Einheit mit einem gemeinsamen Vorgehen finden. Die Zusammenarbeit findet meist verteilt an unterschiedlichen Standorten statt. Auf empirischer Basis einer wissenschaftlichen Umfrage und Experteninterviews wird beschrieben, wie das Management von Softwareentwicklungsprojekten auch in diesem schwierigen Umfeld gelingen kann und wie eine nachhaltige Zusammenarbeitsmethode aussehen sollte.

Keywords: Verteilte Projekte, Unternehmensfusion, Projektmanagement

1 Einleitung

Besondere Herausforderungen ergeben sich in IT-Projekten immer dann, wenn das Projektteam über mehrere Standorte verteilt ist. Dies bezeichnet man als Distributed Software Development (DSD). Die Verteilung kann dabei regional, national oder international sein. Letzteres wird Global Software Development (GSD) genannt. Für Grundlagen und den generellen Umgang zu DSD und GSD wird auf die Literatur verwiesen, z. B. [Sa07, Eb12].

Dieser Artikel konzentriert sich auf Besonderheiten im Vorgehen und im Management von national verteilten Softwareentwicklungsprojekten, die nach Fusionen zweier oder mehrerer Unternehmen zu einem Konzern durch die dadurch verteilten Standorte nötig werden. Unternehmensfusionen sind der Zusammenschluss von Unternehmen, bei denen mindestens eines seine rechtliche und wirtschaftliche Selbstständigkeit aufgibt [WDB20, S. 246ff].

Unternehmensfusionen stellen verteile Projektteams vor große Herausforderungen in der Zusammenarbeit. Um den aktuellen Forschungsstand zu erfassen, wurde eine Literaturanalyse durchgeführt. Es wurden die Datenbanken IEEE Xplore, ACM Digital Library, Wiley Online Library und EBSCOhost systematisch durchsucht und 40 relevante Artikel identifiziert. Zurzeit ist vor allem das GSD, das in 95 % der analysierten Artikel den Ausgangspunkt bildet, ein zentrales Forschungsgebiet. Die verteilte Softwareentwicklung in national verteilten Teams findet aktuell wenig Beachtung in der Forschung.

Daher wird in diesem Artikel die Forschungsfrage verfolgt, wie verteilte Projektteams nach einer Unternehmensfusion bei der Softwareentwicklung effizient zusammenarbeiten können.

[1] Provinzial Nord Brandkasse AG, Sophienblatt 33, 24114 Kiel, till.behrendt@provinzial.de
[2] NORDAKADEMIE Elmshorn, Fachbereich Informatik, Köllner Chaussee 11, 25337 Elmshorn, joachim.sauer@nordakademie.de

Bei der Forschung stehen drei konkrete Fragestellungen im Mittelpunkt:

- Welche Herausforderungen sehen die Projektmitarbeiter bei der verteilten Zusammenarbeit in Softwareentwicklungsprojekten nach einer Unternehmensfusion?

- Welche Maßnahmen können genutzt werden, um den Herausforderungen entgegenzuwirken?

- Wie können die Maßnahmen zu einer nachhaltigen Zusammenarbeitsmethode für die verteilte Zusammenarbeit weiterentwickelt werden?

Im nächsten Abschnitt werden das an einem Design-Science-Ansatz orientierte Forschungsvorgehen detailliert erläutert und der als empirischer Kontext genutzte Versicherungskonzern vorgestellt. Erkenntnisse aus einer Umfrage und Experteninterviews werden anschließend unterteilt in Herausforderungen (Abschnitt 3) und Maßnahmen (Abschnitt 4) vorgestellt. Daraus wird eine Methode zur Zusammenarbeit konstruiert (Abschnitt 5) und anschließend durch Mitarbeiter des Konzerns bewertet und im Konzern eingesetzt (Abschnitt 6). Der Artikel endet mit einer Zusammenfassung und einem Ausblick.

2   Forschungsvorgehen und Empirie

Für die Forschung wurde ein gestaltungsorientierter Design-Science-Research-Ansatz in Anlehnung an Hevner et al. [He04] und Peffers et al. [Pe07] gewählt. Bei diesem wird Wert daraufgelegt, dass die Umwelt mit Menschen, Organisationen und Technologien einbezogen und die geschäftliche Relevanz der Problemstellung sichergestellt wird. Nach Peffers et al. ist die Anwendung in einem geeigneten Kontext ein wichtiger Schritt bei der Zielerreichung. Als empirischer Kontext für diesen Artikel wird der Provinzial Konzern gewählt.

Der Provinzial Konzern ist ein öffentlicher Versicherer. Er beinhaltet mehrere Schaden- und Unfallversicherer, Lebensversicherer und Spezialversicherer. Sein Geschäftsgebiet umfasst vor allem die Bundesländer Schleswig-Holstein, Mecklenburg-Vorpommern, Hamburg, Nordrhein-Westfalen sowie Teile von Rheinland-Pfalz. Der Provinzial Konzern ging im Jahr 2020 aus einer Unternehmensfusion zwischen der Provinzial Rheinland Versicherung (PRV) und der Provinzial NordWest (PNW) hervor [PH21, S. 13f]. Er betreibt eine umfangreiche Softwareentwicklung in seinen 76 IT-Abteilungen. Infolge der Unternehmensfusion sind die Mitarbeiter in einer Vielzahl dieser IT-Abteilungen über mehrere Standorte verteilt. Damit eignen sich Softwareentwicklungsprojekte des Provinzial Konzerns sehr gut als Empirieobjekte für diese Untersuchung. Aufgrund der Anstellung eines Autors dieses Artikels in diesem Konzern konnten eigene Erfahrungen und Beziehungen bei der Untersuchung genutzt werden.

In der Studie wurde zunächst eine Literaturrecherche zu den Themenfeldern verteilte Softwareentwicklung und Unternehmensfusionen vorgenommen. Nach deren Auswertung wurde entschieden, die empirische Analyse in zwei aufeinander aufbauenden Teilen durchzuführen und dabei zwei Forschungsverfahren zu kombinieren. Im ersten Teil wurde eine Befragung unter Mitarbeitern des Provinzial Konzerns durchgeführt, um einen Überblick über die Zufriedenheit mit der Unternehmensfusion zu erhalten. Der zweite Teil bestand aus Experteninterviews mit Mitarbeitern des Konzerns, die Erfahrung in verteilten

Softwareentwicklungsprojekten besitzen. Da es zeitlich und organisatorisch nicht möglich und auch nicht sinnvoll war, eine Totalerhebung unter allen Konzernmitarbeitern durchzuführen, wurde eine Stichprobe mit drei zufällig bestimmten IT-Projekten gewählt.

Zunächst wurde ein Fragebogen konzipiert. Er ist in die Bereiche „Zufriedenheit mit der Unternehmensfusion", „Wahrnehmung der Unternehmenskultur" und „Zusammenarbeit im neuen Konzern" unterteilt. Der Fragebogen wurde über die Projektleiter verteilt und konnte online ausgefüllt werden. Die Befragung fand im Juni 2022 statt. Es wurden 40 Teilnehmer registriert. 32 komplett ausgefüllte Fragebögen wurden für die weitere Auswertung zugelassen. Bei dieser wurde eine Inhaltsanalyse nach Popping [Po15] durchgeführt, bei der die Kategorien für die Kodierung induktiv bzw. datengetrieben entwickelt wurden.

Für den zweiten Teil der empirischen Analyse wurden sechs qualitative Experteninterviews mit jeweils zwei Teilnehmern aus drei Standorten auf Basis eines Interviewleitfadens geführt. Der Leitfaden wurde nach den Erkenntnissen der Umfrage gestaltet. Er berücksichtigte sowohl externe Faktoren wie die geografische Verteilung, als auch interne Faktoren wie die Organisationsstruktur und den Softwareentwicklungsprozess. Die Interviews wurden am 27. und 30. Juni sowie am 1. Juli 2022 geführt.

In den folgenden Abschnitten werden Ergebnisse aus der Umfrage und den Experteninterviews für ein gesamtheitliches Bild kombiniert dargestellt.

3   Herausforderungen

Besonders interessante Erkenntnisse ergaben sich aus der Frage nach Schwierigkeiten bei der verteilten Zusammenarbeit („Was funktioniert am wenigsten?"). Die typischen Merkmale von verteilten Teams (nach [BHR17]: Interdependenz, mediengestützte Kommunikation und De-Lokalisierung; nach [Eb20]: zeitliche, geographische und kulturelle Distanz der Projektteilnehmer zueinander) fanden sich im Konzern wieder und führten zu Problemen. Daher wurden in einem ersten Schritt die wichtigsten Herausforderungen erfasst, die in der Umfrage und den Experteninterviews genannt wurden. Diese sind in Abb. 1 visualisiert.

Im Block „Unternehmensfusion" finden sich Herausforderungen, die sich direkt aus der Zusammenlegung mehrerer Unternehmen ergeben. Eine nachvollziehbare Herausforderung besteht darin, unterschiedliche Arbeitsweisen der Teilunternehmen nach der Fusion zu vereinheitlichen (H.4). Von den Befragten wurden Beispiele wie eine unterschiedliche Art der Dokumentation, verschiedene Regularien und Formalisierung der Prozesse, unterschiedliche Standards in der Softwareentwicklung sowie ein fehlendes Konzerndenken und uneinheitliche Vorgehen genannt. Vielen fällt es auch nicht leicht, sich an den neuen Konzern zu gewöhnen und ihn gemeinsam auszugestalten und dabei bestmöglich mit den passenden Fähigkeiten und Techniken auszustatten (H.5). Viele Befragte fanden sich nur schwer in die standortübergreifende Arbeit ein. Hinzu kommt, dass die IT-Systeme zusammengeführt werden mussten. Es wurde berichtet, dass den eigenen, bekannten Systemen oft der Vorzug gewährt wurde und eine Zusammenführung der Systeme sehr aufwendig ist.

Geographische Distanz
- H.1 Dienstreisen sinnvoll einsetzen

Organisationsstruktur
- H.2 Große verteilte Projektteams führen und organisieren

Softwareentwicklungsprozess
- H.3 Nach Fusion Werkzeuge, Tools und Prozesse vereinheitlichen

Unternehmensfusion
- H.4 Unterschiedliche Arbeitsweisen nach Fusion vereinheitlichen
- H.5 An neuen Konzern nach Fusion gewöhnen und diesen gemeinsam bestmöglich ausstatten (mit Personal + Technik)

Unternehmenskultur
- H.6 Projektteilnehmer an einander gewöhnen und persönlich kennenlernen
- H.7 Vertrauen im Projektteam untereinander aufbauen
- H.8 Gemeinsames Wir-Gefühl schaffen im Projektteam
- H.9 Soziale Kontakte aufrecht erhalten
- H.10 Gemeinsames Rollenverständnis schaffen

Wissenstransfer
- H.11 Wissensaustausch sicherstellen

Zusammenarbeit und Kommunikation
- H.12 Arbeitsplatzgestaltung muss für verteilte Arbeit angepasst werden
- H.13 Termine und Besprechungen sinnvoll / effizient nutzen

Abb. 1: Übersicht der Herausforderungen

Die Herausforderung *H.3*, die in die Kategorie Softwareentwicklungsprozess eingeordnet wurde, hängt ebenso direkt mit einer Unternehmensfusion zusammen: Werkzeuge, Tools und Prozesse, die in den alten Unternehmen etabliert waren, müssen geprüft, bewertet und ggf. vereinheitlicht oder abgelöst werden. Auch die Herausforderungen *H.6* bis *H.10* aus der Kategorie Unternehmenskultur sind nach einer Fusion besonders schwerwiegend. Es ist noch schwieriger für die Projektteilnehmer, sich kennenzulernen, Vertrauen zu entwickeln, ein gemeinsames Rollenverständnis zu schaffen usw., wenn sie aus vorher unabhängigen Unternehmen stammen.

Bei der Auswertung der Befragung hat sich eine weitere Herausforderung ergeben: Die Unternehmensfusion muss strukturiert und mit einem realistischen Zeitplan und erreichbaren Zielen durchgeführt werden. Dies war ein wesentlicher Kritikpunkt der Experten bei der Frage, was sie an der Unternehmensfusion am unzufriedensten stimmte. Nach Meinung der Befragten wurden anfangs zu viele Themen parallel angegangen, was eine Aussage wie „keine Konzentration auf wesentliche Synergien, viel zu viel Neues auf einmal" illustriert.

Eine Herausforderung bei Unternehmensfusionen stellen auch zu ambitionierte Zeitpläne dar. Befragte bemängelten, dass neue Projekte ohne ausgearbeitete technische Konzepte und mit vielen Abhängigkeiten zu anderen Projekten gestartet wurden. Diese Probleme gab es nicht nur bei verteilten Softwareentwicklungsprojekten, sondern in vielen Bereichen.

Es lässt sich festhalten, dass viele Herausforderungen mehr oder weniger direkt aus der Unternehmensfusion resultieren. Die Fusion beeinflusst auch weitere Aspekte der verteilten Zusammenarbeit bei der Softwareentwicklung und stellt daher einen wichtigen Faktor dar, der bei der Entwicklung von Maßnahmen und einem prototypischen Projektvorgehen entsprechend berücksichtigt werden muss.

4   Maßnahmen

Aus der Umfrage und den Interviews wurden auf Basis der identifizierten Herausforderungen Maßnahmen für ein besseres Management verteilter Softwareentwicklungsprojekte entwickelt. Diese wurden zunächst nach den für den Interviewleitfaden herausgearbeiteten Hauptkategorien geordnet. Die Maßnahmen sind in Abb. 2 mit den ihnen zugeordneten Nummern dargestellt.

Man erkennt, dass zurückliegende Unternehmensfusionen einen merklichen Einfluss auf viele der Maßnahmen haben können. Besonders deutlich wird das bei der Maßnahme *M.3*, bei der Synergieeffekte aus der Fusion genutzt werden sollen. So können beispielsweise Wartungsaufwände reduziert werden, wenn bestimmte Funktionen, Aufgaben und Software nur einmal vorhanden sein müssen. Der Konzern kann die besten Anwendungen, Tools und Prozesse aus allen fusionierten Unternehmen wählen und damit einen bestmöglich ausgestatteten Konzern schaffen.

Die Maßnahmen *M.1* und *M.2* zur Organisationsstruktur empfehlen, geeignete Strukturen auf Basis der alten Unternehmensstrukturen zu schaffen, geeignete Hierarchien mit Subteams zu finden und agil vorzugehen. Gerade nach Fusionen ist es besonders wichtig, eine gemeinsame Unternehmenskultur zu schaffen, indem sich die Projektteilnehmer, die vielleicht auch regional verteilt arbeiten, persönlich kennenlernen (*M.4*), einen möglichst offenen und vertrauensvollen Umgang miteinander schaffen und ein gemeinsames Teamgefühl aufbauen können (*M.5*). Einige Interviewteilnehmer merkten an, dass sich eine gemeinsame Kultur aus den alten Unternehmenskulturen erst bilden muss.

Organisationsstruktur
- •M.1 Große Projektteams in Subteams strukturieren
- •M.2 Agile Vorgehensweisen im Projekt nutzen

Unternehmensfusion
- •M.3 Synergieeffekte, die sich durch die Fusion ergeben nutzen und den gemeinsamen Konzern bestmöglich ausstatten

Unternehmenskultur
- •M.4 Persönliches Kennenlernen aller Projektteilnehmer
- •M.5 Offenen Umgang im Projektteam schaffen und Teamgefühl aufbauen

Wissenstransfer
- •M.6 Wissensaustausch im Team sichern

Zusammenarbeit und Kommunikation
- •M.7 Regelmäßige Treffen des Projektteams in Präsenz durchführen
- •M.8 Regelmäßiges Feedback aus dem Team und Retrospektiven durchführen
- •M.9 Kollaborationstools für digitale Zusammenarbeit nutzen
- •M.10 Regelmäßige Austausche im Projektteam durchführen
- •M.11 Transparenz im Projektteam über Arbeitsstände schaffen
- •M.12 Effiziente Nutzung von Terminen

Abb. 2: Übersicht der Maßnahmen

Sehr wichtig ist auch die Etablierung eines Wissenstransfers im Team, um ungleiche Wissensstände schnell auszugleichen und einen permanenten Wissensaustausch im Projekt zu etablieren (*M.6*). Hierzu wurden von den Interviewten z. B. Wikis, Jira Boards und auch Community Days mit Präsenztreffen genannt.

Diese regelmäßigen Präsenztreffen sind auch für den Aspekt „Zusammenarbeit und Kommunikation" sehr wichtig (*M.7*). Obwohl sich verteilte Teams nur durch teils längere Dienstreisen in Präsenz treffen können, wurde dies als wichtige Maßnahme identifiziert. Regelmäßiges Geben von Feedback und die Durchführung von Retrospektiven können aus Zeit- und Kostengründen auch online durchgeführt werden (*M.8*). Für diese Online-Zusammenarbeit sollten geeignete Kollaborationstools genutzt werden, z. B. MS-Teams (*M.9*). Als weitere Maßnahme wird empfohlen, zusätzlich zu diesen Terminen regelmäßige Treffen in unterschiedlicher Frequenz zu etablieren: Jour-fixe, Dailys, Weeklys usw. (*M.10*). Das Team sollte trotz der Verteilung eine Transparenz über Arbeitsstände schaffen (*M.11*), wofür sich mehrere der genannten Tools eignen. Eine sehr sinnvolle Maßnahme besteht darin, unter allen Beteiligten das Verständnis dafür zu schaffen, dass Termine effizient genutzt werden müssen, um einen Mehrwert darzustellen und die zur Verfügung stehende gemeinsame Zeit optimal auszunutzen (*M.12*).

5   Konstruktion einer Methode zur Zusammenarbeit

Auf Basis dieser Maßnahmen wurde von den Autoren dieses Artikels eine allgemeine Methode für die Zusammenarbeit nach einer Unternehmensfusion entwickelt. Dafür wurden die Maßnahmen in die Phasen des groben allgemeinen Projektablaufs eingeordnet, um das Vorgehen im Projekt zu strukturieren: Projektplanung, Projektstart, Projektdurchführung und Projektabschluss, siehe Abb. 3.

Abb. 3: Maßnahmen über den Projektverlauf

Bei der **Projektplanung** werden die Grundlagen für eine erfolgreiche Zusammenarbeit gelegt. Hier können bereits Subteams gebildet werden. Die für das Projekt geltende Vorgehensweise wird festgelegt, wobei agile oder hybride Methoden berücksichtigt werden sollten. Agile Methoden können dabei einen positiven Effekt auf die Zusammenarbeit bewirken, da die soziale Interaktion und Kommunikation zwischen den Projektteilnehmern gefördert wird [SRB19, S. 44], [MC20]. Synergieeffekte durch die Unternehmensfusion können bereits jetzt genutzt werden. Auch die Kollaborationstools sollten in der Planung evaluiert und festgelegt werden.

Für den **Projektstart** bietet sich ein Kick-off in Präsenz für die Umsetzung der Maßnahmen zum Kennenlernen aller Projektteilnehmer und dem Aufbau eines Teamgefühls an. Während der **Projektdurchführung** sollten diese Maßnahmen vertieft werden sowie weitere Maßnahmen umgesetzt werden, die sich insbesondere mit dem Wissensaustausch, der gemeinsamen Arbeit in Präsenz und online sowie der effizienten Arbeit über Teams hinweg beschäftigen. Sowohl der Wissensaustausch als auch die persönliche Beziehungsebene profitieren erheblich von Präsenztreffen des Projektteams [ZA16], [Ec12, S. 51f.].

Wie schon das Kick-off sollte auch das Auswertungstreffen zum **Projektabschluss** in Präsenz durchgeführt werden, damit der Projekterfolg gemeinsam gefeiert werden kann und Feedback und Retrospektive entsprechend ihres Stellenwerts gründlich behandelt werden können.

6   Bewertung und praktische Erfahrungen

Die entwickelte Zusammenarbeitsmethode wurde im Provinzial Konzern zunächst in zwei Evaluationsworkshops am 17. sowie am 22.8.2022 diskutiert, um die praktischen Einsatzmöglichkeiten im Konzern zu analysieren. Als Teilnehmer wurden dazu mehrere Projektmitarbeiter und Projektmanager ausgewählt, die bereits Erfahrung in der Arbeit in verteilten Projekten hatten. In den Workshops wurde jeweils zunächst die Methode gründlich vorgestellt. Anschließend wurde ein passendes Szenario – die Entwicklung eines neuen, gemeinsamen Kundenportals in einem Unternehmen, das aus zwei Versicherungskonzernen durch eine Fusion entstanden ist – mit allen diskutiert.

Sowohl die Herausforderungen als auch die Maßnahmen wurden von den Teilnehmern als sehr gut verständlich und nachvollziehbar bewertet. Bei den Herausforderungen wurden *H.2* (Große verteilte Projektteams führen und organisieren), *H.7* (Vertrauen untereinander aufbauen) und *H.8* (Gemeinsames Wir-Gefühl schaffen) von den Teilnehmern als die wichtigsten angesehen. Zusätzliche wurde von den Teilnehmern darauf hingewiesen, dass eine weitere Herausforderung darin besteht, ein gemeinsames Zielbild zu haben. Von den Maßnahmen wurden die Maßnahmen *M.5* (Offenen Umgang im Projektteam schaffen und Teamgefühlt aufbauen), *M.6* (Wissensaustausch im Team sichern) und *M.11* (Transparenz über Arbeitsstände schaffen) als wichtigste bewertet.

Anhand des beispielhaften Szenarios konnten die Teilnehmer den Einsatz der Zusammenarbeitsmethode nachvollziehen. Hierbei wurde als besonders positiv an der Zusammenarbeitsmethode gelobt, dass sie besonders die Umstände einer vorangegangenen Fusion und das verteilte Arbeiten in den Blick nimmt sowie der Austausch im Projektteam gefördert wird. Ebenfalls wurde das Zuordnen von einzelnen Maßnahmen zu konkreten Phasen des Projektablaufs hervorgehoben. Angeregt wurde, die allgemeine Methode vor einer Anwendung zu detaillierten und den Einfluss und die Aufgaben des Projektteams besser herauszuarbeiten.

Nach der positiven Evaluation in den beiden Workshops wurde die Methode einer weiteren Überprüfung im Unternehmen unterzogen. Die Ergebnisse dieses Artikels wurden an zentraler Stelle allen Projektmanagern des Unternehmens zur Verfügung gestellt. Seither wird der Einfluss der vorangegangenen Unternehmensfusion auf die Zusammenarbeit von den Projektteams gezielter beachtet. Dabei orientieren sich einige Projekte bereits an einzelnen Aspekten der Zusammenarbeitsmethode und stellen vor allem den Austausch und persönliche Treffen stärker in den Fokus. Es werden vermehrt Projekttreffen in Präsenz durchgeführt. Hierbei wird der Fokus auf eine Ausgewogenheit der vertretenden Standorte gelegt und die Treffen an wechselnden Standorten durchgeführt. Ein solches Vorgehen wird auch von Eckstein [Ec12, S. 52] befürwortet.

Ebenso wird bei der Initiierung neuer Projekte darauf geachtet, schon das Kick-off möglichst gewinnbringend für die folgende Zusammenarbeit zu nutzen. Hierzu bieten sich nach Ebert [Eb20] u. a. Teambuilding-Maßnahmen an, die in einen Kick-off integriert werden können. Eine intensive Planung und Vorbereitung des Projektstarts sind somit essenziell. Bereits von West [West2012, S. 238] wurde die Relevanz des Projektstarts für die weitere Zusammenarbeit unterstrichen, insbesondere für verteilte Teams.

7 Zusammenfassung und Ausblick

In diesem Artikel wurde am Beispiel eines Versicherungskonzerns aufgezeigt, wie Projekte zur Softwareentwicklung in Unternehmen nach einer Unternehmensfusion durchgeführt werden können. Dabei wurden auf – orientiert an den drei eingangs formulierten Fragestellungen – Herausforderungen und Maßnahmen auf Basis einer Umfrage und Experteninterviews identifiziert und kategorisiert. Daraus für eine Methode für die verteilte Zusammenarbeit entwickelt, indem die Maßnahmen in einen allgemeinen Projektablauf eingeordnet und Empfehlungen für den Ausgestaltung der einzelnen Phasen gegeben wurden.

Wir glauben, dass sich diese Methode gut als Grundlage für Projektvorgehen in vergleichbaren Kontexten eignet. Neben einer weiteren Verfeinerung der Methode im Provinzial Konzern sollte sie in weiteren Unternehmen umgesetzt und bewertet werden. Auf einer dann größeren empirischen Basis können die Maßnahmen um weitere konkrete Handlungsempfehlungen, Umsetzungsmöglichen, Checklisten u. Ä. erweitert werden.

Auch jetzt schon lässt sich in Bezug auf die aufgestellte Forschungsfrage festhalten, dass die Beschäftigung mit Herausforderungen für verteilte Teams nach einer Unternehmensfusion sinnvoll ist. Mit den identifizierten Maßnahmen und der darauf aufbauenden Methode kann Unternehmensfusionen hoffentlich etwas der negative Ruf mit den Ängsten vor Rationalisierung, Umgewöhnung und Unsicherheit genommen werden. Stattdessen sollte auch das Positive in Unternehmensfusionen gesehen werden. Insbesondere Synergieeffekte und die Möglichkeit, aus alten Strukturen, Prozessen und Werkzeugen eine gemeinsame neue Basis aufzubauen, bieten Chancen und können Mitarbeiter und Management motivieren.

Literaturverzeichnis

[BHR17]   Boos, M.; Hardwig, T.; Riethmüller, M.: Führung und Zusammenarbeit in verteilten Teams. Hogrefe Verlag, 2017.

[Eb12]   Ebert, C.: Global Software and IT: A guide to distributed development, projects, and outsourcing. Wiley, 2012.

[Eb20]   Ebert, C.: Verteiltes Arbeiten Kompakt: Virtuelle Projekte und Teams. Homeoffice. Digitales Arbeiten. 2. Auflage, Springer Fachmedien, 2020.

[Ec12]   Eckstein, J.: Agile Softwareentwicklung mit verteilten Teams. dpunkt.verlag. 2012.

[He04]   Hevner, A. R.; March, S. T.; Park, J.; Ram, S.: Design science in information systems research. Management Information Systems Quarterly, 28(1), S. 75-105, 2004.

[MC20]   Majdenbaum, A.; Chaves, M. S.: Distributed software development in agile projects: a model for the promotion of social interactions. Revista de Gestão e Projetos, 11(1), S. 17-35, 2020.

[Pe07]   Peffers, K.; Tuunanen, T.; Rothenberger, M. A.; Chatterjee, S.: A design science research methodology for information systems research. Journal of Management Information Systems, 24(3), S. 45-77, 2007.

[Po15]   Popping, R.: Analyzing open-ended questions by means of text analysis procedures.

Bulletin of Sociological Methodology/Bulletin de Méthodologie Sociologique, 128(1), S. 23-39, 2015.

[PH21]   Provinzial Holding Aktiengesellschaft: 2020 Geschäftsbericht Provinzial Konzern, https://www.provinzial-konzern.de/export/sites/pkp/_resources/download/konzern/geschaeftszahlen/2021/GB-Konzern-2020-finale-Fassung_s.pdf, Stand: 21.6.2023.

[Sa07]   Sangwan, R., Bass, M., Mullick, N., Paulish, D. J.; Kazmeier, J.: Global Software Development Handbook. Auerbach Publications, 2007.

[SRB19]   Sievi-Korte, O.; Richardson, I.; Beecham, S.: Software architecture design in global software development: An empirical study. Journal of Systems and Software, 158, Article 110400, 2019.

[WDB20]   Wöhe, G.; Döring, U.; Brösel, G.: Einführung in die Allgemeine Betriebswirtschaftslehre. 27. Auflage, Verlag Vahlen, 2020.

[We12]   West, M. A.: Effective teamwork: Practical lessons from organizational research, 3. Auflage, BPS Blackwall, 2012.

[ZA16]   Zahedi, M.; Ali Babar, M.: Why does site visit matter in global software development: A knowledge-based perspective. Information and Software Technology, 80, S. 36-56, 2016.

Qualifikationslevel nachhaltig agierender Teams in der Softwareentwicklung

Saadet Bozaci[1], Lisa Lill-Kochems[2] und Axel Kalenborn[3]

Abstract: Mit der Nachhaltigkeit kommt ein weiterer wichtiger Aspekt in die Softwareentwicklung, der die ohnehin schon hohe Komplexität bei der Abwicklung der Projekte erhöht. Dies führt zu einer gesteigerten Nachfrage nach qualifizierten Teams, die Kenntnisse in allen relevanten Aspekten der Softwareentwicklung haben. Dieser Beitrag untersucht, wie sich die steigenden Anforderungen an die Qualifikation der Teammitglieder systematisieren lassen und wie die Teams unter Berücksichtigung der Nachhaltigkeit qualifiziert werden können. Dazu wird eine Literaturanalyse durchgeführt, um die wesentlichen Rollen sowie deren ideale Qualifikationslevel in einem Team zu bestimmen. In der Analyse wurde auch die Problematik der Über- und Unterqualifizierung untersucht. Danach wird im Paper mit dem „Team-Quality-Level" sowie einem Tool zu dessen Bestimmung, eine Möglichkeit zur Selbsteinschätzung des Teams vorgestellt und es werden Beispiele gegeben, die dabei helfen können, ein Team möglichst ideal zu qualifizieren.

Keywords: Nachhaltigkeit, Fachliche Qualifikationen, Softwareentwicklung, Team-Quality-Level

1   Anforderungen an die Qualifikationen von Teams

Die Softwareentwicklung ist in den letzten Jahren immer komplexer geworden, was auf den umfassenden Einsatz von Software in verschiedenen Branchen, den raschen technologischen Fortschritt, und die Integration von Künstlicher Intelligenz (KI) in die Anwendungen zurückzuführen ist. Um nachhaltige und effektive Software zu entwickeln, müssen Entwicklungsteams eine breite Palette von Fähigkeiten beherrschen [Ah15, RR12]. Hierunter fällt ein sicherer Umgang mit verschiedenen Programmiersprachen, Frameworks und Tools [LBK22]. Auch die Berücksichtigung der Nachhaltigkeit in Softwareprojekten bringt eine höhere Komplexität mit sich, ist jedoch für widerstandsfähige und nachhaltige Organisationen und die Erreichung ökologischer und sozialer Ziele entscheidend [NKC20, VR20, BBE07].

Trotz ihrer Wichtigkeit ist die Nachhaltigkeit noch nicht durchgängig in den Projektmanagement-Standards verankert. Teilweise werden nachhaltige Aspekte als nicht-funktionale Anforderung definiert, wodurch ihre zentrale Bedeutung in der Projektplanung und -ausführung jedoch noch nicht ausreichend berücksichtigt wird [Si15]. Eine GPM-Studie [GG19] hingegen zeigt, dass 96% der darin befragten Führungskräfte Projektmanagement als einen Schlüsselfaktor für nachhaltige Entwicklung betrachten. Die Studie unterstreicht die Integration von Nachhaltigkeit in das Projektmanagement, um soziale, wirtschaftliche und ökologische Herausforderungen anzugehen. Alle befragten Führungskräfte sind der

[1] Universität Trier, Wirtschaftsinformatik, Behringstraße 21, 54286 Trier, bozaci@uni-trier.de
[2] Hochschule Trier, Gründungsservice, Schneidershof, 54293 Trier, lill@hochschule-trier.de
[3] Universität Trier, Wirtschaftsinformatik, Behringstraße 21, 54286 Trier, axel.kalenborn@uni-trier.de

Meinung, dass die Teams ein umfassendes Verständnis von Nachhaltigkeit und ihrer Bedeutung für die Projektergebnisse haben sollten. Verbesserung der Kenntnisse oder Integration von Nachhaltigkeitsexpert:innen sind notwendig, um Projekte zu managen, die den Prinzipien der Nachhaltigkeit entsprechen und zu einer nachhaltigeren Zukunft beitragen [BBE07].

Das Paper untersucht, wie sich die stetig steigenden Anforderungen an die Qualifikation der einzelnen Teammitglieder und an das gesamte Team systematisieren lassen und wie sich die Berücksichtigung des Nachhaltigkeitsaspektes auswirkt. Hierzu wird das Team-Quality-Level eingeführt, um Über- und Unterqualifikationen der Teammitglieder in verschiedenen Dimensionen zu identifizieren. Darüber hinaus wurde ein Tool zur Darstellung des Qualifikationslevels für Teams entwickelt, welches zudem bei der Ableitung von Handlungsempfehlungen unterstützen soll.

2   Methodisches Vorgehen

Die methodische Vorgehensweise umfasst eine Literaturanalyse sowie die Konzeption und Umsetzung eines Tools zur Selbsteinschätzung des Qualifikationslevels im Team, als Basis für die Ableitung von Qualifikationsmaßnahmen. Die Literaturanalyse wurde anhand einer systematischen Suche in den wissenschaftlichen Datenbanken Google Scholar, Springer Link, Research Gate, AIS eLibrary und Science Direct durchgeführt.

Basierend auf Interviews und Expertengesprächen mit Projektmanager:innen und Projektmitarbeitenden wurden die Schlagwörter „Projektmanagement", „Team", „Domäne", „Controlling" und „Softwareentwicklung" verwendet, um relevante Artikel zu identifizieren [LBK22]. Die Suche wurde durch das Schlagwort „Nachhaltigkeit" ergänzt, da es die Integration sozialer, wirtschaftlicher und ökologische Ziele in das Projektmanagement repräsentiert [GG19]. Insgesamt wurden 132 Literaturquellen gesichtet, von denen 61 in der vorliegenden Arbeit verwendet wurden. Die Auswahl erfolgte durch einen zweistufigen Sichtungsprozess. In der ersten Phase wurden Titel und Abstracts der Quellen hinsichtlich der definierten Schlagwörter überprüft, um so die fachlichen Qualifikationen in Entwicklungs-Teams zu eruieren. In der zweiten Phase erfolgt eine tiefergehende Analyse der verbleibenden Quellen hinsichtlich ihrer Relevanz für Softwareentwicklung und Nachhaltigkeit. Die Endauswahl bestand aus jenen Arbeiten, die Einsichten in das Zusammenspiel von Projektmanagement, fachlichen, technischen und kaufmännischen Qualifikationen und deren Auswirkungen auf die Softwareentwicklung geben.

3   Fachliche Qualifikationen in Entwicklungs-Teams

Mit den steigenden Anforderungen in der Softwareentwicklung gewinnen fachliche Qualifikationen an Bedeutung, weshalb sechs Dimensionen identifiziert wurden, um das Qualifikationsniveau eines Teams zu beschreiben. Diese sind Projektmanagement, Team, Domäne, Technik, Controlling und Nachhaltigkeit [Fa21, GC22, JS17, Va13]. Sie wurden in dem neu entwickelten Team-Quality-Level zusammengefasst. Innerhalb dieses Tools, bewertet jedes Teammitglied anhand einer Selbsteinschätzung die Qualifikationen für jede Dimension auf einer Skala von -5 bis +5. Diese Bewertung bildet eine Grundlage für die Ableitung zielgerichteter Maßnahmen und bietet einen umfassenden Rahmen zur Beurteilung des Teams in den vorgestellten Dimensionen. In den folgenden Abschnitten werden diese näher erläutert.

3.1   Projektmanagement

Projektmanagement befasst sich mit der strategischen Planung, effektiven Organisation, fortlaufenden Überwachung und präzisen Steuerung eines Projekts. Das Ziel besteht darin, vordefinierte Anforderungen innerhalb des Projektumfangs zu erreichen [BSH20, JS17, PR11]. Projektmanager:innen spielen eine zentrale Rolle, indem sie für die Leitung des Teams, die Konfliktlösung, die Durchführung kritischer Entscheidungen, sowie die Ausbalancierung der Zeit-, Kosten- und Qualitätsvorgaben - dem sog. „magischen Dreieck" zuständig sind [BK13, JS17, SN05]. Erforderlich sind dabei umfangreiche Qualifikationen, einschließlich Risikoerkennung und Strategieentwicklung zur Risikominderung. Sie verwalten das Projektbudget [JS17], planen den Einsatz von Ressourcen und terminieren Aufgaben, um die Anforderungen im Projekt zu erfüllen [BK13, PLK11]. Neben den Projektmanagementkompetenzen verfügen sie über starke Führungsqualitäten. Sie motivieren und inspirieren ihre Teammitglieder, fördern die Zusammenarbeit und kommunizieren effektiv mit den Stakeholdern [JS17, KLD13].

Das Projektmanagement arbeitet auf einen erfolgreichen Softwareprojektabschluss hin. Dies trägt dazu bei, dass die Projekte rechtzeitig, im vorgegebenen Budgetrahmen und zur Zufriedenheit aller Beteiligten abgeschlossen werden können [KLD13].

3.2   Team

Innerhalb der Softwareentwicklung repräsentiert ein Team eine kollaborative Einheit, deren Mitglieder durch gemeinsame Aufgaben und Zielsetzungen miteinander verknüpft sind [STS10]. Für eine effektive Zusammenarbeit werden in einem Team Soft Skills benötigt. Als Grundvoraussetzung gelten dabei u.a. Eigenschaften wie Kreativität oder die Bereitschaft zum Lernen [Ah15, Me19, RR12]. Darüber hinaus werden Qualifikationen als besonders wichtig erachtet, die direkte Auswirkungen auf den Erfolg des Softwareprojekts haben können. Dazu zählen insbesondere Kommunikations- und Teamfähigkeit [Ah15, Br74, CKI88, FA21, HK03, Ol99, Me19 SL01]. Neben diesen Fähigkeiten ist eine ausgeprägte Kundenorientierung [CKI88, HF01, RR12] ebenfalls unerlässlich. Sie hilft allen Teammitgliedern dabei, die Bedürfnisse des Endnutzers zu verstehen und ihn in die Entwicklung der Software zu integrieren. Dadurch können individuelle Lösungen entwickelt werden, die dem Bedarf der Nutzer:innen gerecht werden [Hi03, Tu03].

Die Problemlösungskompetenz ist eine weitere Anforderung an das Projektteam [MS21, HSK14]. Sie unterstützt dabei, Herausforderungen frühzeitig zu identifizieren, komplexe

Aufgaben zu bewältigen und qualitativ hochwertige Software zu erstellen, die die Kundenzufriedenheit steigern [Me19, Tu03]. Sie fördert auch die Zusammenarbeit, schafft eine positive Dynamik im Team und ermöglicht die persönliche Weiterentwicklung der individuellen Fertigkeiten über das aktuelle Projekt hinaus [Me19, MS21, Ol99, PLK11].

Abschließend kann festgestellt werden, dass der Erfolg von Softwareprojekten stark von der Qualität der Teamarbeit und den individuellen Kompetenzen der Teammitglieder abhängt [STS10]. Daher sind Kommunikation, Kundenorientierung und Problemlösung in Teambildung und -entwicklung wichtig.

3.3   Domäne

Die Domäne beschreibt das Anwendungsgebiet, für das eine Software entwickelt wird. Eine gründliche Analyse dieser Domäne ist unerlässlich, um ein fundiertes Verständnis für fachspezifische Kenntnisse zu erlangen [Pr90]. Sie umfasst grundlegende Konzepte, Terminologien, Methoden und Verfahren, die in der entsprechenden Disziplin eingesetzt werden [Pr90]. Dieses Wissen wird von den Domänenexpert:innen im Team repräsentiert. Sie bieten aktuelle Markteinblicke, was die Bedeutung ihrer spezifischen Geschäfts- und Industrieerfahrungen widerspiegelt [Me19, NO17, Pr90, RR12, Sh91]. Ihre Erfahrungen ermöglichen es ihnen, Kunden effektiv bei der Entwicklung von Softwareanwendungen zu beraten. Darüber hinaus können sie das Team bei der Entwicklung von Innovationen [MS21] in der Zielbranche unterstützen, um Wettbewerbsvorteile durch die zu entwickelnde Anwendung zu erzielen.

Eine weitere wichtige Kompetenz der Expert:innen ist die Durchführung einer präzisen Anforderungsanalyse [CKI88, HF01, Hi03, RR12, Tu03]. Aufgrund ihres tiefen Verständnisses der Domäne sind sie fähig, Kundenwünsche [LAP18, Of02, Ol99, Pr90] zu verstehen, zu analysieren und zu validieren [CKI88, HF01, Hi03, RR12, Tu03]. Zudem sind sie geschult in der Priorisierung, Dokumentation und effektiven Verwaltung von Anforderungsänderungen [HK03, Ol99]. Dabei fließen Erkenntnisse aus früheren Projekten [Ba00, Sh91], in die Umsetzung aktueller Projekte ein, was eine kostengünstige Realisierung ermöglicht. Sie übersetzen auch geschäftliche Bedürfnisse der Kunden in technische Ansprüche [HF01, MS21] und bauen so langfristige und vertrauensvolle Kundenbeziehungen auf [Pr90, Sh91]. Ihre stark ausgeprägte Kommunikationsfähigkeit ermöglicht eine produktive Interaktion mit den relevanten Stakeholdern [Ah15, Br74, CKI88, FA21, HK03, Me19, Ol99, SL01] und führt zu einem gemeinsamen Verständnis der Anforderungen aller Beteiligten.

Zusammenfassend spielen die Domänenexpert:innen eine wesentliche Rolle bei der Softwareentwicklung, indem sie dank ihrer Fachkenntnisse Projekte erfolgreich umsetzen und Kundenwünsche analysieren und erfüllen.

3.4   Technik

Die technische Komponente im Team ist für die Umsetzung des Softwareprodukts wesentlich. Die Technikexpert:innen sind für den Entwurf und die Erstellung von Softwareanwendungen entsprechend den vorgegebenen Anforderungen verantwortlich. Dazu gehören die Programmierung und die Implementierung von Algorithmen, um funktionale Software zu erstellen [Me19]. Zudem spielt die Priorisierung der Anforderungen eine wichtige Rolle [Va13]. Während der Implementierung führt das Technikteam verschiedene Tests durch, um die Stabilität der Software sicherzustellen und den Qualitätsstandards zu entsprechen [Me19]. Auch nach der Fertigstellung der Anwendung wird diese einer laufenden Wartung unterzogen, hierzu zählt die Implementierung von Updates, Verbesserung von Funktionalitäten, Aktualisierung von Sicherheitsaspekten und auch die Fehlerbehebung [Me1].

Das Team muss über ein hohes Verständnis technischer Konzepte verfügen sowie über Kenntnisse der verwendeten IT-Systeme [MS21]. Gleichzeitig müssen die Entwickler:innen in der Lage sein, die Anforderungen und Funktionalitäten der Software effektiv und für den Endanwender einfach nutzbar umzusetzen und diese den Stakeholdern sowie dem Projektteam zu präsentieren [NM22].

In der sich schnell verändernden Technologiewelt ist es entscheidend, dass Technikexpert.innen agil sind und sich weiterbilden, um sich an neue Techniken und Trends anzupassen [LBK22, Me19]. Somit sind neben einem soliden Qualifikationslevel im Methodenwissen und Projektmanagement auch die Fähigkeit zur agilen Weiterbildung und das Verständnis für Usability von großer Bedeutung. Die Usability, wird als ein Schlüsselfaktor für nachhaltiges Softwaredesign angesehen [HMW18]. So können spätere Iterationsschleifen in der Entwicklung minimiert und die Software ressourceneffizient implementiert werden [GC22].

3.5   Controlling

Das Controlling erweist sich als grundlegend in der Abwicklung von Projekten, da es möglichst genaue Prognosen über die offenen Kosten bereitstellt. Es umfasst das kaufmännische Aufsetzen von Projekten, dem eine Aufwandsschätzung zu Grunde liegt. Das Ergebnis der Schätzung ist der möglichst vollständige Aufwand des Projekts [Ja13]. Zudem sind die Schätzung zu laufenden Kosten je Arbeitsplatz und die Berechnung von Personal- und Sachkosten wichtige Indikatoren [Ja13].

Ebenso zählt ein zielgerichtetes Risikomanagement, die Termineinhaltung, eine Meilensteinanalyse, die Überwachung von Kennzahlen, sowie ein artefaktbasiertes Controlling dazu [Be08, BK13]. Essentiell ist die Aufwandsschätzung über den Fertigstellungsgrad einzelner Artefakte. Das Controlling umfasst somit alle Bereiche - Zeit-, Kosten- und Qualitätsvorgaben im „magischen Dreieck" [SN05, BK13]. Anhand der Literaturrecherche kann festgehalten werden, dass Softwareprojekte Zeit und Kosten oftmals erheblich überschreiten, was auf eine unzureichende Aufwandsschätzung zurückzuführen ist [Be08, BK13, Ja13]. Neben der Erreichung von externen Qualitätseigenschaften des Endprodukts (wie der Erfüllung funktionaler Anforderungen), können mittels eines guten Controllings auch Wettbewerbsvorteile gegenüber anderen Unternehmen gesichert werden [Be08].

3.6   Nachhaltigkeit

Seit der Verabschiedung der Agenda 2030 und den 17 Zielen für nachhaltige Entwicklung durch die Vereinten Nationen im Jahr 2015, ist Nachhaltigkeit auch in der Softwareentwicklung relevant geworden. Nachhaltigkeitsexpert:innen besitzen ein umfassendes Wissen über politische Vorschriften und Gesetze sowie Engagement für positive Umweltauswirkungen. Der Fokus sollte auf dem Ressourcenverbrauch [GC22] während der Entwicklung und im späteren Betrieb der Software liegen [SS14, SW14]. Bei der Analyse der Nachhaltigkeitsanforderungen sollten die kurz-, mittel- und langfristigen Auswirkungen von funktionalen und nichtfunktionalen Anforderungen berücksichtigt werden. Es wird empfohlen, dass diese im Einklang mit den drei Nachhaltigkeitsdimensionen – Ökonomie, Ökologie und Soziales – stehen [Be16, SW14].

Es gilt hierbei ein Gleichgewicht zwischen Ökonomie und Ökologie in den Softwareprojekten zu finden. Zur Verringerung des ökologischen Fußabdrucks und der Aufrechterhaltung der Wirtschaftlichkeit, müssen Kenntnisse über die Kosten von nachhaltigen Lösungen im Softwarebereich vorliegen [SS14]. Der Nachhaltigkeitsaspekt kann neben der Reduzierung des Energieverbrauchs [GC22] auch in der Personalausstattung, bei Beschaffungspraktiken sowie bei Lieferketten berücksichtigt werden.

4   Qualifikationslevel und Probleme der Qualifizierung

Zur Bestimmung der in der Literaturanalyse gefundenen Qualifikationslevel wurde das Team-Quality-Level-Tool konzipiert und umgesetzt, das unter **www.team-quality-level.com** zu finden ist. Das Werkzeug ermöglicht den Teammitgliedern eine Selbsteinschätzung, um die eigenen Qualifikationslevel in den oben vorgestellten Dimensionen bestimmen zu können. Die Bewertung kann als Team-Event durchgeführt werden und nutzt eine Skala von -5 bis +5, um Qualifikationsniveaus zu bewerten. Die Skala von –5 bis +5 wurde gewählt, da es nicht nur eine Unterqualifikation in einer bestimmten Dimension geben kann, sondern auch eine Überqualifikation, wie in den folgenden Abschnitten definiert wird. Daher steht in der Skala die -5 für eine sehr unterdurchschnittliche Qualifikation, die 0 für eine ideale Qualifikation und +5 für eine starke Überqualifikation.

Vor der Verwendung des Tools muss dem Team erläutert werden, wie die sechs Qualifikationslevel zu verstehen (siehe Abschnitt 3) und zu vergeben sind. Diese werden dann in einem Radar-Chart dargestellt, das an das "Magische Dreieck" und das "Teufelsquadrat" von Harry Sneed [SN05] angelehnten ist, siehe Abbildung 1.

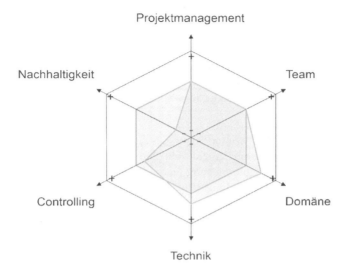

Abbildung 1: Team-Quality-Level

Das Team-Quality-Level liefert eine grafische Darstellung der Ergebnisse, in der das hellrote (hellgraue) Hexagon für einen idealen Qualifikationslevel im Projekt steht. Das Team ist in allen Bereichen gut qualifiziert, es liegen keine Defizite und Überqualifikationen vor. Das blaue (dunkelgraue) Hexagon zeigt die Abweichungen im eigenen Projekt an. Das Team schätzt sich in den Bereichen Domäne und Technik als überqualifiziert ein und sieht in den Bereichen Nachhaltigkeit eine starke und beim Controlling eine schwache Unterqualifikation.

Im vorliegenden Beispiel kann die Überqualifikation in der Domäne und der Technik dazu führen, dass das Projekt durch Detail- oder Technikverliebtheit nicht wirtschaftlich umgesetzt wird. Die Unterqualifikation im Nachhaltigkeitsbereich wiederum, kann sich im Ressourcenverbrauch und dem ökologischen Fußabdruck widerspiegeln. Durch den starken Fokus auf die Technik und Domäne werden Nachhaltigkeitsstandards vernachlässigt, was negative Auswirkungen auf den ökologischen Aspekt des Projektes hat. Es wird u.a. auch auf diese Thematik in den nächsten beiden Abschnitten eingegangen.

4.1   Unterqualifikation

Unterqualifizierung bezeichnet die Situation, in der Teammitglieder nicht über ausreichende Fähigkeiten verfügen, um ihre zugewiesenen Arbeitsaufgaben zu erfüllen [SL18]. Insbesondere im Rahmen des Projektmanagements kann eine unzureichende Qualifizierung zu Koordinationsproblemen, Fehlkommunikation und ineffizienter Ressourcenzuteilung führen [BK13, Sw17], was sich auf den Zeitplan und die Qualität des Projektes auswirkt. Dies hat zur Folge, dass Zuständigkeiten der Aufgaben ungeklärt bleiben und un-

kontrollierte Änderungen bei der Lieferung von Projektleistungen innerhalb der vereinbarten Parameter auftreten.

Weist das Projektteam oder einzelne Personen eine mangelnde Teamfähigkeit auf, können
verschiedene Anforderungen nicht optimal umgesetzt werden, da die Empathie gegenüber
dem Projekt und den Teammitgliedern fehlt. Mitarbeitende mit einem verminderten Ge-
fühl zur Teamarbeit leisten nur einen geringen oder gar keinen Beitrag zum Projekterfolg
[BK13, PLK11, Sw17].

Fehlt es dem Team an Domänenwissen, kann dies zu Verzögerungen in der Implementierung führen, weil die Expert:innen mehr Zeit zum Einlernen benötigen [BE09, Fa21,
HSK14]. Dies kann zudem nachteilig sein, um auf gleicher Ebene mit den Stakeholdern
über die Anforderungen zu diskutieren [BE09, Fa21]. Dadurch können Produkte möglicherweise nicht nutzbar sein oder ineffizient eingesetzt werden. Wenn Stakeholder und Requirements Engineers unzureichendes Domänenwissen haben, können sie die spezifischen
Anforderungen ihrer Domäne nicht korrekt beschreiben [BE09, Fa21]. In diesen Fällen ist
eine Beratung durch Domänenexpert:innen für das Team entscheidend.

Das Fehlen technischer Kenntnisse oder Fähigkeiten im Team kann dazu führen, dass das
Projekt Qualitätsprobleme aufweist, die zu technischen Problemen führen und den zukünftigen Wartungs- und Weiterentwicklungsaufwand erhöhen. In extremen Fällen kann dies
sogar das Scheitern des Projekts verursachen [BK13]. Folglich geht dies zu Lasten der
Anwender:innen, die eine fehlerfreie Anwendungen erwarten.

Darüber hinaus kann eine Unterqualifizierung im Bereich des Controllings erhebliche Folgen haben. Häufig übersehen Softwareentwickler:innen wirtschaftliche Überlegungen,
was dazu führt, dass Softwareprojekte das vorgegebene Budget überschreiten [De17].
Ohne wirksame Kontrolle und Finanzmanagement werden Softwareprojekte anfällig für
finanzielle Engpässe [BK13].

Weiterhin treten Nachhaltigkeitsaspekte aufgrund mangelnder Qualifikation in den Hintergrund, indem gesetzliche und politische Vorgaben nicht eingehalten werden. Dies kann
dazu führen, dass die Software nicht ressourceneffizient eingesetzt und genutzt wird, was
rechtliche und ethische Konsequenzen nach sich zieht [Be16].

4.2   Überqualifikation

Überqualifikation in der Softwareentwicklung bezieht sich auf eine Situation, in der ein
Team oder eine Einzelperson über mehr Qualifikationen oder Erfahrungen verfügt, als für
eine bestimmte Aufgabe erforderlich sind [Li22]. Dies kann im Projektmanagement dazu
führen, dass administrative Prozesse dominieren und wichtige Fähigkeiten wie Kommunikation und Teamarbeit vernachlässigt werden [BS93]. Weiterhin kann bei Überqualifikation Feedback oft als unerwünschte Einmischung in die eigenen Aufgaben interpretiert
werden. Die Folge ist eine Verschlechterung der Produktqualität [BS93].

Detailliertes Domänenwissen kann zwar von Vorteil sein, aber auch Herausforderungen mit sich bringen. Diese Expert:innen neigen zu einer "Fixed Point of View"-Mentalität, die abstraktes Denken hindert und sich zu stark auf Details und bewährte Methoden konzentriert [Fa21, HSK14]. Weiterhin können unausgesprochene Annahmen dazu führen, dass wichtige Punkte in Projekten übersehen werden [HSK14] und folglich zusätzliche Korrekturen im Projektverlauf erforderlich sind [BS93, Fa21].

Häufig neigen Teammitglieder mit ausgeprägtem technischem Verständnis dazu, zu komplexe Lösungen vorzuschlagen [BS93]. Diese Technikverliebtheit kann dazu führen, dass Unternehmen eine zu große Menge an Tools einsetzen. Es ist jedoch wichtig zu beachten, dass dies nicht zwangsläufig zu einer Verbesserung der Softwarequalität beiträgt [De17], sondern stattdessen die Teamarbeit erschwert und den Supportaufwand erhöht. Darüber hinaus besteht die Gefahr, dass die eigentlichen Bedürfnisse der Kunden übersehen werden können [Fa21, Of02].

Eine Dominanz des Controllings kann negative Auswirkungen auf das Projektbudget und die -qualität haben. Wenn z.B. Finanzmittel zu knapp bemessen sind oder in hohem Maße für Reporting aufgewendet werden, wird die eigentliche Projektarbeit, insbesondere die Softwareentwicklung vernachlässigt [GC22]. Das führt letztendlich dazu, dass die Bereitstellung von qualitativ hochwertiger Software in den Hintergrund rückt. Es ist wichtig, ein Gleichgewicht zwischen Kostenkontrolle und Investitionen in der Entwicklung Software zu finden, um den Gesamterfolg sicherzustellen.

Eine starke Fokussierung auf Nachhaltigkeitsaspekte in der Softwareentwicklung, kann zu erhöhten Projektkosten führen. Die Optimierung des Ressourcenverbrauchs [GC22] geht meist mit höheren Kosten und längeren Entwicklungszeiten und Einschränkungen der Funktionalität einher [Fa21]. Der Einsatz umweltfreundlicher Materialien für die Hardware [GC22], kann ebenfalls erhöhte Projektkosten nach sich ziehen. Darüber hinaus kann die Priorisierung von Nachhaltigkeitsaspekten zu längeren Entwicklungszyklen führen [Fa21, Of02], da umfangreiche Forschung, komplexe Algorithmen und Code-Optimierung erforderlich sind.

5   Methoden und Tools zum Training des Teams

Methoden und Tools zur Schulung des Teams können wertvolle Unterstützung bieten, um Über- und Unterqualifikation effektiv anzugehen. Das bereits eingeführte Tool zur Messung des Team-Quality-Levels kann als Basis für die Selbsteinschätzung des Teams dienen, um Maßnahmen bei einer vorliegenden Über- bzw. Unterqualifikation abzuleiten. Dabei werden folgende KI-Tools vorgestellt: PMOtto – ein Assistent für Projektmanagement, Fireflies.ai – eine Anwendung für die automatische Transkription von Besprechungen, Meetcody – ein Assistent, der das Team mit der eigenen Wissensbasis trainiert, Charlie™ – ein Agent für die kollaborative Interaktion mit Menschen, sowie ChatGPT, ein Chatbot, der menschenähnliche Textkonversationen führen kann.

In Kapitel 5.1 wird die Problematik der Unterqualifikation adressiert, während in Kapitel 5.2 die Überqualifikation behandelt wird.

5.1   Unterqualifikation

In den Fällen, in denen Unterqualifikation Wissenslücken verursacht, können geeignete Aus- und Weiterbildungsmaßnahmen [PR11] in den oben vorgeschlagenen sechs Dimensionen genutzt werden. Die Teammitglieder können in Schulungsprogrammen [PR11] die erforderlichen Fähigkeiten erwerben, um ihre Aufgaben effektiv zu erfüllen. Zudem können KI-Tools wie ChatGPT [OP23], PMOtto [RA17] und Fireflies.ai [SR23] bei der Bewältigung von Unterqualifikation und Unterstützung im Projektmanagement eingesetzt werden. ChatGPT liefert Best-Practice-Tipps, indem es Probleme analysiert, Lösungswege vorschlägt und aktuelle Trends aufzeigt, um die Kommunikation zwischen den Projektbeteiligten zu verbessern. Während PMOtto eine strukturierte Projektabwicklung erleichtert, kann Fireflies.ai [SR23] die Kommunikation und das Aufgabenmanagement verbessern. Zusätzlich können KI-Assistenten, wie Charlie™ [Ap19] und Meetcody [Co23] dazu beitragen, Wissenslücken zu schließen, indem sie relevante Informationen für das Controlling bereitstellen. Zudem können externe Expert:innen mit spezifischen Fähigkeiten, die im Team nicht vorhanden sind, hinzugezogen werden [PR11].

Durch die Nutzung von kollaborativen Tools wie Trello, Asana, Slack und Microsoft Teams [LBK22] sowie gemeinsame Arbeit, können Teams und Einzelpersonen ihre Wissensbasis erweitern und neue Fähigkeiten erlernen. Dies fördert eine gemeinschaftliche Lernumgebung, die es unterqualifizierten Teammitgliedern ermöglicht, sich weiterzuentwickeln. Ein effektives Wissensmanagement ist für die Verringerung von Unterqualifikation unerlässlich, um die Wiederholung früherer Fehler zu vermeiden und bereits erworbenes Wissen in neuen Projekten zu nutzen [BK13].

Speziell im Nachhaltigkeitsbereich kann einer Unterqualifikation mit bereits existierenden Leitfäden entgegengewirkt werden. Beispielsweise dienen der P5-Standard [GG19] sowie das Manifest für nachhaltiges Software-Design [Be15] als Leitfaden, für die Integration der Nachhaltigkeitsziele in das Projektmanagement. Weiterhin bietet SAP S/4HANA [Wu18] einen Lösungsansatz für Unterqualifikation im Bereich Nachhaltigkeit, indem es Teammitglieder unterstützt, relevante Daten zur Produktnachhaltigkeit zu identifizieren.

5.2   Überqualifikation

Um die Auswirkungen der Überqualifikation in den sechs Dimensionen abzuschwächen, sollten alle Teammitglieder eine möglichst "egolose" Haltung einnehmen, indem sie ein gewisses Maß an Distanz zum Projekt wahren und eine übermäßige persönliche Bindung an die Projektergebnisse vermeiden [BS93, HSK14]. Darüber hinaus erweitert die Teilnahme an interdisziplinären Schulungsprogrammen [PR11] in den unterschiedlichen Dimensionen das Projektwissen, stärkt die Teamarbeit und verbessert die Fähigkeit, Kompromisse zu finden. Das Aufsuchen von Mentor:innen aus verschiedenen Disziplinen kann wertvolle Einblicke vermitteln und sollte aktiv angestrebt werden [PR11]. Die Offenheit für Feedback fördert dabei eine positive Teamkultur [HSK14].

Weiterhin sollte das Team den Blick für neue Methoden öffnen und die "Fixed Point of

View"-Mentalität ablegen [Fa21]. Dabei kann sich das Team auf unterschiedliche Dimensionen konzentrieren und in diesen Analysen durchführen. Die überqualifizierten Teammitglieder werden ermutigt über ihre etablierten Denkmuster hinauszudenken. Charlie™ kann beispielsweise Daten bereitstellen, um u.a. dem Controlling Einblicke in die Dimension der Nachhaltigkeit zu ermöglichen, während Meetcody Markttrends für strategische Entscheidungen auswerten kann. Tools wie PMOtto [RA17] erleichtern das Projektmanagement, indem es in der Meilensteinverfolgung, im Aufgaben- und Ressourcenmanagement und der Teamzusammenarbeit unterstützt. So können neue Erkenntnisse gewonnen und innovative Ansätze entwickelt werden, um den Herausforderungen der Überqualifikation entgegenzuwirken.

6   Zusammenfassung und Ausblick

Diese Studie analysiert die Qualifikationen von Software-Teams bei der Entwicklung energieeffizienter Software und leitet (Abschnitt 2) sechs Schlüsseldimensionen ab: Projektmanagement, Domänenwissen, Teamarbeit, technische Fähigkeiten, Controlling und Nachhaltigkeit (Abschnitt 3). Hierbei umfasst das Projektmanagement Aspekte wie Konfliktlösung und Entscheidungsfindung. Das Domänenwissen steigert die Produktqualität, während die Teamarbeit zur Projektkultur beiträgt. Die technischen Fähigkeiten sind für die Realisierung und Implementierung des Produkts entscheidend. Das Controlling fokussiert sich auf die Budgetierung, während unter der Nachhaltigkeit in der Softwareentwicklung die Einhaltung politischer Richtlinien und ökologischer Standards verstanden wird.

Das Team-Quality-Level-Tool wird zur Bestimmung des Qualifikationslevels in Softwareentwicklungsteams eingeführt (Abschnitt 4). Es zielt darauf ab, die Über- und Unterqualifikation (Abschnitte 4.1 und 4.2) zu identifizieren. Anschließend werden Lösungsansätze, wie der Einsatz von KI-Tools, vorgestellt (Abschnitt 5). Es wird empfohlen diese KI-Tools angesichts des zunehmenden Ressourcenverbrauchs hinsichtlich ihrer Nachhaltigkeit zu prüfen.

Zukünftig ist geplant, anonymisierte Daten mit dem neu entwickelten Tool zu sammeln. Dadurch soll untersucht werden, ob die in der Literatur diskutierte Überqualifikation auch in der Praxis relevant ist. Ein weiteres Ziel besteht darin, Empfehlungen für die Qualifikation in den sechs festgelegten Dimensionen abzuleiten und im Tool auszugeben.

Ein zentrales Element des Team-Quality-Levels ist die Selbsteinschätzung der Teammitglieder, wobei zu berücksichtigen ist, dass diese zu subjektiven Verzerrungen in den Ergebnissen führen kann. Dennoch trägt das Tool zur Optimierung der Kommunikation und des Verständnisses im Team bei. Es begünstigt eine Reflexion der Teamdynamik und fördert die Offenheit, was wiederum zentrale Diskussionen im Team anstößt. Seine reflektierende Eigenschaft eignet sich sowohl zur tiefergehenden Analyse als auch zur Intensivierung eines bewussten Miteinanders im Team.

7   Literaturverzeichnis

[Ah15]   Ahmed, F. et al.: Soft skills and software development: A reflection from the software industry. arXiv preprint arXiv:1507.06873, 2015.

[Ap19]   Aptima, Inc.: Charlie™, 2019. URL: https://www.aptima.com/about-aptima/charlie/#:~:text=World%27s%20First%20AI%20Employee™,in%20ideation%20and%20brainstorming%20activities. [Abgerufen am 23.06.2023]

[Ba00]   Baum, L. et al.: Supporting component-based software development using domain knowledge. In: Proc. of 4th IIIS World Multiconference on Systemics, Cybernetics and Informatics (SCI2000), Orlando, USA. 2000.

[BBE07]   Baumgartner, R. J.; Biedermann, H.; Ebner, D.: Unternehmenspraxis und Nachhaltigkeit. Herausforderungen, Konzepte und Erfahrungen, 1. 2007.

[Be08]   Bennicke, M.; Hofmann, A.; Lewerentz, C. et al.: Software Controlling. Informatik Spektrum 31, 556–565. https://doi.org/10.1007/s00287-008-0285-6. 2008.

[BE09]   Buchman, J.; Ekadharmawan, C. H.: Barriers to sharing domain knowledge in software development practice in SMEs. In: Proceedings of the 3rd international workshop on knowledge collaboration in software development (KCSD2009). S. 2-16, 2019.

[Be15]   Becker, C.; Chitchyan, R.; Duboc, L.; Easterbrook, S.; Penzenstadler, B.; Seyff, N.; Venters, C. C.: Sustainability design and software: The karlskrona manifesto. In 2015 IEEE/ACM 37th IEEE International Conference on Software-Engineering (Vol. 2, pp. 467-476). IEEE. 2015.

[Be16]   Betz, S.; Seyff, N.; Penzenstadler, B.; Becker, C.: Requirements Engineering: Die Schlüsseldisziplin für nachhaltige Software- und Systementwicklung. Softwaretechnik-Trends Band 36, Heft 3. Bonn: Gesellschaft für Informatik e.V. 2016.

[BK13]   Broy, M.; Kuhrmann, M.: Projektorganisation und Management im Software Engineering. Springer Berlin Heidelberg, 2013.

[Br74]   Brooks, F. P.: The mythical man-month. Datamation, 20. Jg., Nr. 12, S. 44-52. 1974.

[BS93]   Brodbeck, F. C.; Sonnentag, S.: Arbeitsanforderungen und soziale Prozesse in der Software-Entwicklung. Menschengerechte Software als Wettbewerbsfaktor: Forschungsansätze und Anwenderergebnisse aus dem Programm „Arbeit und Technik", 248-258. 1993.

[BSH20]   Bea, F. X.; Scheurer, S.; Hesselmann, Sabine. Projektmanagement. utb GmbH, 2020.

[CKI88]   Curtis, B.; Krasner, H.; Iscoe, N.: A field study of the software design process for large systems. Communications of the ACM, 31. Jg., Nr. 11, S. 1268-1287, 1988.

[Co23]   CODY AI, L.L.C.!: MeetCody AI, 2023. URL: https://www.meetcody.ai [Abgerufen am 20.06.2023]

[De17]   Demant, C.: Software Due Diligence: Softwareentwicklung als Asset bewerten. Springer-Verlag. 2017.

[Fa21]   Faßold, T.-J.: Requirements Engineering and Domain Knowledger. In: Requirements Engineering Magazine. 2021.

[FW20]   Forum Wirtschaftsethik: Kann künstliche Intelligenz zur Umsetzung der UN-Nachhal-
           tigkeitsziele beitragen? Online unter: https://www.forum-wirtschaftsethik.de/kann-ku-
           enstliche-intelligenz-zur-umsetzung-der-un-nachhaltigkeitsziele-beitragen/. 2020.

[GC22]   Grünwald, R.; Caviezel, C.: Energieverbrauch der IKT-Infrastruktur. 2022.

[GG19]   Global, G.: The GPM® P5™ Standard for Sustainability in Project Management.
           https://www.greenprojectmanagement.org/the-p5-standard 2019.

[HF01]   Hooks, I. F.; Farry, K. A.: Customer-centered products: creating successful products
           through smart requirements management. Amacom Books, 2001.

[Hi03]   Hilton, A.: Engineering Software Systems for Cus-tomer Acceptance. Retrieved August,
           2003, 16. Jg., S. 2007.

[HK03]   Hanks, K. S.; Knight, J. C.: Improving communication of critical domain knowledge in
           high-consequence software development. An empirical study. In: 21st International Sys-
           tem Safety Conference (ISSC'03), Ottawa, Canada (August, 2003). 2003.

[HMW18] Hemke, F.; Meyer, H.A.; Wohlgemuth, V.: Usability als Schlüsselfaktor für ein nach-
           haltiges Softwaredesign. In: Arndt, HK., Marx Gómez, J., Wohlgemuth, V., Lehmann,
           S., Pleshkanovska, R. (eds) Nachhaltige Betriebliche Umweltinformationssysteme.
           Springer Gabler, Wiesbaden. https://doi.org/10.1007/978-3-658-20380-1_5. 2018.

[HSK14]   Hadar, I.; Soffer, P.; Kenzi, K.: The role of domain knowledge in requirements elicita-
           tion via interviews: an exploratory study. Requirements Engineering, 19. Jg., S. 143-
           159, 2014.

[Ja13]   Jaster, T.: Entscheidungsorientierte Kosten-und Leistungsrechnung: Ein Rahmenkon-
           zept für das Controlling von Software-Entwicklungen. Springer-Verlag. 2013.

[JS17]   Jena, A.; Satpathy, S. S.: Importance of soft skills in project management. International
           Journal of Scientific Research and Management, 5(7), 6173-6180, 2017.

[KLD13]   Keil, M.; Lee, H. K.; Deng, T.: Understanding the most critical skills for managing IT
           projects: A Delphi study of IT project managers. Information & management, 50(7),
           398-414, 2013.

[LAP18]   Latif, M.; Aslam, T.; Sehar, P.: Impact of domain knowledge in phase of requirement
           engineering. International Journal of Advanced Computer Research, 3. Jg., S. 54, 2018.

[LBK22]   Lill-Kochems, L.; Bozaci, S.; Kalenborn, A.: Unternehmensgründungen in der Pande-
           mie: Mit Start-ups in die Zukunft des virtuellen Projektmanagements. Projektmanage-
           ment und Vorgehensmodelle 2022-Virtuelle Zusammenarbeit und verlorene Kulturen?
           2022.

[Li22]   Li, F. et.al.: When Does Overqualification Affect Bootlegging Positively?. Psychology
           Research and Behavior Management, 3845-3859. 2022.

[Me19]   Meade, E. et al.: The Changing Role of the Software Engineer. In: Walker, A., O'Con-
           nor, R., Messnarz, R. (eds) Systems, Software and Services Process Improvement. Eu-
           roSPI 2019. Communications in Computer and Information Science, vol 1060. Springer,
           Cham. https://doi.org/10.1007/978-3-030-28005-5_53. 2019.

[MS21]   Mashhood, A.; Senapathi, M.: Understanding the Role of Business Analysts in Digital
           Transformation: A Multivocal Literature Review. In: 31st Australasian Conference on

Information Systems. Australasian Conferences on Information Systems (ACIS), 2021.

[NO17]   Nazaruks, V.; Osis, J.: A Survey on Domain Knowledge Representation with Frames. In ENASE (pp. 346-354). 2017.

[NKC20]   Nishant, R.; Kennedy, M.; Corbett, J.: Artificial intelligence for sustainability: Challenges, opportunities, and a research agenda. International Journal of Information Management, 53. Jg., S. 102104, 2020.

[NM22]   Niva, A.; Markkula, J.: Communication Skills Requirements of Junior Software Engineers− Analysis of Job Ads. In: Product-Focused Software Process Improvement: 23rd International Conference, PROFES 2022, Jyväskylä, Finland, November 21–23, 2022, Proceedings. Cham: Springer International Publishing, S. 201-216, 2022.

[Of02]   Offen, R.: Domain understanding is the key to successful system development. Requirements engineering, 7. Jg., Nr. 3, S. 172, 2002.

[Ol99]   Oliveira, K. M., et al.: Using domain-knowledge in software development environments. In: Proceedings of the 11th International Conference on Software Engineering and Knowledge Engineering. S. 180-187, 1999.

[OP23]   OpenAI: ChatGPT, 2022. URL: https://chat.openai.com/ [Abgerufen am 20.06.2023]

[PLK11]   Pinkowska, M.; Lent, B.; Keretho, S.: Process based identification of software project manager soft skills, 2011 Eighth International Joint Conference on Computer Science and Software Engineering (JCSSE), Nakhonpathom, Thailand, 2011, pp. 343-348, doi: 10.1109/JCSSE.2011.5930145. 2011.

[PR11]   Pohl, Klaus; Rupp, Chris. Basiswissen Requirements Engineering-Aus-und Weiterbildung zum" Certified Professional for Requirements Engineering. Foundation Level nach IREB-Standard, 2011, 2. Jg.

[Pr90]   Prieto-Diaz, R.: Domain analysis: An introduction. ACM SIGSOFT Software Engineering Notes, 15. Jg., Nr. 2, S. 47-54, 1990.

[RA17]   Rocha, A.: PMOtto, 2017. URL: https://www.allanrocha.com/pmotto-ai [Abgerufen am 20.06.2023]

[RR12]   Robertson, S.; Robertson, J.: Mastering the requirements process: Getting requirements right. Addison-wesley, 2012.

[SR23]   Sam, U.; Ramineni, K.: Fireflies.ai Corp, 2023. URL: https://fireflies.ai [Abgerufen am 20.06.2023]

[SN05]   Sneed, H.M.: Softwareprojektkalkulation, praxiserprobte Methoden der Aufwandsschätzung für verschiedene Projektarten, Budapest 2005.

[Sh91]   Sharp, H.: The role of domain knowledge in software design. In Behaviour & Information Technology 10.5, 383-401, 1991.

[Si15]   Silvius, G.: Considering sustainability in project management processes. In: Handbook of research on sustainable development and economics. IGI Global, 2015. S. 311-334.

[SL01]   Steinheider, B.; Legrady, G.: Kooperation in interdisziplinären Teams in Forschung, Produktentwicklung und Kunst. In: Mensch & Computer 2001: 1. Fachübergreifende Konferenz. Vieweg+ Teubner Verlag, S. 37-46, 2001.

[SL18]   Sim, Y.; Lee, E.-S: Perceived underqualification and job attitudes: the role of transformational leadership, Leadership & Organization Development Journal, Vol. 39 No. 8, pp. 962-974. https://doi.org/10.1108/LODJ-03-2018-0127. 2018.

[STS10]   Siau, K.; Tan, X.; Sheng, H.: Important characteristics of software development team members: an empirical investigation using Repertory Grid. Information Systems Journal, 20. Jg., Nr. 6, S. 563-580, 2010.

[SS14]   Silvius, A. J.; Schipper, R. P.: Sustainability in project management: A literature review and impact analysis. Social Business, 4(1), 63-96, 2014.

[SW14]   Schmidt, B.; Wytzisk, A.: Software Engineering und Integrative Nachhaltigkeit. In: Plödereder, E., Grunske, L., Schneider, E. & Ull, D. (Hrsg.), Informatik 2014. Bonn: Gesellschaft für Informatik e.V.. (S. 1935-1945), 2014.

[Sw17]   Swasti Suvasweta Satpathy, D. A. J.: Importance of Soft Skills in Project Management. International Journal of Scientific Research and Management, 5(7), 6173–6180. https://doi.org/10.18535/ijsrm/v5i7.45. 2017.

[Tu03]   Tuunanen, T.: A new perspective on requirements elicitation methods. Journal of Information Technology Theory and Application (JITTA), 5. Jg., Nr. 3, S. 7, 2003.

[Va13]   Valentini, U. et al.: Projektteam formieren. Requirements Engineering und Projektmanagement, 29-36, 2013.

[VR20]   Vinuesa, R. et al.: The role of artificial intelligence in achieving the Sustainable Development Goals, in: Nature communications 11(1), S. 1-10, 2020.

[Wu18]   Wunderlich, S.; Groenhoff, N.; Kessler, R.; Marx Gómez, J.: Identifizierung und Abbildung von Produktnachhaltigkeitsdaten in SAP S/4HANA. In: Arndt, HK., Marx Gómez, J., Wohlgemuth, V., Lehmann, S., Pleshkanovska, R. (eds) Nachhaltige Betriebliche Umweltinformationssysteme. Springer Gabler, Wiesbaden. https://doi.org/10.1007/978-3-658-20380-1_7. 2018.

Systematically embedding automation reuse in business process management projects

Peter A. François[1], Marlon Kampmann[2], Ralf Plattfaut[3] and André Coners[4]

Abstract: The benefits of reusing software and its prerequisites reach from faster implementation time to higher software quality and reduced maintenance effort through fewer artefacts to be maintained. However, in the context of BPM projects and automation, systematic reuse has not been adequately incorporated, resulting in missed opportunities. This research addresses this gap by extending the Business Process Management Lifecycle by Dumas et al. following a Design Science Research approach to include mechanisms to allow systematic automation reuse in BPM projects. Practical approaches for reuse in BPM initiatives are identified. The findings highlight the importance of ten concepts in promoting systematic reuse in BPM projects. The proposed approach enhances the BPM lifecycle by incorporating systematic reuse practices to utilize the mentioned advantages.

Keywords: Reuse, Business Process Management, Automation Reuse, BPM Lifecycle, Design Science

1 Introduction

As a society, we are striving to advance digitalisation or even digital transformation [Vi19, vV22]. To this aim, we are constantly creating new digital solutions, sometimes using new technologies. This process is hampered by both the availability of development capacity and development cost – especially regarding cutting edge technologies such as AI [Ko84, KS98, NR06, Di15, BNK22].

During the formation of Information Systems architectures, we additionally accrue 'technical debt' in the form of omissions and disadvantageous decisions made during system design or implementation, which we will need to rectify 'later' (see e.g. [KNO10, TAV13]). At the same time, companies are facing issues retiring legacy IT systems. They instead often keep old systems and add new ones, leading to an ever-growing 'mountain' of IT artefacts and technical debt. These artefacts must be kept secure and continuously updated to current business needs [RPL23].

Intertwining technology with how we interact as a society can similarly result in the need to continuously maintain many artefacts (which we may not be able to retire). We will constantly have to ensure this maintenance and redevelopment to secure our private lives

[1] Fachhochschule Südwestfalen, Fachbereich Elektrische Energietechnik, Lübecker Ring 2, 59494 Soest, Germany, francois.peter@fh-sw.de
[2] Fachhochschule Südwestfalen, Fachbereich Technische Betriebswirtschaft, Haldener Straße 182, 58095 Hagen, Germany, kampmann.marlon@fh-swf.de
[3] Universität Duisburg-Essen, Chair of Information Systems and Transformation Management, Universitätsstraße 9, 45141 Essen, ralf.plattfaut@icb.uni-due.de
[4] Fachhochschule Südwestfalen, Fachbereich Technische Betriebswirtschaft, Haldener Straße 182, 58095 Hagen, Germany, coners.andre@fh-swf.de

(e.g. smart home systems), our organisations (e.g. legacy process automation artefacts), and our society (e.g. legacy communication or payment channels) can proceed to exist and adapt to changing environmental influences. For this reason, we argue that technical debt should be considered when implementing such systems and that – where possible – artefacts should be reused instead of newly developed to reduce the number of artefacts society has to maintain.

Systems Engineering has long employed systematic reuse during IS development to counter the issues of long-term maintainability and available development capacity [KS98]. Systematic reuse can help cut down development time and expense as well as reduce maintenance effort and technical debt [RPL23, KS98].

One means to analyse the need of systems in an organisation and align them to operations is Business Process Management (BPM) [BKR12, We19, Du18]. BPM is often applied in practice to support digitalisation and digital transformation projects. In turn, the BPM Lifecycle by Dumas et al. [Du18] is often used to systematically manage business processes across an entire organisation. In business process automation, reuse can occur on the level of *knowledge* (e.g., how to automate a specific process), *Specifications* (e.g., business process or data models), *software* (e.g., code or modules), *architecture* (e.g. Containers for specific processes) or a combination of these layers (e.g. reusing software also partially allows for reuse of the knowledge used in building the software) [FP23]. Leaning on Kim and Stohr [KS98], we understand reuse in BPM as utilising previously developed resources (on one or more of these layers) to automate a new or adapted process.

Reusing automation components has been identified as essential in BPM [RMR15, Du18]. Therefore, in this research in progress, we shed light on the following research questions:

RQ 1. Which methods or technologies do organisations use for reuse when automating through BPM?

RQ 2. How can we systematically anchor reuse in BPM projects?

In further research, we plan to validate the resulting approach and adapt it by conducting business process automation initiatives according to it in six participating organisations.

2   Method

We developed our approach in an iterative design, closely aligned with Design Science Research [He04]. Figure 1 shows the research approach.

We based our work on the literature on automation reuse (Step 1). For a fundamental understanding, we used an existing literature review on Software Reuse in Information Systems [KS98] (step 1a). We then searched for relevant literature in the AIS eLibrary (Search term: Automation Reuse) until we reached saturation. The whole literature review (step 1b) is published in another paper [FP23]. In the first design cycle (Step 2), based on the initial understanding and literature search, we formulated a procedure for systematically embedding reuse in BPM initiatives.

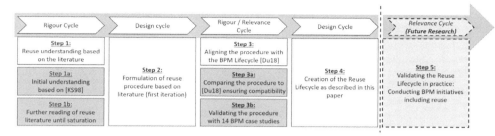

Fig. 1: Research approach following Design Science Research by Hevner et al. [He04]

We noticed that the approach developed in this way had some procedural similarities with the BPM Lifecycle by Dumas et al. [Du18]. To further anchor our approach in the literature, we, therefore, conducted an analysis of the lifecycle as proposed by Dumas et al. [Du18] (Step 3a), noted similarities and differences and adapted our approach to fit the BPM Lifecycle. To increase the relevance of our approach, we screened two collections of BPM cases [vM18b, vMR21] (step 3b). We chose these collections since the authors of these cases were instructed to build on the BPM Lifecycle by Dumas et al. [Du18] by the editors [vM18a]. We then chose those cases that conducted process digitalization (not those that only used digital technologies to support the BPM initiative itself). This procedure led to the inclusion of 14 BPM cases[5]. Two authors then analysed half of the cases each, yet one case was analysed by both authors where the inter-coder agreement was verified. Based on these cases, we developed the Reuse Lifecycle (step 4) described in the following sections. In future research (step 5), we will apply the proposed procedure in BPM efforts and verify and expand it in six participating organisations.

3 Enhancing the BPM Lifecycle with systematic reuse

3.1 Methods for reuse in the BPM Lifecycle by Dumas et al.

While Dumas et al. [Du18] have not explicitly anchored the reuse of automation in the BPM Lifecycle, they do offer mechanisms to reuse at the modelling stage for both sequences and their models. The mechanisms used are: Reference-Processes, Specialisations, Sub-Processes and Global Process Models. *Reference-Processes* are generic and idealized models developed with reuse in several organisations in mind (e.g. Generic model of a purchase-to-pay process). The authors describe a *Specialisation* as a variant of such a generic process that is adaptable for use in specific contexts (e.g. the purchase-to-pay process of an energy provider, including meter reading). *Sub-Processes* are processes embedded in more extensive processes (e.g. 'Opening and scanning letters', which may be embedded in both the purchase-to-pay and the order-to-cash process). This is done to reduce complexity, unify granularity within a model and to be able to reuse process sequences. Sub-Processes do not form complete processes; they cannot stand independently. In comparison, *Global Process Models* are complete processes that can be invoked at any

---

[5] We included the following cases: AB21, BSK18, Ce18, KT18, KHW18, LDW21, MBW21, Ma18b, Ma18a, Pa21, Pu21, Ra18, RZW18, vR18

time from another process anywhere within the organisation (e.g. the order-to-cash process).

While these concepts help reuse on a sequence and modelling level, they do not explicitly include the automation artefacts created in the process implementation phase. Therefore, we both add further concepts to advance reuse (to include automation in addition to the models) and systematically anchor them in the BPM Process.

3.2   Practical approaches for reuse with the BPM lifecycle

In this chapter, we identify approaches to include reuse in BPM initiatives from practice. To this end, we have screened BPM casebooks [vMR21, vM18b] as described in the method section. The specific mentions of mechanisms and approaches used are summarised in Table 1. Implicit reuse (e.g. knowledge reuse through the reuse of process models or "this looks like a Reference-Process was used.") was not included.

However, we count approaches for (partial or full) process reuse since when a process is reused, the automation of that process will (to some extent) also be reusable in the new context as it follows that process.

BPM Case	[KT18]	[BSK18]	[vR18]	[Ma18a]	[KHW18]	[LDW21]	[Pa21]	[Pu21]	[RZW18]	[MBW21]	[Ra18]	[Ce18]
Central repository	X		X	X	X	X			X	X		
Process standardization / Centralising processes	X	X		X	X	X			X		X	
Knowledge management	X	X					X				X	
Reuse of artefacts	X		X				X		X			
Training	X	X	X			X						
Sub-Processes					X		X					X
Reference-Processes	X	X		X								
Reusing processes in other contexts			X						X	X		
Procedural model to support reuse		X		X					X			
Pilots to validate reuse			X						X			

Tab. 1: Concept matrix: reuse methods in the analysed BPM cases

The **central repository** often comes in the shape of a BPM software that supports process modelling and navigating through interrelated processes. Ludacka et al. [LDW21] use a central repository to store processes and to communicate across several entities that use shared (centralised, see below) processes. Reisert et al. [RZW18] as well as Van Looey et al. [vR18] – in addition to the central processes – offer automation in these processes. Krogstie et al. [KHW18] describe a central process repository including "2000 process models" that allows users to navigate the process models. Karle and Teichenthaler [KT18] mention that their central repository – in addition to navigation and knowledge sharing – allows them to speed up atomisation and estimate the effort required to automate.

Regarding **knowledge management** in Bührig et al. [BSK18], a central campus management system was implemented. The process knowledge was saved and made transparent. Several subsequent workshops were held to discuss processes over three campuses to standardize the processes with the stakeholders. As a result, in Pauker et al. [Pa21], domain knowledge that was previously only accessible in non-descriptive formats or within closed-source software became explicit through using BPMN process models. Throughout the case study, developers experienced a gradual accumulation of domain knowledge. The knowledge was passed on to the business units in a targeted manner through coordinated feedback of the BPM project results in Rau et al. [Ra18]. The exchange and discussions about processes, possible improvements and efficient collaboration were carried out.

As described earlier, **Sub-Processes** are processes that are embedded in more comprehensive processes to reduce complexity [Du18]. In the case described by Pauker et al. [Pa21], different Sub-Processes were used. The authors stated that, in some cases, different Sub-Processes do the same things. This shows the optimisation and automation potential of these Sub-Processes. The use of Sub-Processes is also increasingly referenced in the case context from Cereja et al.[Ce18].

Process standardisation was achieved in the case by Bührig et al. [BSK18] by using internal standard processes. A unified process was created from the three individual processes of the campuses, which was then applied to all campuses. In Rau et al. [Ra18], the modelling efforts undertaken in the BPM project catalysed the departments to establish consensus on a shared language and a standardized procedure regarding BPM. Laducka et al. [LDW21] describe the bundling of processes into one shared service center. Implicitly this central execution means that digitalisation potentials will scale across the partaking organisations. Krogstie et al. [KHW18] describe centrally developing processes and then rolling them out by managers in local entities. Karle and Teichenthaler [KT18] describe "harmonising business processes and local particularities.". Matzner et al. [Ma18] developed a system to support similar processes to be executed at several individual agents (car-charging providers) to ensure system compatibility. They developed standards yet adaptable processes that can be adapted using a transformational heuristic (see below). Reisert et al. [RZW18] describe a central entity that prescribes processes and creates corresponding automation artefacts for the entire organisation.

In their study, Pauker et al. [Pa21] describe **the reuse of artefacts** regarding automation. Their framework offers a systematic integration approach, enabling developers and business experts to work together using BPMN process models. This collaboration results in the creation of reusable artefacts. that contribute to the ongoing advancement of digitisation and automation. The authors emphasize that scaling up automation doesn't require starting from scratch, as many artefacts can be repurposed and reused. Both Karle and Teichenthaler [KT18] and Reisert et al. [RZW18] provide reusable artefacts in a central ("collaborative") repository. In both cases, the reusable components are connected to the process models, allowing easy reuse. Van Looy and Rotthier [vR18] describe how fifteen reusable generic automation building blocks were used in process automation across processes in different contexts.

Regarding **reusing processes in other contexts or organisations,** the application of Pufahl et al. [Pu21] has already been extended in other areas, such as cotton financing or real-time grain financing. Marek et al. [MBW21] implicitly mention reusing process models for different purposes. Van Looy and Rotthier [vR18] propose process reuse across several (public and private) organisations where organisations collaborate.

Recurring workshops (**training**) with stakeholders trained them in the areas of standardisation and general BPM [BSK18]. Karle and Teichenthaler [KT18] propose to use training to ensure that process participants are aware of reusable processes and artefacts. Using BPM training is also mentioned as essential by Van Looy and Rotthier [vR18]. They also propose a "centralized competence center" to assist novice users. Ludacka et al. [LDW21] mention using e-lessons to support regular training.

Bührig et al. [BSK18] and Karle and Teichenthaler [KT18] used **Reference-Processes** to apply the processes from the reference model and, if necessary, adapt them to individual circumstances. They mostly fit with given processes or could be adjusted a bit. In the end, all stakeholders were familiar with the Reference-Processes. This allowed easier and faster access to the to-be processes. Bührig et al. [BSK18] stated that orienting to, e.g. reference models supports initialising new BPM projects. Matzner et al [Ma18] define Reference-Processes for reuse across business partners.

Bühring et. al. [BSK18] extended the BPM Lifecycle [Du18] to include aspects of the reference model concept to create a **procedural model to support reuse**. For example, processes are compared with the reference model and in process analysis, processes are analysed with the reference model. Matzner et al. [Ma18] describe a "heuristic process redesign methodology" that is used to create compatible processes from a Reference-Process.

Van Looy and Rotthier [vR18] used **pilots to validate reuse** by first validating the generic automation components provided in specific pilot processes to prove their functionality and then using them in other areas. In the case of Pufahl et al. [Pu21], the BPM application has already been extended to other commercial use cases. It all started with the pilot with inter-organisational process innovation through a blockchain between farmers and first buyers. From there, the application was extended to other use cases.

3.3   The proposed approach: The Reuse Lifecycle

In the following, we extend the BPM Lifecycle by Dumas et al. [Du18] by developing additional steps to aid reuse. These steps are to be seen as purely an extension to the BPM Lifecycle and do not replace the existing activities. We base this extension both on the cases described as well as the literature on automation reuse. Figure 2 gives an overview of the proposed additions.

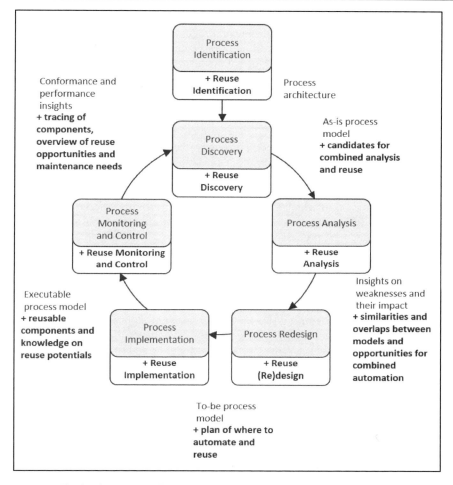

Fig. 2: The Reuse Lifecycle (extended from Dumas et al. Du18, S. 23)

The BPM Lifecycle starts with the **Process Identification** phase. Here are processes relevant to a specific business problem identified. The processes are ordered in their importance according to A) Strategic importance (processes with the most significant impact on organisational goals), B) Health (processes with the most issues), C) Feasibility (How susceptible to BPM initiatives is the process) [Du18]. At this stage, we propose additional characteristics to support reuse through **Reuse Identification.** In addition to the business problem proposed, an automation goal can also be the starting point of the Reuse Lifecycle (e.g. to support digital transformation projects). Furthermore, to find the order processes should be addressed in, we can consider D) expected direct optimisation/automation benefits (monetary benefit expected from automating this process), E) expected reuse benefits (monetary benefit expected from reusing automation in other processes or in existing or planned information systems) or F) development capacity (do the developers of the intended technology have time in their development queue).

In Dumas et al. **Process Discovery** follows. The authors describe the discovery and documentation of the "as-is" state of each relevant process (as selected in the identification) in process models. **Reuse Discovery,** in addition, takes note of immediately noticeable similarities in these processes that may be candidates for bundled optimisation and reuse of already developed solutions. Where possible, it should be considered to use sequences already formulated in the "as is" models (e.g. through using Sub-Processes). As well, these reused components should be noted for automation potential.

In the **Process Analysis** phase, process issues are identified, documented and (if possible) quantified to obtain a structured collection of issues [Du18]. The **Reuse Analysis** systematically identifies and documents which processes and parts of processes are similar and where they deviate. It is also essential to note why these differences may exist and which differences (and reasons for differences) can be eliminated at what cost. In addition, there should be documentation of which issues would automatically be resolved when reusing a specific part of a different process (i.e. "if I reuse online shop payment process, issue x in the subscription payment process will be automatically solved "). Furthermore, an analysis of which parts of processes are already covered by existing standard software should be carried out. The documentation of issues in the current automation of processes (e.g., high cost of certain software) is also added.

Next, the BPM Lifecycle introduces the **Process Redesign,** where changes that would aid with the found issues are identified [Du18]. Different possible process variants are compared through metrics to decide on the to-be process. To enhance this, the Reuse Lifecycle adds **Reuse Redesign.** In this step, we propose to model to-be processes with reusability in mind (e.g. by using Sub-Processes, specialisations and global process models). We recommend creating an in-house repository of these reusable process parts (e.g. create in-house Reference-Processes and process artefacts (Sub-Processes, global process models)). In addition, automation solutions are designed (not yet built) with reuse in mind (generalised, to be reused in other processes). They are guided by best practices and use standards to define a number of reference artefacts that enable easy reuse in the future by using in-house guidelines. Where automation artefacts are used in the processes, this is also noted in the repository to enhance traceability and opportunistic reuse ("this process looks a bit like mine, maybe I can reuse this sequence and its artefacts").

Process Implementation is the next step in the BPM Lifecycle. Here, the actual process is transferred from "as-is" to "to-be" including organisational change and automation [Du18]. This part is extended by **Reuse Implementation and Provisioning.** In this step, the actual reusable automation artefacts are developed. Existing reusable artefacts are kept in mind during implementation, and, where possible, they are reused. Ideally, this would be supported through a central repository (see e.g. [KS98, FP23]). The components are piloted in one process as a best practice and then rolled out to other processes by reusing them. The company's internal Reference-Processes and reference automation artefacts are documented centrally (ideally in the already mentioned repository) in order to constantly create reuse opportunities and enable process owners to identify possible automation potential. To leverage cross-divisional potential, process owners of similar processes should be notified when a task has been automated. Where possible, processes can also be proposed for adoption to friendly organisations or departments. If it is possible to reuse a part of an automation solution in a different process, discuss it with process stakeholders and make the solution available to those different processes. The reuse opportunities created this way are realised as soon as possible (usually after finishing the current processes) to create maximum value. The artefacts should be created generalised and with reuse in mind to meet the requirements of as many other process owners as feasible. There exist abundant Guidelines on how to create reusable software artefacts or how to reuse them (see e.g. KS98, AF12, UPB08), how to reuse knowledge (i.e. Knowledge management, see e.g. Ah05, SD09, CM18) and research on reusing process models (e.g. [BDK07, Fr14, Ko14]). We therefore do not especially focus on reuse in the implementation phase. However we want to urge towards reuse on as many reuse layers [FP23] as possible. Suitable training in BPM, basic automation technologies and reuse support these steps/tasks.

Process Monitoring includes measuring the process's performance (including bottlenecks, reoccurring errors or deviations) automation [Du18]. In addition, **Reuse Monitoring** considers the monitoring of arising reuse opportunities in other processes and BPM initiatives. Furthermore, we propose tracking how often and where components have been reused. The Reuse Lifecycle recommends that there is an assurance that changes made to reuse components are appropriately transferred to all process instances.

4 Discussion

In this research, we have proposed a procedure with which reuse can be systematically embedded into the creation and re-engineering of business processes. There is a general consensus that reuse should be applied in BPM and a call for methods and approaches to support reuse [Da15, RV15, RMR15, Du18, Be23]. We identified and summarized the methods Dumas et al. [Du18] propose for reuse. Furthermore, we analyzed 14 BPM cases regarding how they conducted reuse. This reuse is performed for both business process models and for the resulting automation components. The proposed approach builds on the Business Process Management Lifecycle [Du18] to systematically include reuse in every step of BPM. We thereby address the call of BPM Research to advance reuse in BPM projects.

The systemization of practical reuse approaches enables researchers to develop new forms of reuse support in business processes and BPM projects. It can help vendors of BPM technologies to support these approaches specifically. Practitioners can use the proposed approach to structure BPM initiatives and thereby maximise the benefits of reuse.

Further research should be done on whether and how our findings apply to different technologies relevant to business process automation. For example, the specific dynamics of reuse in no code, low code or other environments may require additional mechanisms or different reuse environments.

While we conducted a thorough literature analysis, we may have missed relevant mechanisms for general automation reuse and reuse in business processes. The division of the papers analysed into two authors may reinforce this (selection bias). To counteract this, one case was read by both authors and agreement was verified. Future research may conduct further studies that incorporate a broader range of cases.

As stated in the method section, we plan to apply the Reuse Lifecycle in several BPM initiatives in further research to verify and extend our approach. To this end, we are currently working with six organisations aspiring to start reuse enabled BPM or expand their existing approaches with reuse considerations.

5   Conclusion

This research in progress systematically anchored the reuse of automation in the BPM lifecycle by Dumas et al. [Du18]. The BPM lifecycle is a valuable tool for the systematic execution of BPM projects. These initiatives are often linked to or include digitisation and automation initiatives. Such initiatives can greatly benefit from reuse, e.g. through saving implementation time and having fewer artefacts to maintain overall. These benefits are especially valuable when we build a society that relies on IT artefacts, which will include technical debt and may then have to be maintained for a very long time, leading to continuous high cost and effort.

We uncovered ten techniques for reuse applied in practical BPM projects and systemised the four approaches for reuse named by Dumas et al. [Du18]. The Reuse Lifecycle was proposed based on these findings and the automation reuse literature. Through an iterative design process aligned with Design Science Research [He04], it extends the BPM Lifecycle by Dumas et al. [Du18] to systematically include reuse in each step of the lifecycle.

Our future research, described in step 5 in the methodology, will focus on applying the proposed Reuse Lifecycle across six participating companies conducting BPM projects to validate and adjust the approach in successive iterations. Overall, the study highlights the importance of systematic reuse in BPM and its potential benefits to organizations to enable a sustainable and successful digital transformation.

Acknowledgements

This work has been partially developed in the project KEBAP at South Westphalia University of Applied Sciences. The project (reference number: 13FH034KX0) is partly funded by the German Ministry of Education and Research (BMBF).

References

[AB21]   Azemi, E.; Bala, S.: Exploring BPM Adoption and Assessing the Strategic Alignment of Processes at Raiffeisen Bank Kosovo. In (vom Brocke, J.; Mendling, J.; Rosemann, M. Hrsg.): Business Process Management Cases Vol. 2. Springer, Berlin, Heidelberg, S. 277–288, 2021.

[AF12]   Anguswamy, R.; Frakes, W. B.: A study of reusability, complexity, and reuse design principles. In (Runeson, P. et al. Hrsg.): Proceedings of the ACM-IEEE international symposium on Empirical software engineering and measurement. ACM, New York, NY, USA, S. 161–164, 2012.

[Ah05]   Ahmed, S.: Encouraging reuse of design knowledge: a method to index knowledge. Design Studies 6/26, S. 565–592, 2005.

[BDK07]   Becker, J.; Delfmann, P.; Knackstedt, R.: Adaptive Reference Modeling: Integrating Configurative and Generic Adaptation Techniques for Information Models. In (Becker, J.; Delfmann, P. Hrsg.): Reference Modeling. Efficient Information Systems Design Through Reuse of Information Models. Physica, Heidelberg, S. 27–58, 2007.

[Be23]   Beerepoot, I. et al.: The biggest business process management problems to solve before we die. Computers in Industry 146, S. 103837, 2023.

[BKR12]   Becker, J.; Kugeler, M.; Rosemann, M. Hrsg.: Prozessmanagement. Springer, Berlin, Heidelberg, 2012.

[BNK22]   Bossler, L. F.; Noeltner, M.; Kroenung, J. S.: Attitude Discrepancy and Its Influence on Turnover Intention Among IS Professionals. ICIS 2022 Proceedings 15, 2022.

[BSK18]   Bührig, J.; Schoormann, T.; Knackstedt, R.: Business Process Management in German Institutions of Higher Education: The Case of Jade University of Applied Science. In (vom Brocke, J.; Mendling, J. Hrsg.): Business Process Management Cases. Springer, Cham, S. 577–592, 2018.

[Ce18]   Cereja, J. R. et al.: Application of the Design Thinking Approach to Process Redesign at an Insurance Company in Brazil. In (vom Brocke, J.; Mendling, J. Hrsg.): Business Process Management Cases. Springer, Cham, 205-233, 2018.

[CM18]   Coners, A.; Matthies, B.: Perspectives on reusing codified project knowledge: a structured literature review. International Journal of Information Systems and Project Management 2/6, S. 25–43, 2018.

[Da15]   Davenport, T. H.: Process Management for Knowledge Work. In (vom Brocke, J.; Rosemann, M. Hrsg.): Handbook on Business Process Management 1. Introduction, Methods, and Information Systems. Springer, Berlin, Heidelberg, S. 17–35, 2015.

[Di15]   Dinger, M. et al.: Does Professionalism Matter in the IT Workforce? An Empirical Examination of IT Professionals. Journal of the Association for Information Systems 4/16, 2015.

[Du18]   Dumas, M. et al.: Fundamentals of business process management. Springer, Berlin, Germany, Heidelberg, 2018.

[FP23]   François, P. A.; Plattfaut, R.: The Reuse of Business Process Automation Artefacts [Manuscript submitted for publication]. Lecture Notes in Informatics, 2023.

[Fr14]   Frank, U.: Multilevel Modeling. Business & Information Systems Engineering 6/6, S. 319–337, 2014.

[He04]   Hevner et al.: Design Science in Information Systems Research. MIS Quarterly 1/28, S. 75, 2004.

[KHW18]   Krogstie, J.; Heggset, M.; Wesenberg, H.: Business Process Modeling of a Quality System in a Petroleum Industry Company. In (vom Brocke, J.; Mendling, J. Hrsg.): Business Process Management Cases. Springer, Cham, 557-375, 2018.

[KNO10]   Kruchten, P.; Nord, R. L.; Ozkaya, I.: Technical Debt: From Metaphor to Theory and Practice. In (Roman, G.-C.; Sullivan, K. Hrsg.): Proceedings of the FSE/SDP workshop on Future of software engineering research. ACM, New York, NY, USA, S. 18–21, 2010.

[Ko14]   Koschmider, A. et al.: Analysis of process model reuse: Where are we now, where should we go from here? Decision Support Systems 66, S. 9–19, 2014.

[Ko84]   Konsynski, B. R.: Advances in Information System Design. Journal of Management Information Systems 3/1, S. 5–32, 1984.

[KS98]   Kim, Y.; Stohr, E. A.: Software Reuse: Survey and Research Directions. Journal of Management Information Systems 4/14, S. 113–147, 1998.

[KT18]   Karle, T.; Teichenthaler, K.: Collaborative BPM for Business Transformations in Telecommunications: The Case of "3". In (vom Brocke, J.; Mendling, J. Hrsg.): Business Process Management Cases. Springer, Cham, 235-255, 2018.

[LDW21] Ludacka, F.; Duell, J.; Waibel, P.: Digital Transformation of Global Accounting at Deutsche Bahn Group: The Case of the TIM BPM Suite. In (vom Brocke, J.; Mendling, J.; Rosemann, M. Hrsg.): Business Process Management Cases Vol. 2. Springer, Berlin, Heidelberg, S. 57–68, 2021.

[Ma18a]   Matzner, M. et al.: CrowdStrom: Analysis, Design, and Implementation of Processes for a Peer-to-Peer Service for Electric Vehicle Charging. In (vom Brocke, J.; Mendling, J. Hrsg.): Business Process Management Cases. Springer, Cham, 337-359, 2018.

[Ma18b]   Marengo, E. et al.: Process Management in Construction: Expansion of the Bolzano Hospital. In (vom Brocke, J.; Mendling, J. Hrsg.): Business Process Management Cases. Springer, Cham, S. 257–274, 2018.

[MBW21] Marek, J.; Blümlein, K.; Wehking, C.: Process Automation at Generali CEE Holding: A Journey to Digitalization. In (vom Brocke, J.; Mendling, J.; Rosemann, M. Hrsg.): Business Process Management Cases Vol. 2. Springer, Berlin, Heidelberg, S. 19–28, 2021.

[NR06]   Nazareth, D. L.; Rothenberger, M.: Does the 'Golidlocks Conjecture' Apply to Software Reuse? Journal Of Information Technology Theory And Application 2/8, S. 57–67, 2006.

[Pa21]   Pauker, F. et al.: Industry 4.0 Integration Assessment and Evolution at EVVA GmbH: Process-Driven Automation Through centurio.work. In (vom Brocke, J.; Mendling, J.; Rosemann, M. Hrsg.): Business Process Management Cases Vol. 2. Springer, Berlin, Heidelberg, S. 81–91, 2021.

[Pu21]   Pufahl, L. et al.: Enabling Financing in Agricultural Supply Chains Through Blockchain. Interorganizational Process Innovation Through Blockchain. In (vom Brocke, J.; Mendling, J.; Rosemann, M. Hrsg.): Business Process Management Cases Vol. 2. Springer, Berlin, Heidelberg, S. 41–56, 2021.

[Ra18]   Rau, I. et al.: Managing Environmental Protection Processes via BPM at Deutsche Bahn. FINK: The Information System for Nature Conservation and Compensation. In (vom Brocke, J.; Mendling, J. Hrsg.): Business Process Management Cases. Springer, Cham, S. 381–396, 2018.

[RMR15]   Reijers, H. A.; Mendling, J.; Recker, J.: Business Process Quality Management. In (vom Brocke, J.; Rosemann, M. Hrsg.): Handbook on Business Process Management 1. Introduction, Methods, and Information Systems. Springer, Berlin, Heidelberg, S. 167–185, 2015.

[RPL23]   Rinta-Kahila, T.; Penttinen, E.; Lyytinen, K.: Getting Trapped in Technical Debt: Sociotechnical Analysis of a Legacy System's Replacement. MIS Quarterly 1/47, S. 1–32, 2023.

[RV15]   Rosemann, M.; vom Brocke, J.: The Six Core Elements of Business Process Management. In (vom Brocke, J.; Rosemann, M. Hrsg.): Handbook on Business Process Management 1. Introduction, Methods, and Information Systems. Springer, Berlin, Heidelberg, 2015.

[RZW18] Reisert, C.; Zelt, S.; Wacker, J.: How to Move from Paper to Impact in Business Process Management: The Journey of SAP. In (vom Brocke, J.; Mendling, J. Hrsg.): Business Process Management Cases. Springer, Cham, S. 21–36, 2018.

[SD09] Sarnikar, S.; Deokar, A.: Towards a Design Theory for Process-Based Knowledge Management Systems. ICIS 2009 Proceedings 63, 2009.

[TAV13] Tom, E.; Aurum, A.; Vidgen, R.: An exploration of technical debt. Journal of Systems and Software 6/86, S. 1498–1516, 2013.

[UPB08] Umapathy, K.; Purao, S.; Barton, R. R.: Designing enterprise integration solutions: effectively. European Journal of Information Systems 5/17, S. 518–527, 2008.

[Vi19] Vial, G.: Understanding digital transformation: A review and a research agenda. The Journal of Strategic Information Systems 2/28, S. 118–144, 2019.

[vM18a] vom Brocke, J.; Mendling, J.: Frameworks for Business Process Management: A Taxonomy for Business Process Management Cases. In (vom Brocke, J.; Mendling, J. Hrsg.): Business Process Management Cases. Springer, Cham, 2018.

[vM18b] vom Brocke, J.; Mendling, J. Hrsg.: Business Process Management Cases. Springer, Cham, 2018.

[vMR21] vom Brocke, J.; Mendling, J.; Rosemann, M. Hrsg.: Business Process Management Cases Vol. 2. Springer, Berlin, Heidelberg, 2021.

[vR18] van Looy, A.; Rotthier, S.: Kiss the Documents! How the City of Ghent Digitizes Its Service Processes. In (vom Brocke, J.; Mendling, J. Hrsg.): Business Process Management Cases. Springer, Cham, S. 187–204, 2018.

[vV22] van Veldhoven, Z.; Vanthienen, J.: Digital transformation as an interaction-driven perspective between business, society, and technology. Electronic markets 2/32, S. 629–644, 2022.

[We19] Weske, M.: Business Process Management. Springer, Berlin, Heidelberg, 2019.

From DevOps to TeachOps: An Agile Approach for Instructional Design

Lorena Göritz[1], Enrico Kochon[2], Jan Heinrich Beinke[3], Hanna-Liisa Pender[4] and Oliver Thomas[5]

Abstract: The dependence of companies on the education of their employees has positioned human resource development as a strategic asset and a core competitive factor. Instructional design serves a crucial role in optimizing the quality of training and education for sustainable employee qualification. The fast pace of digital transformation demands a new and more agile approach to instructional design, which requires cross-organizational collaboration and the adoption of new frameworks. In response, we propose the TeachOps model, which builds on the principles of DevOps used in software development. The TeachOps model is a new framework for instructional design that enables efficient and continuous HR development. We contribute to the scientific discourse by proposing a new framework that applies DevOps principles to instructional design. Furthermore, we provide practical guidance on how instructional designers can efficiently and continuously provide HR development.

Keywords: Instructional Design, HR Development, Digital Transformation, DevOps

1   Introduction

Digital transformation has made its way into every industry, offering not only enormous potential but also creating a significant demand for skilled workers. Recent studies confirm an overall shortage of qualified staff, especially in the IT sector [Bi23] [KO23]. Companies have only one viable option: to empower their employees by equipping them for the future [Hü23]. The continuous acquisition of knowledge is a key source of competitive advantage for organizations in the 21st century [Sh08]. Modern companies' reliance on their employees' level of education has elevated sustainable human resources (HR) development to a strategic concern, making it a central competency within organizations. Today's global economic conditions are driving organizations to increase productivity with a quantitatively reduced workforce [Ro10]. Consequently, instructional designers face the challenge of developing higher-quality instructional programs to best develop each employee. Despite the importance of investments in education to maintain competitiveness, the initial cost can be prohibitive [MKL14]. Therefore, research on sustainable and responsible instructional design to optimize its quality is essential. Smith and Ragan [SR04]

---

[1] German Research Center for Artificial Intelligence, Smart Enterprise Engineering, Hamburger Str. 24, 49084 Osnabrück, Germany, lorena.goeritz@dfki.de
[2] Osnabrück University, Information Management and Information Systems, Hamburger Str. 24, 49084 Osnabrück, Germany, enrico.kochon@uos.de
[3] German Research Center for Artificial Intelligence, Smart Enterprise Engineering, Hamburger Str. 24, 49084 Osnabrück, Germany, jan.beinke@dfki.de
[4] German Research Center for Artificial Intelligence, Smart Enterprise Engineering, Hamburger Str. 24, 49084 Osnabrück, Germany, oliver.thomas@dfki.de
[5] FoBiD - Forschungsinstitut Bildung Digital, Universität des Saarlandes, 66123 Saarbrücken, Germany, hanna-liisa.pender@fobid.org

state that "the term instructional design refers to the systematic and reflective process of translating principles of learning and instruction into plans for instructional materials, activities, information resources, and evaluation". However, there is no standardized method for this systematic and reflective process, and the limitations of traditional instructional design have already been debated for decades [Ro10]. Today, instructional designers must continuously search for the most suitable method and the latest learning theories in times of ever-changing technological progress [MKL14]. The fast pace caused by digital transformation makes it necessary to discuss and revise traditional HR management. As technology continues to evolve, it opens doors to game-based tools in HR selection [OMK23] and innovative learning formats in HR development [Dr21], facilitating efficient adaptation to knowledge updates in an increasingly digitized and globalized world. Given the dynamic nature of learning content—especially in rapidly evolving fields like computer science—it is unwise to cling to outdated instructional design practices. This challenge requires a new and more agile approach and a revision of traditional frameworks for instructional design. It demands cross-organizational collaboration that involves much more than the effective arrangement of human activities. Collaborative practices need to be animated and filled with meaning [VKN20]. Instructional designers often fail because instructional design takes too long to implement [Bi05] [GZ00] [Ro93]. Roytek [Ro10] criticizes research on this topic for not focusing enough on instructional design efficacy and Schwier et al. [SCK04] state that prior research had a higher conceptual focus and built less on insights from instructional design practice. Other sectors such as software development have already responded to similar challenges by adopting agile frameworks such as DevOps to manage complexity caused by rapidly changing markets and deliver software efficiently and continuously [Ki21]. In the following, we demonstrate how the principles that emerge from DevOps can also be applied to HR development to address the criticism of traditional, slow-moving instructional design processes that do not invest sustainably in employee qualifications. We propose a framework that builds bottom-up on the practical experience in the field of instructional design and top-down on the successful DevOps model from software development and answers the research question: *How can we design HR development efficiently and continuously?*

Our paper is structured as follows: the next section provides an overview of DevOps and prior research on how DevOps has been used to improve HR development processes. Then, we describe our methodology, which involved analyzing contemporary instructional design practices through ten interviews, with the findings mapped onto DevOps principles. Next, we present our findings in detail by outlining five instructional design steps identified from the interviews and applying them to the DevOps principles to propose the TeachOps model. In this way, we make a theoretical contribution by proposing a novel framework that leverages DevOps principles in instructional design. Moreover, we provide practical guidance on how to sustainably enhance HR development in practice.

2   DevOps to Revise Instructional Design

Despite the popularity of DevOps, there is still no common definition [GP22]. Humble and Farley [HF10] state that DevOps is based on two main principles. First, it focuses on the collaboration of development and operations, and second, it emphasizes the use of agile principles and automation tools for the continuous delivery of software. According to Thomas et al. [Th17], the foundations of DevOps reside in the agile movement. Kim et al. [Ki21] detail DevOps guiding principles as three ways, which resemble flow (the first way), feedback (the second way), and continual learning and experimentation (the third way). As a first and fundamental principle of DevOps the flow, grounded on the idea of the value stream, is characterized by many tools supporting digital change. For instance, the utilization of Kanban, a management methodology for lean production [Li04], serves this purpose in multiple directions as it makes work visible, encourages a reduced batch size, improving the flowrate, and limits the number of parallel tasks for each person by the pull principle and a work in progress limit. It also visualizes where bottlenecks are, which directly enables the reduction of these, to achieve a permanent improvement in terms of speed and quantity, and therefore the improvement of the value stream. Other approaches in the pursuit of an improved flow are the reduction of handoffs, as they are always time-consuming and inhibit knowledge loss, and the early prevention of defects to ensure high quality. The second way is a seamless continuation focusing on the principle of feedback. It directly helps to prevent these defects from congesting the value stream by enabling a fail fast-methodology. The many ways of feedback are characterized by the different sources which result in different cycles. The sources are developers with immediate response and extend to the continuous integration, explorative testing, acceptance tests, stakeholder feedback, and up to the longest cycle: the user feedback. The third way focuses on continual learning and exploration, targeting an organizational change as a cultural change guided by organizational leaders. Their tasks would be the establishment of trust through information sharing and responsible distribution along the value stream. Failure should be seen as an incentive for reflection and further research.

The development of the DevOps principles is a response to an increasingly complex business world from a software development perspective. We apply the DevOps lens to address current challenges in HR development. The fast pace caused by e.g., digitalization makes it necessary to revise traditional procedural models in instructional design. This will enable instructional designers to respond to the ever-changing knowledge in a digitized and globalized world. Thereby, it is necessary to not only shift to digital learning formats but to achieve a holistic didactic transformation. In the same way that IT and business resources need to be well aligned [WBW14], HR development and business resources also need to be well aligned. For this purpose, tools and principles from other domains can be applied. Rowland [Ro93] already pointed out the need to systematically study the process of instructional design, similar to the design fields of architecture and engineering. For example, Jones and Richey [JR00] already applied the rapid prototyping methodology, which originated in computer software program design and manufacturing, to the instructional design practice to reduce cycle time. The application of this software development technique in education was successful and they were able to provide HR development more efficiently. Taking elaborated Action Design Research [MH19] into account, which shares numerous attributes with the DevOps methodology, this cyclic methodology has even been proven successful in a multiyear project targeting instructional design [DMA22]. In previous research, the DevOps framework, in particular, has rarely been applied to the education domain. One example is Simpson et al. [SEB19], who used DevOps tools to create, deploy, and share cybersecurity labs based on learning theories to improve student learning. Particularly for cybersecurity topics, it is necessary to access new learning content quickly, as content can rapidly become outdated, making DevOps an appropriate framework to apply. In the next chapters, we will use the DevOps framework to quickly provide HR development on any topic.

3   Method

Our approach aimed to develop a new sustainable instructional design framework that fits into a rapidly changing and technologically advancing business world. On the one hand, we examined current instructional design practices from ten interviews, and on the other hand, we drew inspiration from the DevOps success story in software development. Our approach follows an inductive and deductive qualitative research approach. Essential steps in the instructional design process emerged from an inductive bottom-up analysis of interview data. These steps were then deductively applied top-down to the DevOps framework.

Interviewee	Duration	Industry Sector
#1	31:08	Public Transport
#2	44:16	Aviation
#3	38:20	Print Media
#4	52:28	Research
#5	29:05	Consulting
#6	39:15	Software Development
#7	40:35	HR Development Freelance
#8	35:10	Customer Experience Management
#9	31:23	Consulting
#10	31:03	Publishing

Tab. 1: Overview of the interviewees

To gain insight into instructional design practices, we conducted ten interviews with individuals working in HR development in German organizations across various industries (Tab. 1). The interviews lasted 29 to 52 minutes, were carried out between 02/12/2021 and 05/01/2022, and followed the guidelines of Myers and Newman [MN07]. To give the interviewees a feeling of comfort and minimize social dissonance, the group of people participating was limited to two researchers. One researcher primarily conducted the interview and the second took the observer role to increase the reliability of the findings. We conducted the semi-structured interviews using an interview guideline that included open-ended questions and aimed to identify the steps of the instructional design process. The semi-structured interview guideline allowed us to flexibly adapt to the interviewees' positions and the industries to which their companies belong. The first questions aimed to introduce the interviewees and describe their positions and roles in their organization. Then, the focus was on discussing the process of how they typically plan an intervention to identify the steps of instructional design. Interviewees imagined a specific situation in which they had recently planned an intervention. They used this specific situation to discuss each step in detail. Finally, we asked if there were any situations in which the planning process was done differently to uncover variations in the instructional design process. We recorded, transcribed, and abductively coded the interviews in MaxQDA[6]. The main concern of the abductive approach is theory development through the discovery of new

---

[6] We used MAXQDA 2020 (VERBI Software, 2021) for data analysis.

variables and relationships [DG14]. In our case, we examined when each step in the process of instructional design occurs and how they are interrelated. In the first round of coding, two researchers looked at the interview data and conducted open coding related to the theoretical themes presented as process steps [Sa16], [Ku14]. In a second round of coding, we discussed the assignment of themes, selected representative quotes, and translated them into English.

4   The Steps of Instructional Design

Analyze. The first step in instructional design is the initial analysis. While prior research often focuses on what is being analyzed [Co06], [WS05], [WS01] the interviewees did not specifically address what aspects they were analyzing. Most of the interviewees stated that they do not work with a structured checklist, but rather conduct their analyses spontaneously and based on their gut feeling: "It's also a gut feeling. What do people like? What do they respond to? If you've been with the company for a while, you already know a little bit about the reservations they may have expressed at previous training sessions." (Interviewee 8). The only checklist-like aspect is the initial analysis of costs in a very rough form. Furthermore, the interviewees mentioned specific methods of how the analysis is conducted: "In a large company, if the client doesn't know the topic yet, I usually use a survey for the participants first, then an interview, and then from time to time we do a workshop together on the relevant topic." (Interviewee 2). In addition, interviewees made a clear distinction between analyses conducted by speaking with the principal and those conducted by addressing the target audience of the intervention.

Design. The second step of the instructional design process involves the design of the intervention. Factors influencing the decisions made in this step include the goal, the target group, availability of time, and the trainer of the intervention. According to the interviewees, each trainer should consider his or her personal strengths and weaknesses in the design step: "It's also an important point to think about what feels natural to me. For example, if I hold back, give people speaking time and so on. Then I feel out of place." (Interviewee 4). Furthermore, organizational characteristics such as company size, shape, and learning culture influence the design of an intervention. One of the most important actions in the design step is deciding on a learning format. The interviewees distinguish between analog, digital, or hybrid formats and between individual and group-level formats.

Develop. Interviewees name three sub-steps in developing an intervention: finding content, selecting content, organizing materials necessary for the intervention (e.g., room, beamer, and internet connection), and revision of materials. To find content, interviewees mentioned various channels they currently use. These include internet research, e.g., via Google search, exchanging ideas with colleagues, going through content provided by training agencies, and their personal materials from past interventions. Thereby, this search for learning content is presented by the interviewees as not very structured: "I research on the internet. Well, not on any specific websites. But just in... search engines (laughs)." (Interviewee 5). To revise their selected materials, interviewees mentioned various formative evaluation methods. They use formal methods in the form of test runs with one or more test candidates and informal methods by mentally going through their intervention or asking a colleague for informal feedback. The principal of the intervention is also often involved in feedback loops to revise materials.

Evaluate. A major gap between research and practice exists when it comes to the summative evaluation of an intervention. One of the best-known frameworks for summative evaluation calls for measurement at four levels: trainee reactions, trainee learning, change or improvement in trainee's subsequent job behavior, and improvement in organizational-level results [Ki75]. In our ten interviews, however, only the level of trainee reaction was addressed: "What I have also noticed in the work context is that there is a strong focus on evaluating participants' satisfaction. How satisfied were they with the course and maybe with the trainers? How competent was the trainer? And so on. [...] That's nice, but the bottom line is that the training is supposed to have an impact. It's actually more important to evaluate the success of the training and the transfer, and not whether they are satisfied with this half day. And in my opinion, companies don't do that very often." (Interviewee 9).

Manage. In this step, the people involved in the process clarify initial organizational tasks. This includes agreeing on terms, such as where the intervention will take place, how many people will participate, and how much time is needed. Another aspect that needs to be negotiated in this step is the cost of the intervention. Interviewees stated that this aspect is of great importance: "Of course, agreeing on the terms of the contract is one of the most important things that need to be clarified from the very beginning so that there are no misunderstandings later on." (Interviewee 7). In addition, responsibilities must be defined. The principal, the departments of the organization, and the service providers agree on who is responsible, for example, for the rough and fine conception of the content and who is responsible for organizational tasks such as sending out invitations. Interviewee 1 vividly described his responsibilities in instructional design using the metaphor of planning a music concert: "*In human resource development, we are the ones who organize the concert. That means we are not the musicians performing, and we are not the audience sitting in front of the stage. But we provide the stage, we make sure the equipment is there, we do the advertising, and we get all the people together beforehand to put this whole thing together. We sent out the reminders. Well, we coordinate everything else to make sure it all works out. But we're usually not the ones creating the learning content.*"

5   From DevOps to TeachOps

In this chapter, we propose the TeachOps framework developed for instructional design. Equally as for DevOps, originating from software development, the concept of "development" also has a central meaning for instructional design, addressing questions such as: "What are the topics that they are concerned with? What are topics that they need in their further development, where they still see potential in themselves?" (Interviewee 1). The core meaning of the concept implies improvement and progression. Therefore, it is never reached by a singular activity, it must be sustainably embedded in a continuum of activities. As the interviewees state, there are always some previous events and some future events as well: "So most of the training we do is actually recurring" (Interviewee 8). To address this continuum, we need to acknowledge the paradigm shift that has already taken place in the software industry with the introduction of DevOps [SC18]. TeachOps proposes to link specific HR interventions to their corresponding organizational consequences and vice versa, to reduce the discrepancy between the common expectations of training results and the real implications of job performance [ON11]. For a more efficient procedure, analogous to DevOps [AL19], the continuous integration of education into the day-to-day operation plays an essential role in TeachOps. In addition, learning from past mistakes and continuous improvement of the overall instructional design promote the successful integration of TeachOps.

The DevOps lifecycle repeats distinct steps which are attributed to the development and operations departments [AL19]. We took this DevOps lifecycle as a blueprint for the construction of a TeachOps lifecycle. Although it seems to be only a transfer from the software domain there are certain challenges. DevOps had naturally some years to mature towards an accepted framework guiding organizational transformations. Moreover, DevOps targets software and affects highly technical affine people who are even able to create the appropriate tools for themselves. In a direct comparison, this could limit the potential for a fully automated TeachOps. It will take more time to establish such a sophisticated level of automation which is incorporated into DevOps. Nevertheless, there is great potential for the successful implementation of a didactic transformation. From an overall perspective, TeachOps, comparable to DevOps, features two alternating main phases, named "Teach" and "Ops". Where in DevOps two formally distinct departments development and operations get fused, we merge the instructional design given by didactic experts with HR (Fig. 1). Both phases are closely tied to distinct roles that represents the main actors during the whole process. The "Teach" phase is led by the instructional designer, who plays a central role in orchestrating the educational aspects. On the other hand, the "Ops" phase is primarily overseen by the HR staff, responsible for managing all interventions. This association aligns with their roles as HR professionals are instrumental in overseeing the operational aspects of the process. This iterative framework promotes a holistic perspective in which interventions are no longer seen in isolation. Instead, they occur within specific contextual conditions and influence future interventions.

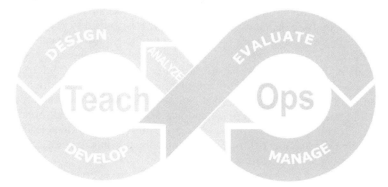

Fig. 1: Conceptual lifecycle of TeachOps

We outline the appropriate tools for implementing TeachOps for each step (Tab. 2) and begin our examination of TeachOps at the step **analyze**, which aims to gather a holistic picture of the current situation and give a forecast regarding changing requirements. This step can be supported by technological implementations such as analytical dashboards and job profiles linked with corresponding competency models. Going beyond the current situation even a skill demand forecast is possible. A prerequisite involves the creation of learner profiles, characterized by dimensions like skills and experience. A data warehouse enables data aggregation and further reporting, both features are necessary to support this step from the technological perspective. The step **design** deals with the generic construction of a learning course. It needs a lot of educational experience to consider the appropriate didactic formats. A knowledge management system inside the company helps formalizing and keeping specific knowledge. Additional opportunities for this step arise from the use of AI tools, for example by suggesting format choices or serving as idea generators or creative tools [SB23]. Every input from the didactic expert should get digitized and fed into the knowledge base. The **development** step means the final arrangement of specific teaching materials, culminating in a learning course, stored in a learning management system. Here, a content base with links to content providers is of great value as content production is expensive and more structured guidance has a practical impact. Generative AI for content creation is of equal use. Enabling feedback mechanisms across the previous steps enhances overall refinement, particularly in cases where responsibilities are shared between HR and didactic experts. The actual execution of the intervention may be either guided by an instructor or carried out as digital learning elements for self-guided education. The **evaluation** of an intervention ensures high quality and should be grounded in rigorous scientific methods. Ideally, multifaceted evaluations with an automatic connection to the skill model of each learner are possible. The corresponding measures and indicators must be defined appropriately. Software supporting this step would enable on one hand the data collection, for instance by providing online surveys, and on the other hand the data visualization, for instance through key performance indicators served by an analytical dashboard already introduced in the first step. All running interventions should get measured and provide meaningful insights from their execution. Typically, this will be best delivered by software products enabling learning analytics, which measure learning success in an automated way. This step is not limited to these metrics, as from another standpoint it is essential to monitor the skill demand of the organization for a timely reaction when changes in these demands happen. As well it is fruitful to get insights into the efficiency of the instructors to fuel a process of continuous improvement. The **manage** step enables the connection between certain interventions from the past and the future. Interventions are in the context of the organizational schedules and their interrelation plays a huge role, concerning the feasibility of their planning. During the execution of the intervention, all people must be there and all digital and non-digital tools and materials for presenting, and teaching must be in place and accessible. Moreover, an orchestration of an entire program of instructions is possible. Many parallel interventions lead to huge demands in resource management. From an organizational point of view, classic project management tools could help in this step, especially in the aspect of resource management. However, as pointed out above, collaboration is key for project management. Thus, it is necessary to integrate modern collaboration tools for instance [Sp21] if they are not already available. Curriculum management should be supported by software but is most likely not covered by all mentioned tools. For that reason, it may be necessary to employ a specialized solution with a close connection to the knowledge-management from the design step for that topic, therefore we suggest a learning management system.

Applying TeachOps can be thought of as the construction of digital learning courses comparable to software artefacts getting constructed in the DevOps world. This results in

Step	Tools
analyze	• data warehouse and analytical dashboard • learner profiles and skill metrics • demand forecast • ticket system or Kanban board
design	• wiki for didactic knowledge management • AI recommender
develop	• content database and content-creating software • generative AI • learning management system
evaluate	• data warehouse and analytical dashboard • learning analytics and monitoring tools • survey tools
manage	• resource planning and project management • scheduling and communication tools • learning management system • ticket system or Kanban board

Tab. 2: Suggested tools for each step of TeachOps

several implications. First, as a real entity, a learning course needs a global unique identifier. Moreover, it should be accessible through a URL, representing a responsive visualization. Responsiveness itself originates from modern web development ensuring the optimal display and behavior on every device. In the TeachOps context, responsiveness takes on an additional didactic dimension, where the learning element is tailored to be user-centric. According to didactic principles regarding diverse learning personalities, it it's the content should with each user's distinct learning style.

Taking a deeper look into the particular activities of HR and didactic experts a processual overview emerges (cf. Fig. 2). There are many drivers for initializing the TeachOps process, usually demand from other departments of the company marks this starting point. This demand could get persisted in a ticket system as a new ticket that serves as a twin for a potential digital learning course. Another more lightweight solution for tracking is a Kanban board. The first part of the analyzing step has a pure organizational character and is performed by HR staff. It is important to setup the framework for the need properly to ensure it can be met. Typically, not all information is known at the very beginning and HR staff has a lot to do gathering the missing information. As soon as the basic questions are cleared and a first idea to satisfy the educational demand exists, there is a handover to the didactic experts who look through their didactic lens in order to complement the analyzing step. In most cases these experts are not available inside the company, they must be contracted. Feedback loops follow each step by default, which ensures full agility through the whole process. As soon as the analytical step is done by both parties, the next design step and as well the development step are both fully in the hands of the didactic experts. Although the result is already a promising digital learning entity, the process itself is still running. Even if instructors are already at work, the evaluation through the didactic experts and HR staff takes place. The final step management helps, setting the singular learning entity into a holistic context.

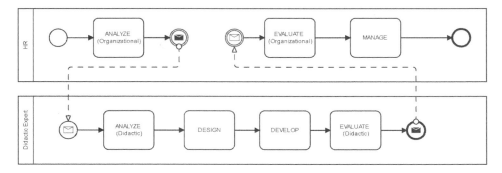

Fig. 2: TeachOps as a process between HR and didactic experts

6 Discussion and Conclusion

The shortage of skilled workers, particularly in the IT sector, has become a concern for organizations. To counter this, companies need to invest in their employees by making them "future-ready" through continuous and sustainable training. Traditional instructional design approaches follow outdated patterns and are not suitable for rapidly changing content and teaching methods, thereby falling short of sustainable HR development. As an effective solution to this problem, we introduce the TeachOps model. Our TeachOps model applies DevOps principles from software development to HR development, presenting a new framework grounded in practical experience in the field of instructional design. It serves as a practical guide that can be used by instructional designers in HR development, following Schwier et al.'s [SCK04] call for research to focus more on insights from instructional design practice. In our study, we investigated state-of-the-art instructional design practices to design HR development efficiently and continuously for sustainable employee qualification. Due to the ever-changing knowledge in today's global economy, optimizing instructional design is becoming increasingly important for organizations to remain competitive [Ro10] [Sh08]. We deductively applied the DevOps framework to make HR development processes more flexible and consequently increase their efficiency. In doing so, we responded to Roytek's [Ro10] request for more research on instructional design efficacy. With the innovation creation driving process enabled by our proposed TeachOps framework, we aim to strengthen the economic sustainability of companies. By investing in the qualification of their employees, companies support initiatives that ensure the long-term sustainability of their business instead of only maximizing short-term profits.

Our proposed TeachOps framework offers a response to our research question on how to design efficient and continuous HR development. On the one hand, we contribute to the project management body of knowledge by proposing a novel framework that adapts DevOps principles to instructional design. By transferring DevOps from its origins in software development to the educational domain, we were able to demonstrate a higher degree of universal applicability to DevOps principles. On the other hand, our results yield practical implications, providing instructional designers with blueprint guidelines for a more efficient and continuous process. In Section 5, we offer practical recommendations for each instructional design step, including information on the use of appropriate technological tools for support. As in all research endeavors, there are some limitations to our study. With a total of ten interviews conducted, our sample is relatively small. However, while conducting the interviews, we already noticed a theoretical saturation. In addition, the TeachOps framework is still only a theoretical model that needs further validation. Future research should focus on evaluating the practical use of the model. For this purpose, its practical use could be evaluated by calculating the return on investment of implemented interventions. Furthermore, future research should focus on identifying challenges that may arise when using TeachOps in practice. This way, the framework can undergo further improvement. Moreover, future research should investigate what types of organizations specifically benefit from TeachOps. Possibly, the use of agile frameworks in instructional design is dependent on, for example, staffing or time dimensions. Looking ahead, the transferability of DevOps to other sectors should be explored to further test its universal applicability. In a digitalized and rapidly evolving business environment, a measure of agility is required in every domain.

References

[AL19]   Arulkumar, V.; Lathamanju, R.: Start to finish automation achieve on cloud with build channel: By DevOps method. Procedia Computer Science 165/19, S. 399- 405, 2019.

[Bi05]   Bichelmeyer, B.: The ADDIE model: A metaphor for the lack of clarity in the field of IDT. IDT Record, S. 1-7, 2005.

[Bi23]   Bitkom,   www.bitkom.org/Presse/Presseinformation/Deutschland-fehlen-137000-IT-Fachkraefte, Stand: 01.06.2023.

[Co06]   Cowell, C. et al.: Alternative training models. Advances in Developing Human Resources 8/06, S. 460-475, 2006.

[DG14]   Dubois, A.; Gadde, L. E.: "Systematic combining"—A decade later. Journal of Business Research 67/14, S. 1277-1284, 2014.

[DMA22]   Daniel, C.; Mullarkey, M.; Agrawal, M.: RQ Labs: A Cybersecurity Workforce Skills Development Framework. Information Systems Frontiers 25/22, S. 431-450, 2022.

[Dr21]   Dreesbach, T.; Berg, M.; Gösling, H.; Walter, T.; Thomas, O.; Knopf, J.: A methodology to enhance learning processes with augmented reality glasses. In (Ahlemann, F.; Schütte, R.; Stieglitz, S., Hrsg.): Innovation Through Information Systems: Volume III: A Collection of Latest Research on Management Issues 2021. Springer International Publishing, S. 149-154, 2021.

[GP22]   Gall, M.; Pigni, F.: Taking DevOps mainstream: a critical review and conceptual framework. European Journal of Information Systems 31/22, S. 548-567, 2022.

[GZ00]   Gordon, J.; Zemke, R.: The attack on ISD. Training 37/00, S. 42-45, 2000.

[HF10]   Humble, J.; Farley, D.: Continuous delivery: reliable software releases through build, test, and deployment automation. Pearson Education, 2010.

[Hü23]   Hüllmann, J.; Göritz, L.; Hagen, S.; Beinke, J.; Thomas, O.: Digital Transformation in Automotive: Drivers of Effective Sales Behaviors During Servitization at a German Car Manufacturer. In: Proceedings of the 31st European Conference on Information Systems, ECIS 2023, Kristiansand, Norway, 13, 2023.

[JR00]   Jones, T.S.; Richey, R.C.: Rapid prototyping methodology in action: A developmental study. Educational Technology Research and Development 48/00, S. 63-80, 2000.

[Ki21]   Kim, G. et al.: The DevOps handbook: How to create world-class agility, reliability, & security in technology organizations. IT Revolution, 2021.

[Ki75]   Kirkpatrick, D.L.: Techniques for evaluating training programs. Evaluating Training Programs 1-17, 1975.

[KO23]   KOFA, Kompetenzzentrum Fachkräftesicherung, www.kofa.de/daten-und-fakten/studien/fachkraefteengpaesse-in-unternehmen, Stand: 01.06.2023.

[Ku14]   Kuckartz, U.: Qualitative Text Analysis: A Guide to Methods, Practice and Using Software. Sage, 2014.

[Li04]   Liker, J. K.: The Toyota way: 14 management principles from the world's greatest manufacturer. McGraw-Hill, 2004.

[MH19]   Mullarkey, M.T.; Hevner, A.R.: An elaborated action design research process model. European Journal of Information Systems 28/19, S. 6-20, 2019.

[MKL14]   Martin, B.O.; Kolomitro, K.; Lam, T.C.: Training methods: A review and analysis. Human Resource Development Review 13/14, S. 11-35, 2014.

[MN07]   Myers, M.D.; Newman, M.: The qualitative interview in IS research: Examining the craft. Information and Organization 17/07, S. 2-26, 2007.

[OMK23]   Ohlms, M. L.; Melchers, K. G.; Kanning, U. P.: Can we playfully measure cognitive ability? Construct-related validity and applicant reactions. International Journal of Selection and Assessment, S. 1- 17, 2023.

[ON11]   Okereke, C.I.; Nnenna, B.: Training, manpower development and job performance: Perception and relevance among civil servants in Ebonyi State, Nigeria. Journal of Economics and international Finance 3/11, S. 399- 406, 2011.

[Ro10]   Roytek, M. A.: Enhancing instructional design efficiency: Methodologies employed by instructional designers. British Journal of Educational Technology 41/10, S. 170-180, 2010.

[Ro93]   Rowland, G.: Designing and instructional design. Educational technology research and development 41/93, S. 79-91, 1993.

[Sa16]   Saldaña, J.: The Coding Manual for Qualitative Researchers. Sage, 2016.

[SB23]   Schönberger, M.; Beinke, J.H: Hybride Intelligenz als Konvergenz menschlicher und künstlicher Intelligenz – wie verändert ChatGPT die Wissensarbeit? HMD. 2023.

[SC18]   Sánchez-Gordón, M.; Colomo-Palacios, R.: Characterizing DevOps Culture: A Systematic Literature Review. In: Software Process Improvement and Capability Determination: 18th International Conference, SPICE 2018, Thessaloniki, Greece, S. 3-15, 2018.

[SCK04]   Schwier, R.A.; Campbell, K.; Kenny, R.: Instructional designers' observations about identity, communities of practice and change agency. Australasian Journal of Educational Technology 20/04, S. 69-100, 2004.

[SEB19]   Simpson, C.; El-Gayar, O.; Bishop, D.: Automated Deployment of Cybersecurity Labs in Cloud Computing Environments. In: Americas Conference on Information Systems - AMCIS 2019 Proceedings, Cancun, 2019.

[Sh08]   Sheikh, S. A.: Use of new knowledge and knowledge management to gain competitive advantage. Communications of the IBIMA 1/08, S. 34-41, 2008.

[Sp21]   Späth, K. et al.: Fulfilling Remote Collaboration Needs for New Work. Procedia Computer Science 191/21, S. 168-175, 2021.

[SR04]   Smith, P.L.; Ragan, T.J.: Instructional design. John Wiley & Sons, 2004.

[Th17]   Thomas, O. et al.: DevOps: IT-Entwicklung im Industrie 4.0-Zeitalter. HMD Praxis der Wirtschaftsinformatik 2/17, S. 178-188, 2017.

[VKN20]   Vidolov, S.; Kelly, S.; Noonan, C.: Project Management as Skilful Performance: Animating and Enchanting Collaborative Work in Distributed Projects. In: Proceedings of the 41st International Conference on Information Systems, ICIS 2020, Hyderabad, India, 8, 2020.

[WBW14]   Wagner, H. T.; Beimborn, D.; Weitzel, T.: How social capital among information technology and business units drives operational alignment and IT business value. Journal of Management Information Systems 31/14, S. 241-272, 2014.

[WS01]   Wells, D.; Schminke, M.: Ethical development and human resources training: An integrative framework. Human Resource Management Review 11/01, S. 135-158, 2001.

[WS05]   Waight, C. L.; Stewart, B. L.: Valuing the adult learner in e-learning: Part one – a conceptual model for corporate settings. Journal of Workplace Learning 17/05, S. 337–345, 2005.

Mehr Nachhaltigkeit in Projekten, Unternehmen und Gesellschaft durch Virtualisierung

Weil Informationen sich effizienter als Menschen und Gegenstände bewegen

Thomas Greb[1]

Abstract: Die Nachhaltigkeit von IT-Projekten äußert sich in Dimensionen wie Ressourcenschonung, positive soziale Effekte sowie Langlebigkeit des Ergebnisses. Dieser Beitrag beschreibt, wie sich durch die Virtualisierung von Projektdurchführung und -infrastruktur spürbare positive Effekte für die Nachhaltigkeit von Projekten und Unternehmen erzielen lassen, die – bei durchgängiger Anwendung – positiv auf Infrastruktur, Gesellschaft und Umwelt insgesamt wirken.

Keywords: Virtualisierung, Nachhaltigkeit, Hybride Projektmethodik, Virtuelle Projekte, Umwelt

1 Dimensionen von Nachhaltigkeit und Virtualisierung

1.1 Nachhaltigkeit, Innovation und Transformation

Nachhaltigkeit lässt sich vor allem hinsichtlich folgender Dimensionen bewerten:

- Reduktion des Verbrauchs von Energie und natürlichen Ressourcen, so dass deren Verbrauch dauerhaft tragfähig ist, sowie die Vermeidung negativer Umwelteffekte.

- Langlebigkeit und Dauerhaftigkeit des erzielten Ergebnisses[2].

- Positiver sozialer Beitrag für den einzelnen Menschen, sein soziales Umfeld (Familie, Freunde etc.) sowie die Gesellschaft insgesamt.

- Lernfähigkeit sowie die Resilienz von Menschen und Organisationen.

Das Thema „Nachhaltige IT-Projekte" der PVM 2023 scheint in den genannten Bewertungsdimensionen in vielerlei Hinsicht ein Widerspruch in sich zu sein. Im Innovationswettbewerb der IT-Industrie, der in den 1950er-Jahren begann, geht es fast immer um neue, noch leistungsfähigere Rechner, das neueste Smartphone oder Zusatzfunktionalitäten in Office-Paketen, die fast niemand benötigt - bis hin zu möglicherweise geplanter Obsoleszenz von Produkten. Zarte Nachhaltigkeitsansätze wie dem „Fairphone" [Fa23] stehen strom- und ressourcenfressende Innovationen in den Bereichen Kryptowährungen, KI und Quanten-Computing gegenüber.

---

[1] Dr. Thomas Greb, Thomas Greb Consulting, Rischgraben 51, 28832 Achim, th.greb@thomas-greb-consulting.com, https://www.thomas-greb-consulting.com
[2] Auch wenn der Gedanke nicht gefallen will: Das Manhattan-Project - also die Entwicklung der Atombombe - gehört aufgrund seiner fortdauernden militärischen und politischen Auswirkungen wohl zu den nachhaltigsten Projekten der Menschheitsgeschichte.

Zudem sind Projekte per se temporäre - also nicht nachhaltige - Organisationsformen, die zum Zeitpunkt des Projektendes ggf. schon wieder überholt sind. Projektorientierte Unternehmensführung hat die Organisation des stetigen Wandels zum Ziel. Agilität geht noch einen Schritt weiter, indem Aktivitäten gestartet und Ressourcen verbraucht werden, bevor das Ziel überhaupt klar ist - mit der Perspektive, das Minimal Viable Product im nächsten Sprint wieder weg zu werfen und eine neue Version bereitzustellen.

1.2   Virtualisierung in IT, Organisation und Projektmanagement

Der Begriff „virtuell" bedeutet, dass etwas der Wirkung, aber nicht der Sache nach vorhanden ist. [KeGi99, S. 11].

Virtuelle Systeme kommen in der IT vielfältig und in stark zunehmendem Umfang vor, beginnend mit virtualisierter Infrastruktur (Server, Netzwerke, Cloud Computing etc.) über Virtual Reality- (VR-Brillen etc.) und Mixed Reality-Systeme bis hin zum allumfassenden „Meta Verse". Darüber hinaus ist Virtualität implizit in Schnittstellen-Mocks, Simulationssystemen etc. vorhanden. Im Hinblick auf die Nachhaltigkeit und Ressourcenschonung ist allen Varianten gemeinsam, dass diese virtuellen Systeme entweder hardwarebasierte Systeme ersetzen, den remote-Zugriff auf Systeme ohne direkten physischen Zugang eröffnen oder die gemeinsame, effizientere Nutzung von Hardware ermöglichen.

Analog dazu werden seit Ender der 1980er virtuelle Unternehmen, Projekt- und Zusammenarbeitsmodelle als Organisationsform der Zukunft diskutiert [DaMa92] [He05][Pi20]. Wesentliche Charakteristika dieser virtuellen Zusammenarbeitsmodelle sind (vgl. Abb. 1):

- räumliche Verteilung, ggf. weltweit

- netzwerkartige Zusammenarbeitsformen rechtlich selbstständiger Beteiligter

- flexible Konfigurierbarkeit (Projekt, Joint Ventures etc.) und gute Skalierbarkeit

- oftmals der weitgehende Verzicht auf eigene Infrastruktur.

In Abgrenzung zu anderen räumlich verteilten Aktivitäten wie Outsourcing, Offshoring etc. [Eb20, S. 29 ff.] steht bei virtuellen Organisationen die gemeinsame Entwicklung von Neuem im Vordergrund und nicht die kostenfokussierte Auslagerung von Bestehendem.

Im Gegensatz zur schnell fortschreitenden Virtualisierung in der IT hat sich die Virtualisierung von Organisationen nur langsam und versteckt weiterentwickelt – bis mit der Corona-Pandemie in Unternehmen hinsichtlich verteilter, virtueller Zusammenarbeit binnen Wochen möglich wurde, was jahrelang als undenkbar und unmöglich galt.

Mit dem vorläufigen Ende der Corona-Pandemie stellt sich die Frage, ob der angestoßene Paradigmenwechsel hinsichtlich virtueller Projekte und Organisationen sich nun verstetigt, verstärkt[3] oder wieder zurückentwickelt. Offensichtlich hängt die Einschätzung zu dieser Frage aufgrund der ressourcenschonenden Eigenschaften virtueller Systeme eng mit Fragen des nachhaltigen Wirtschaftens und Lebens zusammen.

---

[3] Hinsichtlich grundsätzlicher Erklärungsansätze solcher Verstärkungseffekte sei der Leser z.B. auf das Konzept der „Pfadabhängigkeiten" verwiesen [HaGö20]

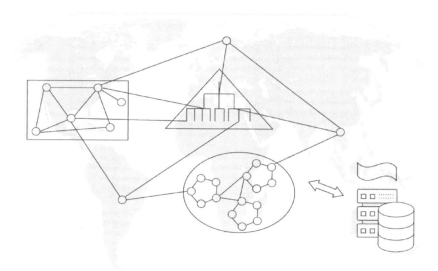

Abb. 1: Netzwerkartiger, heterogener Charakter virtueller Projekte und Unternehmen

1.3   Fokus dieses Beitrags

Basierend auf positiven Erfahrungen während der Corona-Pandemie werden zunächst Erfolgsfaktoren, Chancen und Nutzen für nachhaltiges Wirtschaften und Leben bei der Virtualisierung auf (IT-)Projektebene vorgestellt. Im darauffolgenden Abschnitt werden ver-
allgemeinernd Chancen und notwendige Weiterentwicklungsprozesse aus Sicht des einzelnen Menschen und Unternehmens betrachtet. Danach werden mögliche positive Wir-
kungen virtualisierter Arbeits- und Organisationsformen auf der Ebene der Gesellschaft
formuliert. Abschließend werden Alternativszenarien evaluiert sowie strategische Chancen und Handlungsbedarfe für erfolgreiche virtuelle Zusammenarbeitsmodelle aufgezeigt.

2   Virtualisierung von Projekten

Die grundsätzliche Herausforderung bei der Virtualisierung von (IT-)Projekten ist die
räumliche und zeitliche Entkopplung der Zusammenarbeit von Menschen aus unterschiedlichen Unternehmen und Kulturen.

2.1   Erfolgsfaktoren und Nachhaltigkeitseffekte

IKT-Infrastruktur: Voraussetzung für die Virtualisierung ist eine leistungsfähige Infor-
mations- und Kommunikations-Infrastruktur, um die verteilte Arbeit von mehreren Büro-
standorten, mobilen Arbeitsplätzen und dem Home Office zu ermöglichen.

Die Basis bildet dabei eine stabile, schnelle Datenkommunikation, auf der unterschiedlichste Dienste (Videokonferenzsysteme, Chats, virtuelle White-Boards etc.) aufsetzen. Da die Leistungsfähigkeit dieser Systeme in den letzten 10 Jahren mindestens um den Faktor 10 zugenommen hat, während gleichzeitig die Kosten mindestens um dieselbe Größenordnung zurückgegangen sind, liegen nun endlich die vor Langem versprochenen Voraussetzungen für virtuelles Arbeiten aus technischer und auch wirtschaftlicher Sicht vor.

Weiterhin werden zentrale Serversysteme zur Speicherung von Projektdaten und -informationen, zur Softwareentwicklung, als Testumgebungen sowie später für den Produktbetrieb benötigt, auf die alle Beteiligten jederzeit und nach Bedarf zugreifen können.

Für die persönliche Arbeitsausstattung (Desktop, Laptop, Monitor, Tablet, Smartphone etc.) liegt es nahe, den BYOD[4]-Ansatz (Bring Your Own Device) zu verfolgen.

Im Hinblick auf die Nachhaltigkeit ergeben sich hierdurch verschiedene positive Effekte:

- Die realisierte räumliche Entkopplung ermöglicht es, Fahrtzeiten und Kosten und damit sowohl Ressourcenverbrauch als auch CO_2-Emmisionen deutlich zu verringern.

- Die Nutzung vorhandener virtualisierter Server-Hardware/Cloud-Infrastruktur beschleunigt den Projektstart, verbessert die Skalierbarkeit im Projektverlauf und ermöglich es, am Ende des Projekts nicht mehr benötigte Infrastruktur freizugeben.

- Der BYOD-Ansatz für Endgeräte steigert Produktivität und Arbeitszufriedenheit und vermeidet, dass für unterschiedliche Nutzungsarten (Projektarbeit, Privatnutzung etc.) unterschiedliche Geräte angeschafft und regelmäßig erneuert werden müssen.

- Durch die Virtualisierung wird es überflüssig, durchgängig dezidierte Projektarbeitsplätze mit entsprechendem Flächenverbrauch bereitzustellen. Diese früher erfolgreiche Vorgehensweise gerät schnell an ihre Grenzen, wenn Menschen in mehreren Projekten oder in Teilzeit arbeiten bzw. zusätzlich eine Linientätigkeit ausüben.

Hybride Projektmethodik: Für virtualisierte Projektkonstellationen bietet sich eine hybride – also eine gemischt plan-orientierte und agile - Projektmethodik an [Gr21].

Die Plan-Orientierung und die Analyse und Verteilung von Aufgaben auf Top-Level-Ebene reduziert den Kommunikationsbedarf räumlich verteilter Personen und Teams und ermöglicht es diesen gleichzeitig, innerhalb der vereinbarten Rahmenbedingungen agil und autonom zu arbeiten. Hierdurch werden soziale Nachhaltigkeitsaspekte, etwa die Schätzung eines realistischen Zeitbedarfs ohne extreme Überstunden, die persönliche Wahl der Arbeitszeit sowie die Teilzeitfähigkeit von Arbeitsplätzen deutlich gestärkt.

Da virtuelle Projekte über netzwerkartige Zulieferbeziehungen zusammenarbeiten, ist ein zwingender Bestandteil des Projektmanagementansatzes auch ein leistungsfähiges wechselseitiges Lieferantenmanagement. Ein weiterer zentraler Erfolgsfaktor ist die Nutzung geeigneter Projektmanagementwerkzeuge, die von überall und jederzeit Transparenz über die Planung und den Umsetzungsfortschritt herstellen.

Die Plan-Orientierung auf Top-Level-Ebene eröffnet in inhaltlicher Sicht zusätzlich die

---

[4] Ein guter Überblick zu den Chancen sowie rechtlichen und sicherheitstechnischen Hürden und Herausforderungen des BYOD-Ansatzes ist z.B. in einer Bitkom-Studie zu finden [Bi13].

Möglichkeit sowohl die Projektdurchführung als auch das geplante Projektergebnis im Hinblick auf verschiedenste Nachhaltigkeitsaspekte (Ressourcenverbrauch, soziale Auswirkungen etc.) zu bewerten und zu optimieren. Bei agilen Ansätzen, bei denen Ziele und benötigte Ressourcen vorab unbekannt sind, ist diese Betrachtung kaum möglich.

Vorgehensmodelle zur Virtualisierung: Virtualisierte Projekte, die schnell entstehen und umkonfiguriert werden können sowie in der Größe skalierbar sind, arbeiten in der Regel dann effizient und erfolgreich, wenn ein Vorgehensmodell existiert, mit dem grundlegende Formen der Zusammenarbeit geregelt sind.

Wesentliche Aspekte eines solchen Vorgehensmodells sollten sein:

- Ein Top-Level-Synchronisationsmodell, das die ggf. heterogenen Einzelvorgehen der teilnehmenden Unternehmen zu einer funktionsfähigen virtuellen Organisation macht. Die Forderung, dass alle Beteiligten nach einem einheitlichen Modell arbeiten, ist in der Theorie schön, in der Praxis aber weder realistisch noch wünschenswert.

- Standards für technische und organisatorische Schnittstellen, welche die Kommunikation und den Datenaustausch aller am virtuellen Projekt Beteiligten ermöglichen.

- „Spielregeln" für die Zusammenarbeit: gemeinsame Anwesenheits- und Erreichbarkeitszeiten, Kommunikationsmittel, Pünktlichkeit und Konfliktkultur etc.

- Aus gesetzlichen Gründen erforderliche Regelungen: Schaffung und Einhaltung geeigneter Arbeitszeitmodelle, Datenschutz, IT-Sicherheit, Compliance-Regeln etc.

Organisation, Führung und Unternehmenskultur: Organisation und Führung wird und muss in virtualisierten Projekten mit unterschiedlich geprägten und räumlich verteilten Mitarbeitern offensichtlich anders stattfinden. An die Stelle von Anwesenheits- und Verhaltenskontrolle treten Vertrauensvorschuss, persönliche Wertschätzung und Ergebniskontrolle. Eine stärkere Bewertung der Projektaktivitäten im Hinblick auf ein sichtbares Ergebnis führt höchstwahrscheinlich dazu, dass viele dieser Aktivitäten anders auf ihren nachhaltigen Erfolgsbeitrag für das Projekt bewertet werden.

Resilienz von virtualisierten Projekten: Egal ob Corona 2.0, Blackout 1.0, temporärer Ausfall von öffentlichen Verkehrsmitteln aufgrund von Streiks, geopolitische Veränderungen oder auch nur eine leichte Erkältung, mit der man arbeiten kann, aber nicht die Kolleginnen im Büro anstecken will: Virtualisierte Projekte haben das Potenzial gegenüber vielfältigen Störungen aufgrund der lokalen Begrenztheit deutlich resilienter zu sein.

2.2   Wechselwirkungen von Digitalisierung und Virtualisierung

Digitalisierungs- und Virtualisierungsgrad von Projekten und insgesamt von verteilten Aktivitäten bedingen und beeinflussen sich gegenseitig (vgl. Abb. 2).

Geringer Digitalisierungsgrad und geringer Virtualisierungsgrad: Eine sinnvolle und manchmal die einzige mögliche Zusammenarbeitsform bei persönlichen Dienstleistungen mit Menschen und handwerklichen Tätigkeiten.

Geringer Digitalisierungsgrad und hoher Virtualisierungsgrad: Pathologische Situation, da ohne leistungsfähige IKT-Infrastruktur verteilte Zusammenarbeit unmöglich ist.

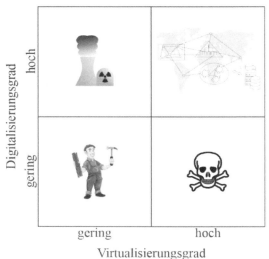

Abb. 2: Digitalisierung und Virtualisierung im Quadrat

Hoher Digitalisierungsgrad und geringer Virtualisierungsgrad: Mögliche Konstellation bei nahezu nicht vorhandener räumlicher Verteilung, oder wenn ein remote-Zugriff auf extrem sicherheitskritische Systeme inakzeptabel ist. In den meisten Situationen hat diese Variante den Hang zu Ineffizienzen und Unflexibilität.

Hoher Digitalisierungsgrad und hoher Virtualisierungsgrad: Um virtuell arbeiten zu können, ist eine möglichst vollständige Digitalisierung erforderlich, um Informations- und Reibungsverluste zu vermeiden. Die Virtualisierung von Organisationen deckt diese Defizite auf und beschleunigt so die digitale Transformation. Da die Digitalisierung Arbeitsabläufe transparent macht, werden diese für eine Automatisierung zugänglich, was wiederum Ressourcen schont und Menschen von Routineaufgaben entlastet.

2.3   Positive Praxiserfahrungen und Herausforderungen

Persönliche Erfahrungen des Autors als Projektleiter [Gr23] bzw. Strategieberater mit zwei nahezu vollständig virtualisierten Projekten während der Corona-Pandemie waren durchweg positiv. Projektproduktivität und Ergebnis bewegten sich insgesamt mindestens auf dem Niveau, das für die Vor-Ort-Konstellationen der Projekte ursprünglich geplant war. Diese persönlichen Erfahrungen decken sich mit den Ergebnissen einer ad hoc Umfrage auf der Fachgruppentagung Projektmanagement 2023 [FM23].

Herausforderungen und Probleme gab es entweder wenn die Home Office Arbeitsplatzsituation ggf. teilweise noch verstärkt durch die Anti-Corona-Maßnahmen nicht leistungsfähig genug war, oder wenn die Persönlichkeitsstruktur oder Arbeitsorganisation der Mitarbeiter nicht zum virtualisierten Projektstil passte.

Demgegenüber konnten die beschriebenen positiven Nachhaltigkeitseffekte im Hinblick auf reduzierte Reisezeiten und -kosten, bessere soziale Kompatibilität sowie reduzierten zentralen Büroflächenbedarf durchgängig beobachtet werden.

3   Projektübergreifende Nachhaltigkeit durch Virtualisierung

Damit virtualisierte Organisationsformen erfolgreich sind und Nachhaltigkeitspotenziale realisiert werden können, müssen Menschen und Unternehmen sich hinsichtlich Organisation, Methodik, Prozessen [Eb20, S. 22 ff.] und Infrastruktur aktiv weiterentwickeln.

3.1   Der nachhaltige Mensch in der virtuellen Arbeitswelt

Eine stärker virtualisierte Arbeitswelt bietet für den einzelnen Menschen vielfältige Chancen aber auch Herausforderungen. Eigenmotivation, Selbstorganisation sowie die Fähigkeit, zielführende Aufgaben selbstständig zu erkennen und zu lösen, werden deutlich an Bedeutung gewinnen. Diese Eigenschaften bilden das ab, was Peter F. Drucker als notwendige Qualifikation des „knowledge workers" im 21. Jahrhundert bezeichnet hat [Dr07, S. 123]. Die informelle Definition von Drucker, dass ein „knowledge worker" jemand ist, „der mehr weiß als seine Chefin", muss in Zeiten von zunehmend leistungsfähiger KI wohl noch um die Formulierung „und mehr als KI-Systeme" ergänzt werden.

Den genannten, durchaus interessanten und aufgrund des technischen Fortschritts ohnehin unvermeidlichen persönlichen Herausforderungen stehen im Hinblick auf eine ökologisch, sozial und ökonomisch nachhaltige Lebensweise vielfältige Chancen gegenüber.

Offensichtlich ist die kurzfristig umsetzbare Reduktion von Fahrtkosten und -zeiten zum Arbeitsort, die gleichzeitig den CO_2-Fussabdruck deutlich reduziert, ohne die ressourcenfressende Produktion z.B. eines Elektroautos auszulösen. Die Auflösung der Trennung von Wohn- und Arbeitsort verbessert gleichzeitig die soziale Nachhaltigkeit, da je nach Lebenssituation z.B. die Betreuung von Kindern und pflegebedürftigen Angehörigen erleichtert werden[5]. Eine Verlängerung der Lebensarbeitszeit wird einfacher und wahrscheinlich, wenn der Stress durch Berufspendeln reduziert wird. Zudem sind virtuelle Arbeitsmodelle aufgrund der ohnehin notwendigen zeitlichen und räumlichen Entkopplung deutlich Teil- und Gleitzeit-fähiger und ermöglichen somit eine bessere persönliche Work-Life-Balance. Mit der Zunahme von digitalen und virtuellen Bildungsangeboten werden gleichzeitig der weltweite Zugang zu aktuellem Wissen und lebenslanges Lernen befördert und somit eine Nachhaltigkeit von Bildungsinvestitionen sichergestellt.

3.2   Nachhaltige Virtualisierung von Unternehmen und Wertschöpfungsketten

Ebenso wie für jeden Einzelnen erfordert eine Erhöhung der ökonomischen, ökologischen und sozialen Nachhaltigkeit eine Veränderung von Unternehmen hinsichtlich des Verhaltens gegenüber Mitarbeiterinnen und Mitarbeitern, Kooperationspartnern und Kunden.

Relativ einfach realisierbare Nachhaltigkeitseffekte ergeben sich in der stärker virtualisierten Arbeitswelt durch einen deutlich reduzierten und anders strukturierten Bedarf an Büroflächen. Das klassische Einzelbüro kann man im Home Office ohne Wegezeiten effizienter haben und das Großraumbüro, in dem alle zusammensitzen aber niemand kommunizieren kann ohne Unbeteiligte bei der Arbeit zu stören, hat ausgedient. Somit müssen

---

[5] Der Gewinn liegt in der Fahrzeitersparnis – ständige familiär bedingte Unterbrechungen bei komplexen Tätigkeiten machen „knowledge worker" im Home Office immens unproduktiv und sind daher zu vermeiden.

diese Büroflächen in Menge und Struktur auch nicht mehr ständig umwelt- und kosten-schädlich an veränderte Unternehmensgröße und -strukturen angepasst werden. Im Hin-blick auf die Schonung natürlicher Ressourcen werden statt fester Bürostrukturen flexibel konfigurierbare Flächen mit kreativitätsfördernder Atmosphäre, z.b. für Projekt-workshops und persönliches Networking, treten, die nicht mehr unbedingt in Ballungsräu-men, aber verkehrsgünstig gelegen sein müssen.

Mit der Dekarbonisierung des gesamten Lebens werden energieintensive IT-Infrastruktur und Produktionsprozesse zukünftig dort beheimatet sein, wo Strom am billigsten und si-cher verfügbar ist. Dies wird aller Voraussicht nach nicht in Deutschland sein. Wenn wir nicht wollen, dass die komplette Wertschöpfung ins Ausland verlagert wird, müssen wir eine räumliche Entkopplung von kreativen Entwicklungs- und Managementprozessen ei-nerseits sowie energieintensiven Aktivitäten andererseits durchführen. Virtuelle Zusam-menarbeitsmodelle bieten hier für energieintensive Unternehmen eine gute Möglichkeit nachhaltig Teile der Wertschöpfungskette in Deutschland zu sichern.

Da virtuelle Zusammenarbeitsformen in Form von Projekten, Arbeitsgemeinschaften und Joint Ventures etc. weltweit und flexibel konfigurierbar sind, bieten sie zudem eine bes-sere Resilienz gegenüber Nachfrageverschiebungen sowie geopolitischen Veränderungen. Durch die deutliche Zunahme potenzieller Lieferanten wird im Sinne der Nachhaltigkeit auch die Wahrscheinlichkeit erhöht, dass man auf Lösungen und Softwaresysteme zugrei-fen kann, die irgendwo in der Welt schon entwickelt wurden. Schließlich lassen sich die erworbenen Fähigkeiten zur Virtualisierung von Projekten und anderen Zusammenarbeits-modellen auch für die Gestaltung virtueller Kundenbeziehungen nutzen.

4 Wirkung auf Infrastruktur, Gesellschaft und Umwelt

Die nachhaltige Wirkung verstärkter Virtualisierung auf den Ebenen Projekte, Menschen und Unternehmen setzt sich auf den Ebenen Gesamtwirtschaft und Gesellschaft fort.

4.1 Neuordnung von Verkehrsinfrastruktur sowie Wohn- und Arbeitsorten

Mit stärker virtualisierten Projekt- und Arbeitsformen ist zu erwarten, dass der Bedarf an Standard-Büroarbeitsflächen insbesondere in Ballungsräumen spürbar zurückgehen wird. Hierdurch sind verschiedene im Sinne der Nachhaltigkeit positive Effekte zu erwarten:

- Staus und die Belastung der Verkehrsinfrastruktur (PKW, ÖPNV, Flugzeug etc.) so-wie ausgelöste CO_2-Emmissionen und Lärmbelastungen gehen zurück. Als Folgeef-fekt müssen aufgrund geringerer Fahrleistung weniger neue PKW produziert werden.
- Der Zwang, nur aufgrund des Arbeitsplatzes in der Stadt zu wohnen, fällt weg – gleichzeitig können freiwerdende Büroflächen bzw. der Grund und Boden für Wohn-zwecke umgewidmet werden, wodurch Flächenverbrauch sowie erforderliche Neu-bautätigkeit reduziert werden. Der Anteil städtischen Lebens als reiner Arbeitsort wird an Bedeutung verlieren, die Stadt als Lebensraum aufgewertet.
- Sofern eine gute Infrastruktur vorhanden ist (Breitband-Vernetzung, Kinderbetreu-ung, Schulen, Einkaufsmöglichkeiten etc.) kann eine Revitalisierung ländlicher Re-gionen und dabei insbesondere von Klein- und Mittelzentren stattfinden.

4.2   Projekt- und Arbeitsmarkt

Mit der Virtualisierung wird der Projekt- und Arbeitsmarkt sowohl für Arbeitnehmerinnen und Arbeitnehmer als auch für Unternehmen größer, da Ausschlussgründe wie lange Anfahrtswege oder Umzugshemmnisse wie ein bestehendes soziales Umfeld, fehlendes Wohnraumangebot etc. entweder ganz wegfallen, oder zumindest deutlich reduziert werden.

In einem engen Arbeitsmarkt für IT-Fachkräfte haben Unternehmen, die zumindest teilweise virtualisierte Arbeitsformen und Home Office anbieten, damit einen deutlichen Wettbewerbsvorteil. Solche Unternehmen sind insbesondere für jüngere Menschen attraktiv, die ohnehin mit digitalen Arbeits- und Kommunikationsmitteln aufgewachsen sind. Andererseits ist für den „digitalen Nomaden" auch der nächste Arbeitgeber nur wenige Mausklicks entfernt. Somit bietet die virtualisierte Arbeitswelt neben größeren Chancen bei der Mitarbeitergewinnung auch größere Herausforderungen in der Mitarbeiterbindung. Als Erfolgsfaktoren spielen hierbei die Ausbildung einer attraktiven Unternehmenskultur sowie temporäre, sozial orientierte Präsenzformate eine bedeutende Rolle.

Die Vergrößerung des Angebots insgesamt lässt sich von der klassischen Arbeitgeber-Arbeitnehmer-Beziehung analog und in noch größerem Umfang auf spontan mögliche, projektbezogene Zusammenarbeitsmodelle zwischen Unternehmen übertragen.

5   Virtualisierung als Weg zur Nachhaltigkeit

5.1   Welche Alternativen zur Virtualisierung gibt es?

Produkte sind zunehmend softwarebasiert, virtualisiert und weltweit verfügbar. Dies beginnt bei einem immer höheren Softwareanteil in ehemals klassischen Hardware-Produkten wie Autos, Waschmaschinen etc., geht über stark virtualisierte Dienstleistungen wie Online-Handel bis hin zu einem stetig wachsenden Anteil von vollständig digitalisier- und virtualisierbaren Produkten wie Finanzdienstleistungen und Streamingdiensten etc.

Die Entwicklung dieser Produkte wird oft an wenigen Orten auf der Welt (Westküste der USA: Amazon, Facebook, Microsoft, Apple, Google etc.) vorgenommen. Während diese Firmen während der Corona-Pandemie ihren Umsatz wesentlich und vollständig virtualisiert vom Home Office aus steigern konnten, gab es zuletzt teilweise einen Trend, die Mitarbeiter zwangsweise wieder in die Firmenzentralen zu holen. Da diese Firmen Weltmarktführer sind, muss die Frage offen diskutiert werden, wie dies zu bewerten ist.

Im Hinblick auf Nachhaltigkeit und Geschäftserfolg sind folgende Aspekte relevant:

Die Ballungsräume der Firmenzentralen (Silicon Valley, Seattle etc.) sind hinsichtlich Wohn- und Lebenshaltungskosten inzwischen so teuer, dass diese Normalverdiener in die Obdachlosigkeit treiben und selbst Gutverdiener zu langen Berufspendelzeiten zwingen. Firmen wie Oracle und Hewlett-Packard Enterprise haben daher ihre Firmenzentrale bereits verlegt. Amazon hat eine Teilverlagerung seiner Firmenzentrale nach Washington begonnen, da es aufgrund höherer Home Office Anteile insgesamt weniger Büroarbeitsplätze benötigt. Sowohl aus Gründen der Ressourcenschonung, der Vermeidung sozialer

Brennpunkte wie auch aus Kostenüberlegungen seitens der Firmen steht vor einer allgemeinen Rückwärtsbewegung im Sinne der Nachhaltigkeit somit ein großes Fragezeichen.

Im Hinblick auf Resilienz und Risikominimierung stellt sich an der kalifornischen Küstenregion zudem die Frage, ob man Produkte mit weltweiter Marktbeherrschung zentral in stark Erdbeben-gefährdeten Gebieten entwickeln sollte. Die grundsätzliche Frage ob sich große komplexe Softwaresysteme nur an einem Standort oder weltweit verteilt entwickeln lassen ist mit Linux und weiteren Open Source-Produkten eindeutig beantwortet.

Somit bleibt die Frage, ob und in welchem Rahmen sich in Ein-Ort-Arbeitskonstellationen kreativer und produktiver arbeiten lässt. Jeff Sutherland, einer der Miterfinder von Scrum, bezeichnet 7 Personen als maximal mögliche Teamgröße. Ob dieses Team, dann mit dutzenden anderen Teams, mit denen es nicht zusammenarbeitet, in einer Firmenzentrale sitzen muss, ist fraglich. Wenn für dieses Team komplexe und kreative Tätigkeiten, welche die Kommunikation aller erfordern, anstehen, dann ist das Zusammenkommen an einem Ort in vielen Fällen sicherlich eine sehr gute Lösung. Sobald das Team allerdings Aufgaben strukturiert hat, können diese alleine oder zu zweit oft effizienter abgearbeitet werden.

5.2   Zusammenfassung und Ausblick

Die Virtualisierung der Durchführung von (IT)-Projekten bietet vielfältige Möglichkeiten, die Nachhaltigkeit aus ökologischer, sozialer und ökonomischer Perspektive zu steigern – in vielen Fällen sogar ohne dass dies großer Anfangsinvestitionen bedarf. Vielmehr lassen sich durch die effizientere Nutzung von vorhandener Infrastruktur und das Verändern tradierter Zusammenarbeitsmodelle kurzfristig spürbare Fortschritte erzielen.

Bedingt durch die Maßnahmen der Corona-Pandemie wurde ein lange brachliegender Entwicklungspfad beschritten [HaGö20, S. 12], dessen Nutzung sich aufgrund positiver Praxiserfahrungen sowie zukünftiger Nachhaltigkeitspotenziale selbst verstärken wird.

Jeder sollte daher für sich prüfen, welche Veränderungen, Herausforderungen und vor allem Chancen sich durch die Virtualisierung für sein privates Umfeld und seine Arbeitsmöglichkeiten ergeben.

Ebenso sind Unternehmen sehr gut beraten, das Thema Virtualisierung der Projekt- und Arbeitswelt proaktiv anzugehen. Ganz oben auf der Liste sollte dabei die Weiterentwicklung von Projekt-, Vorgehens- und Arbeitszeitmodellen stehen, welche die Virtualisierung erleichtern und beschleunigen. Was technisch möglich, ökologisch sinnvoll und ökonomisch von Vorteil ist, setzt sich früher oder später durch – entweder zuerst im eigenen Unternehmen - oder eben bei der Konkurrenz. Unternehmen sollten dabei in Chancen und Alternativen denken und je nach Projektsituationen, flexible Optionen für die Virtualisierung vorhalten – von temporär Vor-Ort bis hin zu dauerhaft und vollständig virtualisiert. Zudem ist die Virtualisierung ein Hebel, um die Digitalisierung zu beschleunigen.

Während die zweite industrielle Revolution den Umzug der Menschen von ihren Wohn- und Lebensorten zu den Fabriken und zu den zentralen Bürogebieten ausgelöst hat, bietet sich mitten in der dritten Industriellen Revolution mit der Virtualisierung jetzt die Chance, dass die Menschen hochproduktiv, ressourcenschonend und sozialverträglich an ihrem Wunsch-Lebensort arbeiten. Wir sollten diese Chance ergreifen!

Literaturverzeichnis

[Bi13]   Bitkom e.V., https://www.bitkom.org/Bitkom/Publikationen/BYOD-Bring-Your-Own-Device.html, 2013.

[DaMa92] Davidow, W.H.; Malone, M.S.: The Virtual Corporation, HarperBusiness, 1992.

[Dr07]   Drucker, P.F.: Management Challenges in the 21st Century, Routledge; Revised Edition, 2007.

[Eb20]   Ebert, C: Verteiltes Arbeiten kompakt: Virtuelle Projekte und Teams. Homeoffice. Digitales Arbeiten, 2. Aufl., Springer Vieweg, 2020.

[Fa23]   https://de.wikipedia.org/wiki/Fairphone, 2023.

[FP23]   Fachgruppentagung Projektmanagement 2023 der GI, Frankfurt/Main, DZ-Bank, Mai 2023.

[HaGö20] Haberzettl, K.; Göllinger, K.: Pfadabhängigkeiten bei der Einführung von Homeoffice und Teleworking, IöB-Schriften, Siegen, 2020.

[Gr23]   Greb, T.: Von virtuellen Projekten zu virtualisierten Organisationen - wie die Corona-Pandemie das Klima in den Unternehmen gewandelt hat, Fachgruppentagung Projektmanagement 2023 der GI, Frankfurt/Main, DZ-Bank, Mai 2023.

[Gr21]   Greb, T.: Agil++: Ein systematischer Ansatz für das Tailoring hybrider IT-Projektmethoden, in: Helferich, A. et al. (Hrsg.), Software Management 2021: Software Management in Zeiten digitalisierter und vernetzter Produkte, GI Lecture Notes in Informatics, Bonn, 2021.

[He05]   Heilmann, H.; Alt. R.; Österle, H. (Hrsg.): Virtuelle Organisationen, dpunkt, 2005.

[KeGi99] Kemmer, G.-A; Gillessen, A.: Virtuelle Unternehmen, Physica, 2000.

[Pi20]   Picot, A.; Reichwald, R.; Wigand, R.T.; Möslein, K.M.; Neuburger, E.; Neyer, A.-K.: Die Grenzenlose Unternehmung, Springer Gabler; 6. Auflage, 2020.

On Agile Leadership and Project Sustainability

Pascal Guckenbiehl[1], Alexander Krieg[2], Sarah Brandt[3], Sven Theobald[4]

Abstract: Sustainability is the predominant topic right now and will remain so in the coming decades, which adds another layer to the already existing complexity accompanying digitalization. At the same time, many organizations embrace agile leadership on project or organizational level, to better deal with complexity and constant changes. The objective of this paper is to investigate potential impacts of agile leadership on project sustainability. This is done by mapping categories of agile leadership to the three sustainability dimensions "people, profit, and planet" (triple bottom line). While certain sustainability aspects can be addressed primarily by top level decision making and the mindset of leaders, other aspects are directly influenced by an agile environment and way of working. Overall, the results highlight natural synergies between agile leadership and sustainability and provide an impulse for further research.

Keywords: Agile, Agile Leadership, Project Management, Sustainability, Triple Bottom Line

1 Introduction

Digital Transformation, climate crisis, pandemics and global challenges occur more frequently and demand new ways in project management to address the complexity and create sustainable solutions. Sustainability with all its facets has become the central topic dominating all areas. The most well-known sustainability goal is certainly the reduction of CO2 emissions. The European Commission and the German government in Berlin have defined many goals for climate protection. These goals include the supply chain law and the electrification of mobility, which equal the end of the age of combustion engines, as well as the energy and heat turnaround. All these goals and targets have an enormous impact on the economy and industry, which must be rethought as a result.

There are several challenges and benefits when sustainability goals become part of project management. There are new requirements for project managers and more aspects that must be considered. There might be long-term consequences which also influence stakeholders and customers. The increasing number of goals, relationships and overall complexity reinforce the demand for good project management. Benefits of integrating sustainability are reduced costs through efficient processes and less risks for companies, which can result in advantages in competition. Furthermore, sustainable behavior can lead to more attractiveness for investors and qualified employees. Also, there is more potential to find new sources of income as well as new innovative business models [HE23].

---

[1] TOPdesk Deutschland GmbH, Carl-Euler-Straße 8, 67663 Kaiserslautern, p.guckenbiehl@topdesk.com
[2] nextOrange GmbH, Geschäftsführung, Stadtdeich 2-4, 20097 Hamburg, alexander.krieg@nextorange.de
[3] Fraunhofer-Institute for Experimental Software Engineering, Smart City Design, Fraunhofer-Platz 1, 67663 Kaiserslautern, sarah.brandt@iese.fraunhofer.de
[4] Fraunhofer-Institute for Experimental Software Engineering, Smart City Design, Fraunhofer-Platz 1, 67663 Kaiserslautern, sven.theobald@iese.fraunhofer.de

One way to constantly adapt to changing (market) environments, handle complexity and improve relationships with stakeholders can be found agile approaches. Agile methods like Scrum or Kanban are increasingly used in projects even outside software development. There are also many different agile scaling frameworks to be able to use agile in large projects or even throughout the organization as a whole [TH19]. Independent of the method or framework used, there is a need for leaders to become agile themselves to support projects [KR18]. The question now is whether agile leadership influences the sustainability of projects, and how.

The goal of this paper is to investigate how agile leadership might improve aspects of sustainability in projects. For that, a mapping of sustainability [CA12] [CG14] and agile leadership [KR22] is conducted. Section 2 presents the background and related work. The mapping itself is presented in Section 3 and discussed in Section 4, followed by a conclusion and suggestions for future work (Section 5).

2   Background & Related Work

Projects can be sustainable by targeting a sustainability goal, such as reducing the internal CO2 emissions by 40% through new concepts for employee mobility. Another example would be the goal to increase the lifetime of machinery by 60% through predictive maintenance and therefore create a positive effect on organizational sustainability. On the other hand, projects can be operated sustainably through the way of working, even without targeting a concrete sustainability goal.

2.1   Sustainability

The origins of sustainable development can be found in forestry, where Carl von Carlowitz [CA13] stated that "only as many trees should be cut down as can grow back in the foreseeable future". His ideas can be seen as the origin of sustainable development, thinking about the ongoing use of resources. In general, sustainable development means a better quality of life for all, both now and in the future.

In the Brundtland report [BU87] of the World Commission on Environment and Development, the vision for sustainable development was redefined and specified as the ability to make development sustainable for the needs of the present and future generations. In 2015, with the introduction of the 17 sustainable development goals (SDGs) in the United Nations Agenda, sustainable development was accelerated [UN15]. Governments and stakeholders were even more convinced of the need for sustainable development for people, profit, and planet. Guided by the SDGs, the goals and targets for sustainable transformation shall be reached within the next 15 years, for humanity and the planet. The report of the UN presented sustainability as three pillars: equitable social progress (people), responsible economic growth (profit) and effective environmental protection (planet) [CA12]. The terms "people, profit and planet" were especially popularized by the Brundtland report, Agenda 21 and the UNO-conference in 1992.

Environmental sustainability means the conservation of natural resources and the protection of the global natural environment to maintain human wellbeing for now and the future. A condition of balance, resilience and interconnectedness should be maintained, while human needs are still satisfied [MO11]. Economic sustainability supports long-term economic growth without negative effects on the other dimensions. It is a set of decision-making principles and practices to achieve the goal of economic growth for a better quality of life [DO01]. Social sustainability means that individuals, communities, and societies achieve a fair degree of social homogeneity, equitable income and access to resources and services etc. A fair distribution, human rights, and the security of basic needs of humans is a goal of social sustainability [MC20]. It's a proactive way of managing business and its impact on people. These three pillars are influencing each other and therefore all of them need to be sustainable to achieve sustainable development. They were characterized and set in relation by several people creating different models, for example a Venn diagram visualizing the so-called triple bottom line [CA12], where circles describe the three pillars, with sustainability being the point where they overlap. While the environmental pillar was always considered first, since the 2000s-2010s all three pillars are seen as equally important [SE07].

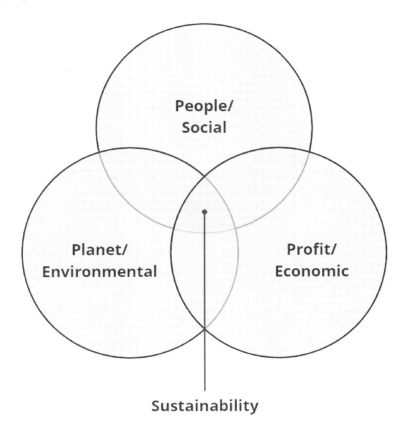

Figure 1: Triple Bottom Line (Venn Diagram)

2.2   Agile Project Management & Leadership

Traditional approaches to project management have so far focused on reducing complexity and dividing systems into smaller and more controllable components [HE23]. The project plan should be adhered to and implemented efficiently. In contrast, agile methods are characterized by the ability to adapt to change and to subdivide work iteratively. Adaptive planning, evolutionary development, early incremental delivery, and continuous improvement are further aspects of agile methods [HE23]. Close stakeholder collaboration and participation as well as new methods of planning and management also lead to new tasks from project managers. Krieg [KR17] specifies the tasks of agile project managers based on practical experience and best practices. The differences in approach between traditional and agile projects are highlighted and clarify the deviations in areas such as processes, documentation, reporting, management, and leadership, etc. According to the author, the project manager serves as a linking element (as facilitator and moderator) in hybrid project environments. It is also important that the project manager has training and experience as Scrum Master and Product Owner as well as a lot of experience related to leading, planning and organizing in agile project management. These tasks are further specified and explained in detail by the author [KR17].

Successful implementation of agile on project level requires a suitable organizational environment [KR18]. In addition, organizations want to benefit from agile not only on project level, but throughout the organization. Agile leadership is a key aspect to enable an agile organization. After eliciting the state of the art on agile leadership on organizational level with the help of a systematic literature review [TH20], the study of Krieg et al. [KR22] characterized agile leadership and set a scientific baseline for it. Based on practical knowledge and experience with agile leadership, a scientific approach was applied to aggregate the information into the following seven categories: continuous improvement, framework & condition, customers & delivery, right characteristics of leaders, vision & goals, commitment of top management and self-organized teams. For each category, guiding principles were identified and explained. Generally, more self-organization and the right setup for framework and conditions will enable effective and efficient work, motivating people as communication is better and development faster. So far, traditional leadership has not included self-organized teams and controlling and planning was the task of the manager/leader, not the team. Still, it's necessary that top management and leaders commit to and demonstrate the right characteristics, like emphasizing diversity and self-organization. Finally, agile leadership includes customers and puts the focus on them as well as value delivery, which is improved continuously.

Making projects more effective/efficient and beneficial was always the goal of project management, but with major future challenges arising, sustainability is becoming another aspect to consider. There are several studies related to sustainable project management [SI22] [SI14] [GPM22]. One of those introduced the P5 standard, which highlights potential sustainability impacts in projects structured along the three pillars people, profit, and planet, supporting organizations in generating portfolios, programs, and projects for a sustainable strategy [CG14]. Silva et al. [SI22] investigated and correlated sustainability and agile project management by evaluating the effects on sustainability from the triple bottom line perspective (three pillars). The study directly indicated how agile leadership connects to this. The authors stated that there are already a lot of studies related to agile project management and sustainability aspects, but no work that is identifying the relation between them. The study shall help to identify areas where companies and project management as well as employees and customers can help to increase sustainability. The authors indicated that the study pointed out some relevant aspects based on a literature review, while a practical view is still missing.

3   Mapping of Sustainability & Agile Leadership

This chapter aims to visualize and explain the natural relatedness of sustainability and agile leadership in projects, which becomes more apparent when connecting sustainability impacts and agile practices. It also highlights that project sustainability can be influenced by both the way of working (process frameworks or leadership styles) and decision making (commitment of and goals set by top management). The mapping is based on papers and concepts from [CA12] and [KR22] (see Section 2 "Background & Related Work"). The matrix used for this can be seen below and comprises the following elements:

- **Horizontal Axis:** Three pillars of sustainability as defined by the triple bottom line [CA12], namely "People/Social", "Profit/Economic" and "Planet/Environmental" (see Section 2.1 "Sustainability").
- **Vertical Axis:** Seven categories of agile leadership [KR22] that cover all relevant aspects of projects and approaches to managing them effectively (see Section 2.2 "Agile Project Management & Leadership").
- **Shaded Areas:** Major themes linked to the dark grey, light grey and white areas as well as specific sustainability impacts [CG14] achieved through agile practices [KR17] (see below).

The descriptions in this chapter will be structured along these elements, focusing on each shaded area with its key message and (where applicable) examples for the corresponding combinations of sustainability and agile leadership in projects. The fact that "Way of Working" is described in more detail is linked to the author's perspective and does not reflect the overall importance of the three areas in relation to each other. While the former may indicate the most explicit and obvious connection of sustainability and agile leadership, "Decision Making" and "General Mindset" play an important role in raising awareness for and motivating sustainability in organizations.

Further, this mapping is of course not final or immutable (and doesn't intend to be) but in need of evaluation and up for interpretation. It was created through the study of related work, followed by a discussion among the authors about their perspective on how the topics might relate and finally visualized for easier understanding. The mapping should therefore be seen primarily as a suggestion made by the authors to underline their central thoughts and ultimately spark a discussion on the subject. The initial idea for this was based on the author's expertise and interest in as well as former research on agile (leadership), combined with the general topicality and relevance of sustainability.

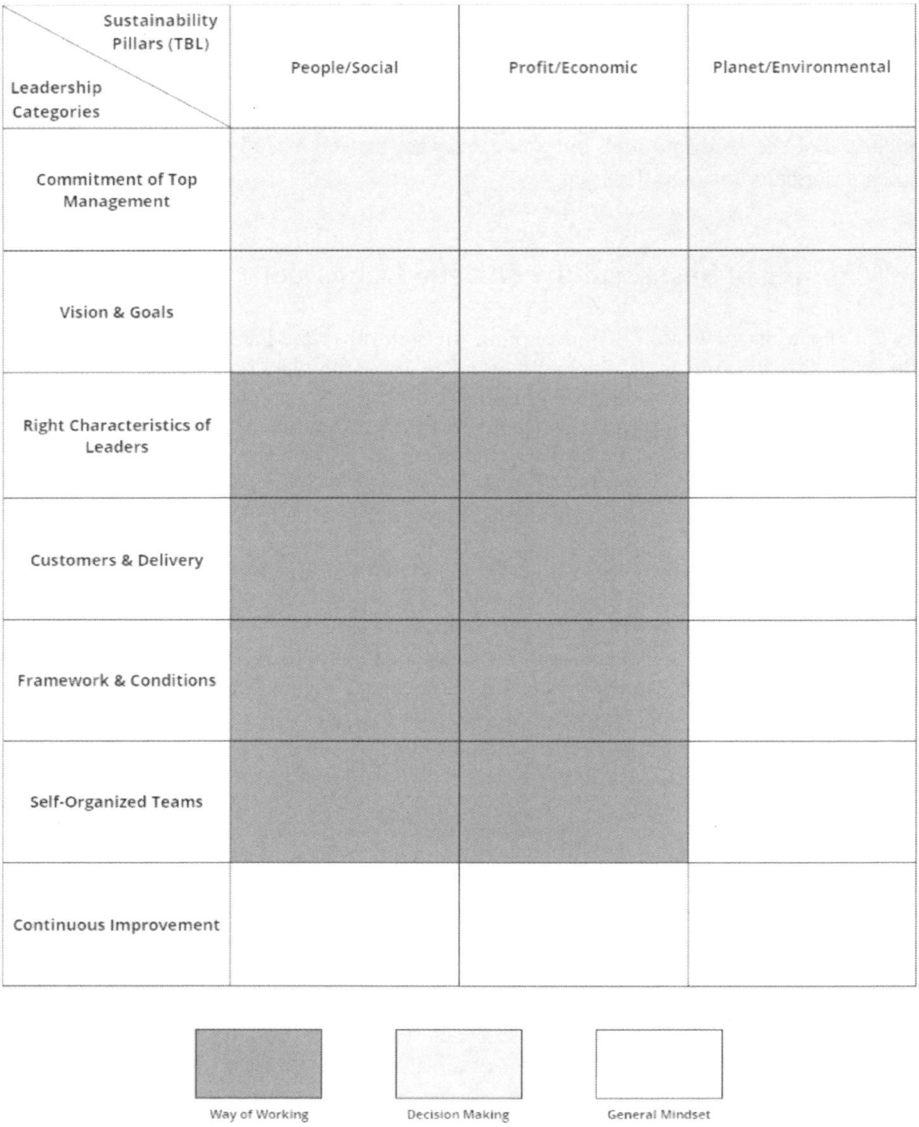

Sustainability Pillars (TBL) / Leadership Categories	People/Social	Profit/Economic	Planet/Environmental
Commitment of Top Management			
Vision & Goals			
Right Characteristics of Leaders			
Customers & Delivery			
Framework & Conditions			
Self-Organized Teams			
Continuous Improvement			

Way of Working   Decision Making   General Mindset

Figure 2: Mapping of Sustainability & Agile Leadership

3.1   Way of Working (Dark Grey Area)

This area describes the most distinct relation of sustainability and agile leadership. The examples for impacts and practices in these fields show that sustainability in projects can be achieved implicitly by (or as a side effect of) working in an agile way, emphasizing the similarity of both concepts. For a quick overview (followed by a more detailed analysis), the sustainability impacts below generally relate to agile practices:

- **People/Social:** Labor & Management Relations, Diversity & Equal Opportunity, Training & Education, Organizational Learning, Project Health & Safety, Employment & Staffing, Customer Health & Safety, Customer Privacy, Market Communication & Advertising
- **Profit/Economic:** Benefit-Cost Ratio, Business Flexibility, Present Value, Return on Investment

People/Social - Right Characteristics of Leaders

Sustainability impacts achieved here refer for example to "Labor & Management Relations", "Diversity & Equal Opportunity", "Training & Education" and "Organizational Learning". They manifest through agile leaders who meet others at eye level, are great communicators and understand the importance of psychological safety. They bring together a diverse range of people with different skills/strengths (cross functional) that complement each other, enabling them to grow both individually and as a team. Further, they make responsible decisions in the face of uncertainty while accepting and learning from mistakes.

Profit/Economic - Right Characteristics of Leaders

Potential sustainability impacts in this field can be "Benefit-Cost Ratio" and "Business Flexibility". Leaders with an agile mindset therefore focus on experiments or MVPs and prefer to fail fast, instead of wasting resources by aiming for a perfect outcome first try (no big design up front). They foster the ability to react and adapt to changes in order to navigate complex environments.

People/Social - Customers & Delivery

Sustainability impacts that may be placed here are "Customer Health & Safety", "Customer Privacy" and "Market Communication & Advertising". From an agile point of view that entails involving customers early and often, striving to create the best possible experience for them and making their needs the baseline for decisions.

Profit/Economic - Customers & Delivery

From this perspective, sustainability impacts are mainly related to "Present Value" and potentially "Return on Investment". When working agile, the major goal is to create value for customers continuously (by producing outcomes that address their needs) in an effective/efficient way. This in turn can lead to better financial results (if this is of relevance).

People/Social - Framework & Conditions

Sustainability impacts in this field could be "Project Health & Safety", "Employment & Staffing" and "Organizational Learning". Agile environments contribute to this through emphasizing safety as a baseline for growth and engagement while striving for a way of working that enables employees to achieve their full potential. People are seen not as resources to be exploited but individuals to be valued and the principle of inspection and adaptation guides the way of working.

Profit/Economic - Framework & Conditions

Looking at this, potential sustainability impacts are "Present Value", "Business Flexibility" and "Benefit-Cost Ratio". Working in an agile way focuses on effectively and efficiently achieving the right results while being able to adapt to change of circumstances or requirements. It further aims to avoid the cost that comes with creating what is not needed and extensive planning in the face of uncertainty (rather than incremental discovery).

People/Social - Self-Organized Teams

Sustainability impacts related to this are for example "Employment & Staffing" and "Training & Education". An agile approach relies on empowerment of the teams who do the work, making sure they are enabled to be at their best and equipped to make good (informed) decisions. This entails having (or gaining) the right skills/knowledge and fostering a healthy culture in order to be successful as an autonomous unit.

Profit/Economic - Self-Organized Teams

Here, sustainability impacts mostly relate to "Business Flexibility". In an agile environment, trusting teams to make the right decisions based on their expertise instead of (micro-) managing them is key. Such delegation of decision making enables teams to change direction and adapt quickly, which is needed to deal with complexity on a greater scale.

3.2   Decision Making (Light Grey Area)

This area displays a less specific link between sustainability and agile leadership and focuses more on an "optional" perspective, based on the categories "Commitment of Top Management" as well as "Vision & Goals". Sustainability would here be an explicit consequence of strategic decision making and goal setting towards SDGs, while not necessarily relating to the actual (agile) way of working in a project. In such a case, more "traditional" aspects of sustainability, such as human rights, economic empowerment or climate and resources, can be addressed (as compared to the above). Examples for such decisions or goals could be prioritizing a fully local setting over a distributed one to support the local community and economy while reducing CO_2 emission caused by travelling.

3.3   General Mindset (White Area)

This area does not entail any clear or obvious connection between sustainability and agile leadership. More specifically, the environmental aspect of sustainability is not directly related to using agile approaches in projects and not a result of the latter. The only potential link here might be the overarching theme of successfully maintaining and continuously improving a system over time (long term perspective).

4   Discussion

The high relevance of sustainability in project management and projects is mentioned by several studies [FI21] [HA23] [KR17] [KR22] [HE23] and highlights the importance of addressing this topic. Silvius et al. [SI14] presented a review on project management and sustainability. The authors identified categories similar to the results of our study and concluded that there must be a scope shift from management to manage impacts related to the three sustainability pillars. This shift leads to additional complexity in project management and requires a new management approach. A shift of paradigm and mindset is needed to enable flexible work, new opportunities, and a change of the project manager role. Here, our study added agile leadership as improvement to traditional management and a more practical view, as agile leadership focuses on this shift from traditional to agile project management. Agile leadership is strongly related to sustainability according to our results, so it automatically adds the needs described by Silvius et al. [SI14].

There are several guidelines on how to make project management more sustainable. [CG14] identified projects and project management as directly and indirectly impacting sustainability, with a focus on products, projects, and processes. Frieke [FI21] in comparison focused on the objectives of companies, their processes and strategy to implement sustainability in projects. Similar to the previously discussed results, Haseleu [HA23] used the three pillars of sustainability to discuss projects and project management. All three authors offered a broad overview, relevant insights and aspects of project management and sustainability, but missed practical examples and methods. Agile methods were considered neither by Carboni and Gonzalez [CG14] nor Frieke [FI21], while our work implies that sustainability is naturally related to agile leadership. Haseleu [HA23] also indicated that the goal of a project itself must be sustainable to have sustainable project management. Our results related to the categories "Commitment of Top Management" and "Visions & Goals" confirmed that a strategic decision towards sustainability has to be made, but agile leadership is not necessarily needed. However, basic approaches mentioned by Haseleu [HA23] such as stakeholder engagement, project organization or the right mindset were clear indicators that agile leadership is highly relevant for sustainability. With our results based on practical experiences, we can add that the "Right Characteristics of Leaders" in agile leadership directly influence sustainability, e.g., with communication on eye-level or business flexibility. Even though the explanations in [HA23] focused on practical aspects, agile methods were only mentioned once and not further reflected in the discussion.

Silva et al [SI22] specifically analyzed case studies where agile project management was applied in companies. The authors connected the three pillars of sustainability to different characteristics of agile project management. Silva et al. [SI22] stated that small teams enable flexibility, creativity, and therefore sustainable project management. In the end it was stated that practical examples that explain the relationship between agile leadership and sustainability are missing. Our work contributes to closing this gap.

Even though previous studies already analyzed sustainability and project management and identified several relevant insights, practical experiences were missing and most of the studies did not include agile leadership in their discussions. The key findings that can be extracted from our results: (1) Sustainability and agile leadership are naturally related according to our mapping. (2) We provided practical insights and suggestions related to sustainable/agile leadership that extend previous studies. (3) There are aspects which are strongly influenced by the way a project is organized and (4) others which are purely attributable to decision making and the mindset of top management.

5   Conclusion & Future Work

Sustainability is an important topic that has gained attention and urgency in recent years. Nonetheless, there is no common understanding of how sustainability can be considered in the context of projects or project management. Agile approaches to development are widely used nowadays and used to cope with an increasingly dynamic market environment and complex products. Organizations now start to become more agile on an organizational level, with a central factor to achieve this being the transition to a more agile leadership culture. The goal of this paper was to investigate how sustainability is impacted by agile leadership through a mapping of the agile leadership categories from our previous study to established aspects of sustainability.

As a result, we presented an initial mapping that can support practitioners when considering sustainability in their projects and serve researchers as a starting point for further investigation, e.g., by extending or refining our results. A possibility for future work could be to conduct a systematic literature review on existing knowledge or to collaborate with experts to come up with a more complete model for the relation between sustainability and agile leadership in projects.

References

[KR17]   Krieg, A.: Agiler Projektleiter–Vermittler und Moderator im hybriden Projektumfeld. Projektmanagement und Vorgehensmodelle 2017-Die Spannung zwischen dem Prozess und den Menschen im Projekt, 2017.

[KR22]   Krieg, A.; Prenner, N.; Guckenbiehl, P; Theobald, S.; Schneider, K.: A Scientific Baseline for Agile Leadership - A Workshop Study. Projektmanagement und Vorgehensmodelle 2022 - Virtuelle Zusammenarbeit und verlorene Kulturen?, 2022.

[HE23]   Heydenreich, N. (2023): Nachhaltigkeit, Komplexität und Agilität in internationalen Projektmanagement-Normen, DIN-Mitteilungen, DIN-Arbeitsausschuss Projektmanagement.

[MC20]   McGuinn, J.; Fries-Tersch, M.C.E.; Jones, M.C.M.; Crepaldi, M.C.C. (2020): Social Sustainability—Concepts and Benchmarks; STUDY Requested by the EMPL Committee; Policy Department for Economic, Scientific and Quality of Life Policies Directorate-General for Internal Policies; European Parliament: Luxembourg.

[MO11]   Morelli, J. (2011): Environmental Sustainability: A Definition for Environmental Professionals. Journal of Environmental Sustainability. 1. 10.14448/jes.01.0002.

[UN15]   United Nations (2015): Transforming our world: the 2030 Agenda for Sustainable Development, https://sdgs.un.org/2030agenda, latest visited 05.06.2023.

[DO01]   Doane, D., & Macgillivray, A. (2001). Economic Sustainability The business of staying in business. New Economics Foundation. New Economics Foundation. Available online: https://www.researchgate.net/profile/Deborah-Doane/publication/237302235_Economic_Sustainability_The_business_of_staying_in_business/links/5440f98d0cf2a6a049a356ff/Economic-Sustainability-The-business-of-staying-in-business.pdf (accessed on 15 June 2023).

[CA12]   Cavagnaro, E. & Curiel, G. (2012): The Three Levels of Sustainability. 10.4324/9781351277969.

[BU87]   Brundtland, G.H. (1987): Our Common Future: Report of the World Commission on Environment and Development. Geneva, UN-Dokument A/42/427.

[CA13]   von Carlowitz HC (1713): Sylvicultura oeconomica. Reprint published 2000, Bergakademie, Freiberg, ISBN 3-86012-115-4.

[GPM22] GPM Global (2022): Insights into sustainable project management – A GPM Research Initiative, latest access: https://greenprojectmanagement.org/gpm-standards/insights.

[SI14]   Silvius, A.J. Gilbert & Schipper, R.P.J. (2014): Sustainability in project management: A literature review and impact analysis. Social Business. 4. 10.1362/204440814X13948909253866.

[SI22]   Silva, F. & Kirytopoulos, K. & Pinto F., et al. (2022): The three pillars of sustainability and agile project management: How do they influence each other. Corporate Social Responsibility and Environmental Management. 29. 10.1002/csr.2287.

[FI21]   Fierke, M. (2021): Leitfaden zur nachhaltigen Entwicklung im Projektmanagement, https://opus-htw-aalen.bsz-bw.de/frontdoor/deliver/index/docId/1296/file/Leitfaden_Nachhaltigkeit_im_Projektmanagement.pdf, latest access 27.06.2023.

[HA23]   Haseleu, R. (2023): Nachhaltiges Projektmanagement in Unternehmen – Nachhaltigkeit beginnt im Projekt, Projektmagazin; Artikel.

[CG14]   Carboni, J. & Gonzalez, M. (2014): The GPM P5 Standard for Sustainability in Project Management, https://www.researchgate.net/publication/282816191_The_GPM_P5_Standard_for_Sustainability_in_Project_Management, latest access 29.06.2023.

[TH20]   Theobald, S., Prenner, N., Krieg, A., Schneider, K. (2020): Agile Leadership and Agile Management on Organizational Level - A Systematic Literature Review. In: Morisio, M., Torchiano, M., Jedlitschka, A. (eds) Product-Focused Software Process Improvement. PROFES 2020. Lecture Notes in Computer Science (), vol 12562. Springer, Cham. https://doi.org/10.1007/978-3-030-64148-1_2

[KR18]   Krieg, A; Theobald, S; Küpper, S (2018): Erfolgreiche agile Projekte benötigen ein agiles Umfeld. Projektmanagement und Vorgehensmodelle 2018 - Der Einfluss der Digitalisierung auf Projektmanagementmethoden und Entwicklungsprozesse. Gesellschaft für Informatik, Bonn. PISSN: 1617-5468. ISBN: 978-3-88579-680-0. pp. 217-222. Future Track. Düsseldorf. 15.-16. Oktober 2018

[TH19]   Theobald, S., Schmitt, A., Diebold, P. (2019). Comparing Scaling Agile Frameworks Based on Underlying Practices. In: Hoda, R. (eds) Agile Processes in Software Engineering and Extreme Programming – Workshops. XP 2019. Lecture Notes in Business Information Processing, vol 364. Springer, Cham. https://doi.org/10.1007/978-3-030-30126-2_11

Modern Project Portfolio Management– Analyzing the Potential of Artificial Intelligence

Laura Pappert[1], Kristina Kusanke[2]

Abstract: Project portfolio selection has been the focus of many researchers over the past two decades. Current developments, such as the coronavirus pandemic, ongoing energy crisis, and recession, limit human resources and investment budgets so that not all targeted projects can be implemented. In this paper, we complement the existing discourse on project portfolio management (PPM) in the face of artificial intelligence (AI) by conducting a group discussion within a company operating in the aviation industry regarding the potential, obstacles, and expectations of the future role of AI-enabled tools in their work practice. In addition, we derive a concept that can be used along the PPM process to guide the basic AI technological implementation.

Keywords: Project portfolio management (PPM), artificial intelligence (AI), group discussion, aviation industry

1   Introduction

Project portfolio selection has been the focus of many researchers in the last two decades [see HS22 for a review]. Project portfolio management (PPM) involves making complex decisions about which projects to include in the portfolio, prioritizing initiatives, and allocating resources [Je2]. These decisions can be challenging, especially in complex environments where multiple factors must be considered, and PPM often requires organizations to make trade-offs between competing initiatives. Moreover, as requirements evolve over time, maintaining a portfolio that remains congruent with the organizational strategy and objectives becomes challenging, as observed by [Li13]. A pertinent illustration of this dynamic is the incorporation of sustainability dimensions into a company's overarching mission and strategic framework, as discussed in the work by Silvius and Marnewick [SM22]. In this context, the pivotal function of PPM gains prominence, serving as a linchpin for organizations seeking to effectively translate their sustainability strategies into actionable initiatives. In addition, limited resources and the capacity to select and execute information technology (IT) projects are common challenges among organizations, having an appropriate process and procedure to manage and coordinate the organizational activities for projects effectively is paramount [MS03]. While the available methods and tools have expanded in recent years, project selection still poses challenges and risks. In addition, project portfolio selection becomes even more challenging due to the complexity and uncertainty of various factors and risks, such as the rapid growth of innovative technology and the complexity of IT projects [HM20]. One possible approach to solve this problem is to leverage the emergence of artificial intelligence (AI) as a technological support for PPM. In many ways, AI is a trend whose application horizon is constantly expanding, as

[1] FernUniversität Hagen, laura.pappert@web.de
[2] FernUniversität Hagen, Lehrstuhl für Betriebswirtschaftslehre,
insb. Informationsmanagement Universitätsstraße 41, 58097 Hagen, kristina.kusanke@fernuni-hagen.de.

visualized in the Gartner hype cycle [Ga22]. Regarding PPM, AI has become an increasingly valuable tool that could help organizations optimize their project portfolios, prioritize initiatives, and allocate resources more effectively. Further, AI could also automate time-consuming tasks, provide real-time insight, and support data-driven decision-making. By integrating AI into PPM processes, organizations could increase efficiency, improve project outcomes, and drive better results [GMY16]. Scientific research presents the first feasibility checks and operationalization possibilities for the application of such technology, which serve as initial indications for elaborating on the application potential of AI in PPM [e.g., GMY16, HM20]. While the academic literature primarily deals with the support of AI concerning specific process steps and tasks in PPM [e.g., Ra15, ABN17], the process-based view, covering all steps along the PPM, selected in this paper is novel, with the addition of empirical findings from a corporate context. We chose to work with a case company from the aviation industry. Due to its distinctive and diverse project landscape and the high volatility of the industry, the company represents a suitable reference for this research goal. In addition, personnel bottlenecks and budget cuts caused by the coronavirus pandemic, ongoing energy crisis, and economic recession have forced aviation industry companies to focus on projects with the highest perceived benefit and prioritize them concerning their execution. We posit the following research question:

What is the potential application of AI in PPM?

The goal of the work is to identify technological possibilities for AI in PPM and empirically identify potentially supporting applications within the case company. In addition, we seek to create a concept that can be used along the PPM process as a guide for the basic technology implementation of AI and to elucidate the hurdles and limitations of operationalization.

2   Theoretical Background

2.1   Project Portfolio Management

The concept of PPM concerns the collaboration of multiple projects that share resources and follow strategic goals to deliver the best business value [CEG07]. It is fundamentally at a higher abstract level than program and project management. Project and program management are about executing and delivering requirements within the constraints of quality, time, and budgets, whereas PPM focuses on aligning project and program deliverables with the strategic goals of the organization to maximize business value [Li13]. Moreover, PPM considers the entire portfolio of projects in an organization to make decisions about project selection and prioritization [LRD04] and involves various activities, including the following: (1) Project identification: identifying potential IT projects that align with the organization's strategy and goals. (2) Project prioritization: prioritizing IT projects based on their strategic importance, resource requirements, and expected business value. (3) Resource allocation: allocating resources to IT projects based on their priority and the availability of resources. (4) Project monitoring and control: monitoring and controlling IT projects to ensure they are delivered on time, within budget, and with the required quality. (5) Portfolio review and optimization: regularly reviewing and optimizing the IT project portfolio to ensure it remains aligned with the organizational strategy and goals [KMS13].

Additionally, PPM enables organizations to make informed decisions about their projects, allocate resources effectively, and ensure they deliver maximum business value [Ol08]. By managing projects as a portfolio, organizations can ensure they work toward a common goal and maximize resources [CEG07]. Various methods and tools are used in PPM, such as portfolio dashboards [Ti17], project management software supporting certain processes (e.g., project planning, task management, and resource allocation), or portfolio optimization models [Bu19]. Complementarily, portfolio optimization models are mathematical models that help organizations make more informed decisions about which projects to include in their portfolio and obtain guidance on allocating resources. Using a combination of these and many more tools and methods, organizations target improving the efficiency and effectiveness of their PPM processes.

2.2   Artificial Intelligence

In the literature, there are myriad attempts to define the term AI. Commonly, AI is considered the intent to develop a system that solves complex problems on its own [Wi19]. Thus, the degree of intelligence depends on the degree of independence, complexity of the problem, and efficiency of the problem-solving process [Ma19]. One classification of AI that goes back to the 1980s is based on the degree of intelligence, differentiating between weak and strong AI. Weak AI partially imitates human agency in specific tasks, whereas strong AI strives to comprehensively replicate and optimize human consciousness (Searle, 1980). So far, applications with weak intelligence, such as speech recognition systems, have dominated, but AI with self-learning capabilities is increasingly being used to serve the field of strong AI applications in the future [KS19]. Research progress in AI is characterized by the constant development of new areas of application and the pushing of the limits of what is technologically possible [Ge19]. A study conducted by Lufthansa Industry Solutions, Microsoft, and Inform also underscored the current relevance of the topic in the corporate context. The results reveal that two-thirds of German companies already use AI solutions and machine learning. Large companies with more than 10,000 employees, in particular, report using the technology in 73% of cases [Re21]. The study found that 20% of respondents have significantly increased their spending on AI. The number of AI projects increased by 18%, indicating that AI will continue to play a critical role in business development in the long term [Re21].

2.3   Application of Artificial Intelligence in Project Portfolio Management

Ha and Madanian (2020) conducted a comprehensive literature review on the potential of AI project portfolio selection. They concluded that, so far, only a few publications on PPM exist in the context of AI; thus, only limited insight has been gained in this area (HM20). The following paragraphs provide a brief and selective overview of the existing applications. The uncertainty about the future development of a project in terms of its resource consumption and internal and external factors influencing a project is the crucial problem in assessing which projects should be initiated and which should not [ABN17]. Fuzzy logic is used to provide a system-based selection recommendation despite the uncertain character of a project portfolio [ABN17; LC20]. If a characteristic value cannot be clearly assigned to a category, fuzzy sets allow this uncertainty to be mathematically incorporated into the algorithm of the AI model [LC20]. Transferred to the application area of PPM,

fuzzy logic allows uncertainties of important influencing factors for or against project in-
itiation to be incorporated into a decision model [e.g., ABN17]. For example, Ali et al.
(2017) developed a model based on fuzzy logic to predict the expected profitability of a
project. Razi et al. (2015) developed a similar approach by calculating which projects
maximize previously defined objectives. Ghodoosi et al. (2016) designed a hybrid model
that systematically supports several areas of responsibility in PPM. The concept first forms
a prediction of project parameters at the individual project level and derives a selection of
projects based on an optimized portfolio [GMY16]. Along these process steps, data mining
algorithms are developed to create a database containing information on projects already
completed in a similar corporate environment. On this basis, a neural network is used to
determine important parameters of the projects under consideration, such as resource requirements, time expenditure, required budgets, and expected revenues. This prediction
serves as the basis for a downstream algorithm that uses the metadata of the individual
projects to determine an optimized portfolio adapted to the company's circumstances
[GMY16]. Based on a large-scale test used during the training phase, the neural network
can learn the dependencies of the success factors and situational weightings. An evaluation
of the model with real project data confirmed the functionality with 90% accuracy of the
application [CGN15]. These models demonstrated that AI in the PPM environment might
reach or experience limiting factors [KM20]. Thus far, it is assumed that technology can
only have a supportive effect and that the ultimate power of decision-making and action
still lies with a human. Moreover, it is problematic that the benefits of using AI in PPM
are difficult to quantify, making it difficult to argue for implementing an AI solution in
the organization [HM20].

3   Method

3.1   Group Discussion as a Methodology

The group discussion method was selected and applied to answer the research question.
According to Goldenstein et al. (2018), group discussion, similar to interviews and observations, is qualitative research. The main objectives are to identify the opinions and views
of individual participants in the group discussion and the overall group opinion [LK16].
Prinzen (2020) detailed the process steps of planning and conducting a group discussion
with the core factors of sampling, group composition and size, narrative stimuli, recording,
and transcription. The transcription type depends on the topic and objective of the group
discussion and the chosen evaluation method following the transcription [Pr20]. If con-
tent-related aspects are the focus, interpretative analysis methods should be chosen
[LK16]. According to Prinzen (2020), thematic content analysis methods, which systematically analyze the transcribed text concerning specific thematic aspects and categories,
allow for intersubjective analysis and interpretation [Pr20]. A particular advantage of the
group discussion method is that it provides a diverse picture of opinion, which is particularly relevant and interesting for emerging issues [Pr20]. The research question regarding
AI in PPM is novel and not based on previous experience in the case company. As a possible methodological alternative, individual interviews with PPM managers may not have
allowed for deeper reflection on the topic and may have reflected a limited and role-spe-
cific view of the issue. In contrast, group interaction allows for contrasting opinions and

multidimensional discussions through different perspectives.

3.2 Group Discussion Preparation and Analysis Criteria Determination

The group discussion aims to generate ideas and possible applications of AI in PPM and examine the feasibility of these applications. The flight operations division of the case company is considered an application example; thus, the participants in the discussion are PPM managers from this division and general internal experts for the development and use of AI applications. Specifically, the head of the flight operations department (as IT portfolio manager) and a senior project manager were involved. On the controlling side of the PPM process, an investment and project controller was invited to the discussion. The technical component of the AI deployment is handled by the chief data analytics architect (who participated in the group discussion) and the department head and senior manager of business intelligence and analytics. The senior project manager of corporate strategy/digitalization completed the panel. When selecting participants, direct hierarchical dependencies between participants were considered. Similarly, an attempt was made to maintain a balance between men and women. The number of panelists was set at six participants due to the complexity of the topic and the need for a functionally comprehensive sample [Pr20]. A few days before the discussion, a word cloud was created and sent to the participants in order to give them an overview of the topic. The cloud contains keywords from the literature review on AI in PPM and is intended to provide an overview of the range of topics. It could also be referred to during the discussion to provide new food for thought if the discussion got stuck. On the day of the discussion, the moderator (the first author of this paper) gave a short presentation to stimulate discussion and provide an overview of the topic [Pr20]. At the end of the discussion round, the participants were asked to discuss the topic of AI in PPM, classifying aspects into the How-Wow-Now matrix. According to Zec (2020), this matrix allows the evaluation of new ideas by indicating originality on the x-axis and feasibility on the y-axis. Accordingly, it is divided into the "Now" (low originality but high feasibility), "How" (high originality but low feasibility), and "Wow" (high originality and high feasibility) areas. If an idea has low feasibility and originality, it falls into the "Ciao" box and is discarded [Ze20]. The method chosen made it possible to arrive at a final assessment of the topic. The introduction round, discussion, and conclusion were audio recorded and later transcribed according to the transcription rules of Kuckartz and Rädiker [KR19]. Facial expressions and gestures were not included in the transcript. We analyzed the group discussion using thematic content analysis [PR20]. For this purpose, thematic categories are inductively derived, and the transcript is structured and analyzed based on these categories. During the coding and analysis phases conducted by the authors independently (which included several iterations), we eventually assigned all papers to these categories, as presented in the results. Critical statements about the current design and implementation of PPM were summarized under the category "Criticisms of the current PPM." We summarized all generated ideas for using the technology under "Possible uses of AI in PPM," and the associated presumed added value and changes in role understanding were noted. Concrete implementation considerations in the technical sense were defined under "Assessment of technical feasibility."

4   Results

4.1   Criticisms Regarding Current Project Portfolio Management

A recurring problem identified during the discussion is the inaccuracy of project budget forecasts for future periods, as budgets are often overestimated. Another often mentioned issue is the planning of human resources. Due to the lack of an overall view of the project landscape and the workload in the line organization, individual resources are overplanned, slowing the progress of individual projects. The statement "I only know about projects at my team, not having the chance to see parallel or contradictory projects in other departments" (discussant) refers to this missing overview and the lack of prioritizing projects in a coordinated, company-wide way. This statement was accompanied by criticism of non-transparent management decisions at the highest level to prioritize individual projects and the increased use of arguments to classify a project as mandatory to attach importance to the project plan. In addition, role conflicts and, thus, conflicts of interest within PPM are likely to prevent an independent and objective view of individual projects. For example, the project portfolio manager of a department could also be part of the steering committee of an individual project. In addition, "When I look at our project list, I also miss the description of which goal a certain project contributes to" (discussant) underscores the lack of a framework and definitions that coordinate an objective categorization to strategic and operational project goals. Despite a traffic light system for project delays and further indications from project control during the project period, the decision to stop a project is normally not taken in PPM, displaying weaknesses in the current project control mechanisms. "After finishing a project, we don't have a retrospective look at it" (discussant), which leads to the conclusion that there is no visibility into whether budgets, schedules, and other resources were met after the project was completed. In addition, individual documentation of the project progress and status makes it difficult to derive lessons learned and share experiences across project teams and departments.

4.2   Ideas on Using Artificial Intelligence in Project Portfolio Management

The introduction of an enterprise-wide PPM tool, even without the involvement of AI, is favored by all participants to initially provide an overview and uniform documentation structure for the project portfolio. Moreover, the statement "I can imagine an AI collecting all information about projects and providing it in a portfolio view, detecting deviations from the plan at an early stage, and providing indications of which projects require follow-up by the management level" (discussant) supports the idea of using AI. Similarly, the panel prefers that the tool provides a prioritization recommendation based on budget and resource requirements and strategy reference. The goal of using AI would also be to support the PPM board with a recommendation to stop a project when it is foreseeable that the budget or time required is out of proportion to the expected benefits. In addition, at the individual project level, an AI could propose budget amounts and distributions and scheduling, providing a better basis for calculation and planning. Like financial planning, resource prioritization is also considered a potential application for AI. At the portfolio level, AI should recommend which projects should be conducted first and by whom to achieve the highest possible productivity at the portfolio level: "I can imagine an AI that matches the individual qualification profiles of employees with the required project resources and recommends the best possible constellation" (discussant). The use case of a knowledge database has significant added value. An intelligent platform should display thematic overviews, including relevant contact persons, whereas the tool should display interfaces and parallels between projects to avoid possible duplication. A language-processing AI could also simplify internal project documentation, providing data for the knowledge database. In addition, cluster analysis and other AI-based analysis methods could help specify project characteristics and dependencies that are not yet tangible. Clusters could be used to assess project categorization prior to initiating with the intent to focus the attention of controlling authorities on critical clusters. Additionally, AI could further quantify the value of an apparent "mustdo" project from a retrospective analysis and provide prioritization criteria for future projects. The panelists questioned using AI with soft factors, such as strategy in project prioritization, because of the lack of an overall assessment of a department's strategic direction and hesitation about the technical feasibility of translating strategy components into mathematical expressions for AI models.

4.3 Assessment of Technical Feasibility

During the group discussion, it became clear that the most important success factor is "to create a comprehensive database to support an AI in the training phase with sufficient input data" (discussant). The circle of participants was aware that AI requires a database, but such a database did not exist at the case company, and for various reasons (documentation, resources, and technology), it would be challenging to create one. It would require collecting, processing, and providing project data, budget data, personnel availability, and specific aeronautical terms for the planned AI application models. Subsequently, a neural network could be trained based on the specification of objective mathematical functions that solve optimization problems, claiming that the model would continue to learn independently in operational use. However, AI is not a holistic solution for realizing all the mentioned applications, but it serves as an "island talent" (discussant) so that several individual models could be superimposed and combined to achieve overall functionality. From a technical viewpoint, AI is only a statistical calculation; therefore, there is always a residual risk of possible errors and misjudgments. At the end of the group discussion, all participants submitted their assessment of AI in PPM in the How-Wow-Now matrix, reinforcing the above aspects of the discussion. It is striking that the general feasibility of AI in PPM was rated as low. Only small use cases were considered feasible, such as extrapolation support or finding synergy between projects. Individual aspects, such as recording the resource situation automatically from appointment calendars, were assigned to the "Wow" category. This final picture also reflects the overall impression of the group discussion. In principle, using new technologies to support PPM at the case company is highly desirable; thus, many ideas for the potential use of AI were generated. However, the discussion is also marked by meaningful arguments highlighting how the ideas can be implemented. The interplay of both focuses, the euphoric development of ideas and inclusion of realistic concerns, results in a balanced discussion. Therefore, the group discussion results represent valid added value for the research aspect of this paper and contribute to the presented integrative concept for AI use in PPM.

5   Design Implications of Artificial Intelligence in Project Portfolio Management

5.1   Potential Use of Artificial Intelligence in the Planning Phase

The empirical results reveal that, in the project inventory phase, a knowledge platform can be used to check all recorded ideas and project plans for duplication and, if necessary, to link past projects with new ones. In the project definition and implementation phase, it is advantageous to consider previous findings and already accumulated knowledge or relevant contacts for a topic. In the portfolio, the uniqueness of the addressed solution can be ensured, and the empirically determined criticism of numerous parallel projects and initiatives can be avoided. The knowledge platform is helpful in the inventory phase and should be enriched with data and built from the inventory phase of PPM using an unsupervised learning approach. On a technical level, this requires the creation of a database of all implemented projects using data mining algorithms. This database provides input data for individual AI solutions, and the respective results of the solutions are the input variables of the database. The integrity of the concept is based on the fluid transitions between project management planning and PPM. In a deeper examination of the issues, it becomes clear that the structural levels of project management and PPM, based on the model by Ligetvári [Li13], cannot be separated clearly in the concept due to the interdependencies of the levels for the operational use of AI solutions. Many applications that add value to PPM must be applied first at the individual project level and then at the aggregated PPM level (e.g., cost forecasting solutions). Therefore, the presented concept includes predictive analytics in terms of time and cost forecasts, resource requirements, and individual project profitability, aggregating all metrics at the portfolio level according to the prioritization and composition of the portfolio. Thus, a successfully trained AI solution creates valid planning variables and provides projections and portfolio plans with high stability and accuracy. Once again, a database considering numerous projects makes technical implementation possible. The core aspect of the concept addresses the main task of PPM: the selection and prioritization of suitable projects for a project portfolio. Thus, approaches [e.g., Ye10] enabling a recommendation on the best possible portfolio through fuzzy logic while maximizing a defined objective function are helpful and supportive for the portfolio manager. Furthermore, AI-based forecasted key project metrics are optimized regarding successful previous prioritizations, leading to increased efficiency in project processing and higher prospects of success at the corporate level. The core aspect of the concept addresses the main task of PPM, the selection and prioritization of suitable projects for a project portfolio. Technically, AI for project selection and prioritization can use input data from project scoring based on predictive analytics and strategic metrics established by PPM stakeholders. The latter aspect (i.e., the inclusion of a project's strategic relevance) continues to be provided by a human assessment, as the support of AI at this point is empirically considered questionable and infeasible. The analysis of dependencies and synergies between projects, which is also necessary for prioritizing projects at the portfolio level, can be achieved by the knowledge database described above and technologically supported by language-processing algorithms. Another database on available resources (budget and human resources) facilitates prioritizing projects with optimized resources. However, in practice, the software-based optimization of human resources is affected by various regulations (data protection, employee monitoring, and involvement of the works council), leading to complex implementation policies. Nevertheless, deployment optimization is a critical success factor for efficiently realizing a project portfolio; thus, compromises should be sought in the corporate context.

5.2   Potential Use of Artificial Intelligence in the Control Phase

The control phase of PPM can be supported by diagnostic analytics. By processing project data according to key performance indicator systems, applications in this context can provide initial indications of when steering intervention by the portfolio management board is required. In addition, the existence of a common project database allows for the analysis of large datasets so that patterns and interrelationships of projects can be identified retrospectively and employed as contextual knowledge for project prioritization. Empirical observations reveal that quantifying the value of a "mustdo" project is a major problem, especially in the corporate context; therefore, this project category is usually not included in the current prioritization matrices. However, with the help of the provided concept analysis, an attempt can be made to derive a value for must-do projects historically, serving as a starting point for subsequent project prioritization. In addition, cluster analyses following the approach by Razi et al. [Ra15] can be used in control and project review to classify projects. According to the empirical analysis, added value can be achieved if the classification of a new project into a certain project cluster enables risk classification and appropriate risk management from the beginning of the project. Another empirically identified problem is the lack of a baseline and the corresponding conviction to stop a project due to unsatisfactory implementation and a high risk of missing the target. Moreover, AI-based solutions in scenario analyses are suitable for this purpose, as they are based on previous project histories and consider current project data, calculating the respective project success. Depending on the characteristics, a recommendation is made regarding whether a project should be continued (positive project success) or terminated (negative project success). This recommendation has the added value of providing an early warning of negative trends in the project. This AI-based support can ultimately reduce increased monetary and human resource consumption.

5.3   Recommended Action for Operationalization

Several preparatory measures can be derived to realize the presented concept of using AI in PPM at the case company. First, the requirements or implementation ideas developed for AI must fit into the portfolio work of other business units, considering expertise beyond the group discussion participants. The individual solutions and idea of an integrated PPM tool should be developed and designed jointly across business units because portfolios must interact in the future (e.g., for the use of available personnel in the prioritization process). The organization must develop a step-by-step model for building and deploying each AI solution to generate early value. Some solutions, such as cluster analysis or diagnostic analysis in reporting, can be implemented earlier and with less effort than the AI application for project prioritization. Furthermore, as a prelude to initiating any AI application in PPM, a database must contain project-related data. For this purpose, the developers of AI applications should be consulted to discuss the target size definitions of individual AI solutions and the corresponding feature importance to derive the necessary data categories and construct a master data table on projects. All ongoing projects should align the project progress documentation with the developed schema and collect key information to be included in the database. Historically well-documented projects should also be included in the database. In addition, input variables, such as economic forecasts, corporate sales, and specific budget plans, should be incorporated into the data model to provide valid predictive results based on the surrounding factors. In principle, the rapid development of databases is essential to ensure the timely and efficient implementation of the concept in the corporate context.

6   Limitations and Further Research

Especially in the aviation industry, but also in other industries, projects and market environements are volatile and unpredictable, as mentioned in the group discussion; therefore, AI use in this environment seems contradictory. Practical tests should be conducted in a corporate context to attain insight into the practical feasibility of the concept. The use of explainable AI and involvement of relevant users in the development phase of the AI are favored to address the concerns mentioned by the group discussants. Comprehensive communication and training concepts for implementing AI should be considered in this context and be addressed in future research endeavors. Furthermore, the concerns regarding the human factor indicate that AI should be used as a decision support tool and not as a replacement for the project portfolio manager, as AI is used to provide supporting recommendations (e.g., for an optimized portfolio). However, this leads to a changed understanding of the roles in PPM. At this point, it might be useful to investigate further the effects of the presented model on the tasks and responsibilities of PPM stakeholders and the amount of reduced workload. Last, the methodological limitations of this research should be considered, as only one case company is referenced. Further investigations could widen the company-based view into an industry insight.

References

[ABN17]   Ali, R., Mounir, G., Balas, V., Nissen, M. (2017), 'Fuzzy Evaluation Method for Project Profitability' in N. Shakhovska (ed.), 'Advances in Intelligent Systems and Computing', Springer, pp. 17-28.

[Bu19]   Bues, J. (2019), 'IT-Unterstützung im Projektportfolio-Management.' in M. Hirzel, W. Alter, C. Niklas (eds.), 'Projektportfoliomanagement' (4th edition), Springer Gabler, pp. 153-168.

[CEG07]   Cooper, R. G., Edgett, S. J., & Kleinschmidt, E. J. (1997). Portfolio management in new product development: Lessons from the leaders—II. Research-Technology Management, 40(6), 43-52.

[CGN15]   Costantino, F., Di Gravio, G., Nonino, F. (2015), 'Project selection in project portfolio management: An artificial neural network model based on critical success factors.', International Journal of Project Management 33(8), 1744-1754.

[Ga22]   Gartner (2022), 5 Impactful Technologies from the Gartner Emerging Technologies and Trends Impact Radar for 2022, https://www.gartner.com/en/articles/5-impactful-technologies-from-   the-gartner-emerging-technologies-and-trends-impact-radar-for-2022 Accessed: 21.05.2022.

[Ge19]   Gentsch, P. (2019), Künstliche Intelligenz für Sales, Marketing und Service (2nd edition). Springer Gabler.

[GMY16]   Ghodoosi, M., Maftahi, R., Yousefi, V. (2016), 'Proposing a hybrid approach to predict, schedule and select the most robust project portfolio under uncertainty', European Online Journal of Natural and Social Sciences 5(4), 1099-1110.

[GHW18]   Goldenstein, J., Hunoldt, M., Walgenbach, P. (2018), Wissenschaftliche(s) Arbeiten in den Wirtschaftswissenschaften. Springer Gabler.

[HM20]   Ha, H., Madanian, S. (2020, December 12th), 'The Potential of Artificial Intelligence in IT Project Portfolio Selection.' International Research Workshop on IT Project Management 2020.

[HS22]   Hansen, L. K., & Svejvig, P. (2022). Seven decades of project portfolio management research (1950–2019) and perspectives for the future. Project Management Journal, 53(3), 277-294.

[Je21]   Jenny, B. (2021), Projektmanagement – das Wissen für eine erfolgreiche Karriere (8th edition). vdf Hochschulverlag.

[KMS13]   Kesten, R., Müller, A., Schröder, H. (2013), IT-Controlling – IT-Strategie, Multiprojektmanagement, Projektcontrolling und Performancekontrolle (2nd edition). Vahlen.

[KS19]   Kreutzer, R., Sirrenberg, M. (2019), Künstliche Intelligenz verstehen. Springer Gabler.

[KR19]   Kuckartz, U., Rädiker, S. (2019), 'Datenaufbereitung und Datenbereinigung in der qualitativen Sozialforschung' in N. Baur, J. Blasius (eds.), 'Handbuch Methoden der empirischen Sozialforschung' (2nd edition), Springer VS, pp. 441-456.

[La05]   Lamnek, S. (2005), Gruppendiskussion – Theorie und Praxis (2nd edition). Beltz.

[LK16]   Lamnek, S., Krell, C. (2016), Qualitative Sozialforschung (6th edition). Beltz.

[Li13]   Ligetvári, È. (2013), 'Project Portfolio Management: A Pilot Survey on the Importance of Project Building Stones in Corporate Life', Club of Economics in Miskolc TMP 9(1), 57-62.

[LC20]   Lämmel, U., Cleve, J. (2020), Künstliche Intelligenz: Wissensverarbeitung – Neuronale Netze (5th edition). Hanser.

[LRD04]   Lycett, M., Rassau, A., & Danson, J. (2004). Programme management: a critical review. International journal of project management, 22(4), 289-299.

[Ma19]   Mainzer, K. (2019), Künstliche Intelligenz – Wann übernehmen die Maschinen. Springer.

[MS03]   McDonough, E.F. & Spital F.C. (2003), 'Managing Project Portfolios', Research Technology Management 46(3), 40-46.

[Ol08]   Oltmann, J. (2008). Project portfolio management: how to do the right projects at the right time. In PMI® Global Congress.

[Pr20]   Prinzen, K. (2020), 'Gruppendiskussionen und Fokusgruppeninterviews' in C. Wagemann, A. Goerres, M. Siewert (eds.), 'Handbuch Methoden der Politikwissenschaft', Springer VS, pp. 305-324.

[Ra15]   Razi, F., Eshlaghy, A., Nazemi, J., Alborzi, M. (2015), 'A hybrid grey-based fuzzy C-means and multiple objective genetic algorithms for project portfolio selection', Int. J. Industrial and Systems Engineering 21(2), 154-179.

[Re21]   Reder, B. (2021), Machine Learning 2021. IDG Research Services (ed.).

[Se80]   Searle, J. (1980), 'Minds, brains, and programs', Behavioral and Brain Sciences 3(3), 417-424.

[SM22]   Silvius, G., & Marnewick, C. (2022). Interlinking sustainability in organizational strategy, project portfolio management and project management a conceptual framework. Procedia Computer Science, 196, 938-947.

[Ti17]   Tiemeyer, E. (2017), 'IT-Projektmanagement' in Tiemeyer, E. (ed.), 'Handbuch IT-Management' (6th edition), Hanser, pp. 331-429.

[WI09]   Wittpahl, V. (2019), Künstliche Intelligenz – Technologie, Anwendung, Gesellschaft. Springer Vieweg.

[Ye10]   Yeh, C., Deng, H., Wibowo, S., Xu, Y. (2010), 'Fuzzy Multicriteria Decision Support for Information Systems Project Selection', International Journal of Fuzzy Systems 12(2), 170-179.

[Ze20]   Zec, M. (2020), Kreativitätstechniken: How-Wow-Now-Matrix, https://xn--kreativitts-techniken-jzb.info/ideen-bewerten-und-auswaehlen/ideen-bewerten-die-how-wow-now-matrix/ Accessed: 08.07.2022.

Reifegrad Nachhaltigkeit – Literatur Review vorhandener Modelle und Transfer auf IT-Projekte

Luca Randecker[1], Martin Engstler[2] und Viktoria Heinzel[3]

Abstract: Die Triangulation aus ökologischer, sozialer und ökonomischer Nachhaltigkeit, auch das Drei-Säulen-Modell genannt, beschreibt nicht-marktliche Faktoren, die Manager in Zeiten eines möglichen Post-Wachstums abseits kurzfristiger Gewinne in ihre Entscheidungsprozesse und Unternehmensbewertung einbeziehen. Anwendung findet das Konzept oftmals in der Sustainability Balanced Scorecard, um diese durch nachhaltige Dimensionen zu ergänzen. Mit ESG-Frameworks, wie dem SICT-Reifegradmodell und den GRI Standards sowie der Agenda 2030 und den 17 SDGs, wurden in den vergangenen Jahren Leitlinien zur Messung und Weiterentwicklung der Nachhaltigkeit in Unternehmen geschaffen. Dieses Paper gibt einen exemplarischen Überblick über die Bestandteile der unterschiedlichen Rahmenwerke sowie Aspekte und Ergänzungen zur erfolgreichen Übertragung auf IT-Projekte.

Keywords: Drei-Säulen-Modell, ESG Framework, SDG, Nachhaltigkeit, Unternehmen, Strategie, IT-Projekte, Projektmanagement, Agenda 2030, CSRD

Abstract: The triangulation of ecological, social and economic sustainability, also known as the three-bottom-line concept, describes non-market factors that managers include in their decision-making processes and company evaluation in times of possible post-growth, away from short-term profits. The concept is often used in the Sustainability Balanced Scorecard to supplement it with sustainable dimensions. In the recent years ESG frameworks such as the SICT-CMF, the GRI standards , the 2030 Agenda and the 17 SDGs guidelines for measuring and further developing sustainability in companies have been created. This paper provides an exemplary overview of the components of the different frameworks and identifies aspects and supplements for a successful transfer to IT projects.

Keywords: Three-Bottom-Line-Concept; ESG-Framework; SDG, Sustainability; Company, Strategy; IT-Projects; Projectmanagement; Agenda 2030; CSRD

1   Einleitung

Den Nachhaltigkeitsreifegrad eines Unternehmens zu bestimmen, ist der erste Schritt in Richtung nachhaltiger Entwicklung. Mit der in Kraft getretenen Corporate Sustainability Reporting Directive bekräftigt die Europäische Union, dass eine ausschließlich finanzielle Unternehmensbetrachtung nicht mehr ausreicht, um dessen Erfolg zu bewerten. Die Pflicht zur Nachhaltigkeitsberichterstattung weitet sich durch die EU-Richtlinie enorm aus. Als künftiger Bestandteil des Lageberichts sollen ökologische sowie gesellschaftliche Ziele die Berichterstattung ergänzen und dieselbe Relevanz wie monetäre Aspekte erfahren [Bu23a]. Um die Zielerreichung dieser nicht-Markt-Perspektiven zu gewährleisten,

---

[1] Hochschule der Medien, Nobelstr. 10, 70569 Stuttgart, randecker@hdm-stuttgart.de
[2] Hochschule der Medien, Nobelstr. 10, 70569 Stuttgart, engstler@hdm-stuttgart.de
[3] Hochschule der Medien, Nobelstr. 10, 70569 Stuttgart, heinzel@hdm-stuttgart.de

sind neue Ansätze im Projektmanagement notwendig. Einerseits besitzt vermehrter IT-Einsatz das Potential, Prozesse unternehmensweit schneller, langlebiger und ressourcenschonender zu gestalten. Andererseits ist der Einsatz von IT ressourcenintensiv, sodass die Überwachung der Prozesse hinsichtlich nachhaltiger Entwicklung an dieser Stelle besonders relevant erscheint. Ein gemeinsames Verständnis nachhaltiger Entwicklung und maßgeblicher Frameworks mit Rahmenbedingungen, Vorgehensmodellen und Metriken zu Erreichung der Nachhaltigkeitsziele erscheint erforderlich. Der Transfer auf IT-Projekte ist ein notwendiger Schritt, um die neuen strategischen Ziele in die Praxis umzusetzen.

2   Definitionen

2.1   Nachhaltige Entwicklung

Definition der Vereinten Nationen (1987):

> „Die Menschheit hat die Möglichkeit, die Entwicklung nachhaltig zu gestalten, um sicherzustellen, dass sie die Bedürfnisse der Gegenwart erfüllt, ohne die Fähigkeit künftiger Generationen zu gefährden, ihre eigenen Bedürfnisse zu befriedigen." [UN87; Kr23]

Nach der Definition ist nachhaltige Entwicklung gegeben, sobald die Erfüllung der Bedürfnisse der aktuellen Generation nicht die Möglichkeit zukünftiger Generationen, ebenjene Bedürfnisse zu erfüllen, einschränkt. Für Unternehmen gilt es im ersten Schritt zu ermitteln, wie sich die Geschäftsbereiche auf die Umwelt und Gesellschaft auswirken und welche Einflüsse das unternehmerische Handeln auf die Bedürfnisse zukünftiger Generationen hat.

2.2   Geschäftsmodell für Nachhaltigkeit

Definition nach Schaltegger, Hansen & Lüdeke-Freund (2016):

> „Ein Geschäftsmodell für Nachhaltigkeit hilft bei der Beschreibung, Analyse, Verwaltung und Kommunikation (i) des nachhaltigen Wertversprechens eines Unternehmens an seine Kunden und alle anderen Stakeholder, (ii) wie es diesen Wert erzeugt und liefert, (iii) und wie es wirtschaftlichen Wert erfasst und gleichzeitig natürliches, soziales und wirtschaftliches Kapital über seine Organisationsgrenzen hinaus erhält und regeneriert." [SHL16]

Kern der Definition ist das Vorhandensein eines Geschäftsmodells, das durch Vorgaben in der Berichtspflicht die Erfüllung eines nachhaltigen Werteversprechen erleichtert. Das Bedürfnis nach nachhaltigen Geschäftsmodellen entstand durch gestiegenen Druck von außen (öffentliche Exponiertheit) sowie verstärkte rechtliche Vorgaben [Kr23]. Dyllick (1989) definiert *öffentliche Exponiertheit* als „Auseinandersetzung von Unternehmen mit Ansprüchen, die in keinem direkten Zusammenhang mit dem ursprünglichen Geschäftszweck stehen" [Dy89]. Cyert und March entwickelten die Koalitionstheorie aufbauend auf Banards sozialen Systemen, aus der schließlich der Stakeholder-Ansatz hervorgeht

[CM92; Si20]. Nachhaltige Geschäftsmodelle können als Weiterentwicklung dieser Theorien gesehen werden, um Stakeholder und weitere beeinflusste Elemente, wie die Gesellschaft und Umwelt, umfänglich in den Unternehmenswert einzupreisen.

3 Reifegradmodelle Nachhaltigkeit

3.1 Einleitung

In diesem Kapitel werden ausgewählte Modelle zur Bestimmung des Nachhaltigkeitsgrades in Unternehmen dargestellt. Sämtliche Modelle setzen sich zum Ziel, ökologische und gesellschaftliche Aspekte in strategische Managementsysteme zu integrieren.

3.2 Drei-Säulen-Modell nachhaltiger Entwicklung

Das Drei-Säulen-Modell nachhaltiger Entwicklung (Triple-Bottom-Line-Concept, Elkington 1997) erweitert die ökonomische Sichtweise auf Unternehmen um die Aspekte Gesellschaft und Ökologie. Dabei fußt die Gesellschaft auf der Ökonomie, die wiederum auf der Ökologie und dessen Gesundheitszustand basiert. [El97; Al15]. Die ökonomische Säule repräsentiert das wirtschaftliche Handeln und dessen Interessen, wie Profitgenerierung, Erschaffung ökonomischer Werte und langfristige Finanzstabilität [El97]. Die Ökologische-Säule umfasst den gesamtheitlichen Zustand des Planeten, sowie die Identifikation überlebenswichtiger, nachwachsender und erneuerbarer Bestandteile zu identifizieren [El97; Fu95; Se98]. Die soziale Säule repräsentiert die Gesellschaft und beispielsweise dessen Arbeitsbedingungen sowie Gleichberechtigung [ebd.].

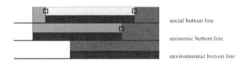

Abb. 1: Triple-Bottom-Line mit Reibungszonen nach Elkington (1997) [El97]

Die Gesellschaft, Ökonomie und Umwelt können als aufeinanderliegende Scheiben gesehen werden, die sich unabhängig voneinander bewegen. Die einzelnen Scheiben besitzen stets unterschiedliche Reibungszonen, die Erschütterungen in anderen Teilen verursachen können. So vergessen Einzelpersonen oftmals ihre Abhängigkeit von Vermögen(-sbildung) und nur die wenigsten ziehen ihre Einflüsse auf die Umwelt in Betracht [El97].

3.3 ESG Frameworks

ESG steht für die Handlungsbereiche Environment, Social und Governance, abgeleitet vom Drei-Säulen-Modell [Kr23]. Das folgende Kapitel stellt die GRI Standards und die Principles of Responsible Investment als vorbereitende Grundlage der im Jahr 2023 in Kraft getretenen Corporate Sustainability Reporting Directive vor. Es folgt ein Überblick über die Reifegradmodelle SICT-CMF und der Sustainability Balanced Scorecard, sowie die Agenda 2030 und deren 17 Sustainability Development Goals (SDGs).

GRI Standards

Die GRI Standards stellen Erwartungen an ein verantwortungsvolles Geschäftsgebaren dar und beruhen auf den Leitsätzen für multinationale Unternehmen der Organisation für wirtschaftliche Zusammenarbeit und Entwicklung (OECD) und den Leitprinzipien der Vereinten Nationen (UN) zu Wirtschaft und Menschenrechten [Gl23]. Neben universellen Standards der Berichterstattung, wie Angaben zur Unternehmensgröße und Wertschöpfungskette, gehören auch branchen- und themenspezifische Komponenten zu den GRI Standards. Die GRI veröffentlichte bereits themenspezifische Rahmenwerke für den Öl- und Gassektor, die Kohlebranche, Landwirtschaft, Aquakultur und Fischerei, sowie Standards zu Materialien, Biodiversität, Emissionen, Diversität und Chancengleichheit sowie Kinderarbeit.

Principles of Responsible Investment

Die PRIs stellen ein Reporting Framework zur Verfügung, das 146 Indikatoren für Vermögenseigentümer und 257 Indikatoren für Investoren beinhaltet. Die Indikatoren werden zwei Arten zugeordnet: Core-Indikatoren sind unter anderem obligatorisch, bewertet und publik, Plus-Indikatoren sind freiwillig, wertneutral und können als vertraulich eingestuft werden. Die erfassten Indikatoren richten sich nach der individuellen Situation der einzelnen Unterzeichner [Pr23; Ch23; UN23a].

Corporate Sustainability Reporting Directive

Die im Jahr 2023 in Kraft getretene EU-Richtlinie weitet die seit 2014 geltende Non-Financial Reporting Directive (NFRD) aus und empfiehlt die Anwendung von Standards der GRI, dem deutschen Nachhaltigkeitskodex oder dem UN Global Compact [Bu23b]. Abbildung 2 zeigt einen Überblick möglicher ESG-Kriterien nach Kreutzer (2023):

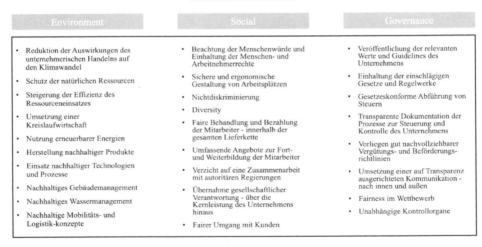

Abb. 2: ESG-Kriterien nach Kreutzer (2023) [Kr23]

SICT-Reifegradmodell

Das SICT-Reifegradmodell fokussiert sich auf vier Schlüsselstrategien: 1. Ausrichtung der IT-Nachhaltigkeitsstrategie an den zentralen Nachhaltigkeitszielen des Unternehmens; 2. Anpassung der IT- und Geschäftsprozesse zur Stärkung nachhaltiger Prinzipien und Praktiken bei alltäglichen Handlungen und Entscheidungen; 3. Förderung einer nachhaltigen Kultur mit kreativer Beteiligung und Innovation aller Mitarbeiter; 4. Einführung einheitlicher Richtlinien zur Unterstützung der nachhaltigen IT-Strategie, um aktuelle und zukünftige Nachhaltigkeitsziele zu erreichen [Cu12]. Zur Identifikation und Entwicklung der Potentiale nachhaltiger ICT im Unternehmen wurden fünf Reifegrade definiert: Initial; Grundlegend; Intermediär; Fortgeschritten; Optimierend [CD12]. Schlüsselfaktoren, um den Reifegrad der Unternehmen zu verbessern sind [ebd.]:

- Formalisierung und Erweiterung der Audits, Benchmarks, Metriken und Scorecards
- Nutzung und Weiterentwicklung des SICT-Fachwissens im Unternehmen
- Standardisierung von SICT-Prinzipien über gesamten Produktlebenszyklus hinweg
- Systematische Zusammenarbeit mit nachhaltigen ICT Unternehmen
- Entwicklung einer langfristigen Strategie für nachhaltige ICT
- Formalisierung für ein gemeinsames Verständnis nachhaltiger ICT

Sustainability Balanced Scorecard

Die Sustainability Balanced Scorecard ist eine Balanced Scorecard (BSC), die um soziale und ökologische Aspekte erweitert wurde [KN97; HW01]. Die klassische BSC besteht aus den Perspektiven Finanzen, Kunden, interne Prozesse sowie Lernen und Entwicklung. Die individuelle Anpassbarkeit an Unternehmensspezifika und die Abbildung von Kausalbeziehungen über die einzelnen Perspektiven hinweg sind ein Merkmal, um die nachhaltigen Ziele vollständig in die Unternehmensstrategie zu integrieren [HW01]. Es gibt drei Stufen strategischer Relevanz:

- Wirtschaftliche Kernelemente, unmittelbare Ausprägung monetärer Faktoren
- Leistungtreiber zur Erreichung ökologischer und gesellschaftlicher Ziele
- Hygienefaktor, kein Wettbewerbsvorteil oder strategische Relevanz

Folglich werden alle ökologischen und gesellschaftlichen Aspekte auf die Finanzperspektive ausgerichtet, um den nachhaltigen Unternehmenserfolg sicherzustellen [ebd.].

Agenda 2030 & 17 SDGs

Die Kernbotschaften der Agenda 2030 (5Ps) lauten: Die Würde des Menschen im Mittelpunkt (People); Den Planeten schützen (Planet); Wohlstand für alle fördern (Prosperity); Frieden fördern (Peace); Globale Partnerschaften aufbauen (Partnership) [BM23]. Die 17 Ziele des Population Fundes der Vereinten Nationen umfassen die Themengebiete Wohlbefinden (Abschaffung von Armut & Hungersnöten; Gesundheit; sauberes Wasser & Sanitär), Gleichberechtigung (in Bildung; der Geschlechter; der Länder; Frieden), Ökologie (Erhaltung natürlicher Ressourcen; Klimaschutz) und Entwicklung (Arbeitsbedingungen & Wirtschaftswachstum; Bildung; Innovation & Infrastruktur; saubere Energie; nachhaltige Städte, Partnerschaften) [BM23; Ky22; UN23b; UN23c].

Weitere Frameworks: SURF Green ICT Maturity Model [HHL19]; G-readiness Framework [MCP11]; Gartner Green and Sustainable IT-Infrastructure and Operations Maturity Model [Ga13b]; IT-CMF [DH10]. **Weitere Standards:** Deutscher Nachhaltigkeitskodex [Bu23b]; UN Global Compact [Bu23b]; Corporate Net-Zero standard [Bu23b]; ISO-Strategie 2030 [He23].

4   Transfer auf IT-Projekte

4.1   Einleitung

Dieses Kapitel beschäftigt sich mit dem Transfer des nachhaltigen Reifegrads auf IT-Projekte in der Praxis. Zu Beginn wird die Entwicklung einer nachhaltigen IT-Balanced Scorecard vorgestellt, um den aktuellen Reifegrad der Unternehmens-IT zu bestimmen. Es folgt die beispielhafte Darstellung einer ausgearbeiteten IT-BSC. Anschließend werden nachhaltiges Projektmanagement im Allgemeinen und Aspekte für nachhaltige IT-Projekte im Speziellen auf Basis der ausgewählten Frameworks dargestellt. Das Kapitel schließt mit der kritischen Betrachtung eines nachhaltigen Projekterfolgs.

4.2   Entwicklung einer nachhaltigen IT-Balanced Scorecard

Um den aktuellen Reifegrad der IT hinsichtlich Nachhaltigkeit zu bestimmen, veranschaulicht Abbildung 4 das Vorgehen zur Entwicklung einer nachhaltigen IT-Balanced Scorecard. Als Basis dienen die Vision und Mission des Unternehmens sowie dessen IT-Strategie. Die Entwicklung beginnt bei der Ermittlung der ökologischen und gesellschaftlichen Exponiertheit [ZE08]. Konkrete Aspekte nachhaltiger IT-Projekte finden sich im folgenden Kapitel. Nach Bestimmung der Exponiertheit, kann die strategische Relevanz abgeleitet werden. Das Vorgehen verläuft analog zur klassischen BSC als systematische

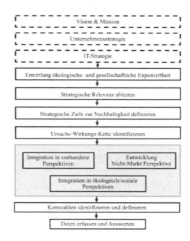

Abb. 3: Vorgehen zur Entwicklung einer Sustainability-IT-BSC nach Zarnekow & Erek (2008) [ZE08]

Prüfung der Relevanz in den einzelnen Perspektiven mit Hilfe eines Top-down-Vorgehens. Es folgt die Ableitung der strategischen Ziele zur Operationalisierung der festgelegten Umwelt- und Sozialaspekte. In Form einer Strategy Map werden anschließend die kausalen Zusammenhänge dargestellt. Zuletzt werden geeignete Kennzahlen definiert, um die Zielerreichung sicherzustellen. Die ständige Erfassung und Auswertung der Kennzahlen zeigt schließlich die aktuelle Nachhaltigkeitsleistung auf [ebd.].

Mit Hilfe der festgelegten Kennzahlen, lässt sich prognostizieren, welchen Einfluss ein IT-Projekt auf die Nachhaltigkeitsleistung des Unternehmens haben wird. Ist beispielsweise die Digitalisierung einer Geschäftseinheit geplant, kann der Wegfall von Papier als Ressource, die Entlastung von Mitarbeitern durch Automatisierung aber auch der Energieverbrauch und CO_2-Ausstoß durch neue Rechenzentren bei der Nachhaltigkeitsleistung berücksichtigt werden. Es gilt daher möglichst realistisch, transparent und umfänglich zu definieren, welchen Einfluss das geplante IT-Projekt und seine Komponenten auf die Nachhaltigkeitsleistung haben wird.

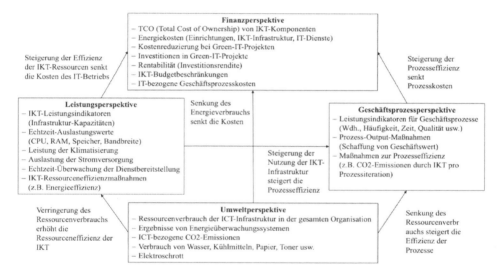

Abb. 4: Nachhaltige BSC für das Green IT Cockpit nach Loeser, Grimm, Erek & Zarnekow (2012) [Lo12]

Abbildung 4 zeigt eine beispielhafte IT-BSC in Anlehnung an Loeser, Grimm, Erek & Zarnekow mit Fokus auf Umweltaspekte im Rahmen des Green IT Cockpit Projektes [Lo12]. Die Abkürzung IKT in der Abbildung steht für Informations- und Kommunikations-Technologie. Die nachhaltige BSC bezieht sich in diesem Beispiel auf die Umweltaspekte von IKT. Soziale Aspekte wie Arbeitsbedingungen bei der Herstellung einzelner Komponenten werden in dieser Scorecard nicht berücksichtigt. Dieser Umstand zeigt die hohe Komplexität der Entwicklung einer umfänglichen IT-BSC und macht deutlich, dass die gewählten Dimensionen und Aspekte der Scorecard abhängig von Unternehmensspezifika sind. IT-Projekte können jedoch von einer nachhaltigen IT-BSC profitieren, indem das geplante Vorhaben hinsichtlich der gewählten Dimensionen und Aspekte überprüft wird. Die Balanced Scorecard kann ebenfalls als Grundlage dienen, um konkurrierende Projekte sinnstiftend zu priorisieren [HH06].

4.3   Nachhaltiges IT-Projektmanagement

IT-Projekte können einen signifikanten Teil zur Nachhaltigkeitsleistung eines Unternehmens beitragen. Besonders durch Automatisierung, Informationsmanagement und Transformation von Prozessen mit Hilfe von Informationstechnologie kann die Nachhaltigkeitsleistung eines Unternehmens verbessert werden [CBW08]. Ein Projekt, vor dessen Umsetzung nahezu alle Unternehmen Anfang 2020 standen, belegt eindrücklich, dass Technologien wie Videokonferenzen anstelle von Geschäftsreisen den Ausstoß von CO_2 in die Atmosphäre drastisch reduzieren können. Der Break-Even-Point wird bereits ab einer 12-Kilometer-Anreise von zwei Personen im ÖPNV gegenüber einer vierstündigen Videokonferenz erreicht [CS21]. Es liegt daher nahe, dass IT-Projekte, die emissionsstarke Tätigkeiten wie Reisen ersetzen, besonders relevant für die positive Entwicklung der Nachhaltigkeitsleistung sind. Auch vornehmlich analoge Prozesse können durch Unterstützung von IKT den Ausstoß von CO_2 verringern oder die Arbeitsbedingungen verbessern. Jarosch nennt dafür Beispiele wie Precision Farming (Bedarfsgerechter Pflanzenschutzeinsatz), Zentralisierung von Dienstleistungen in Behörden oder intelligente Verkehrsleitsysteme, um Staus zu vermeiden [Ja20].

Fünf Schlüsselelemente nachhaltigen Projektmanagements sind Unternehmenspolitik und -praktiken; Ressourcenmanagement; Lebenszyklusoptimierung; Stakeholder-Engagement und organisationales Lernen [Ar19]. Die folgenden ökologischen und soziologischen Aspekte erscheinen für die erfolgreiche Durchführung eines nachhaltigen IT-Projektes relevant: Innerhalb des Projektmanagements kommt die Integration von Nachhaltigkeitszielen (bspw. 17SDGs) in Form eines Projekt-Kernziels in Betracht. Weiter können gezielte Rollenbeschreibungen Verantwortlichkeiten für nachhaltige Aspekte im Projekt definieren. Agile Projektansätze bieten dazu optimale Rahmenbedingungen, auch um anpassungsfähig zu bleiben. Ebenso beachtenswert ist nachhaltige Kommunikation und ein effizientes Informationsmanagement, beispielsweise in Form von Zentralisierung oder der Vermeidung von Druckpapier. Gleichberechtigung im Team, Diversität, eine nachhaltige Arbeitsplatzgestaltung, Remote Work und die Einbeziehung des Stakeholder-Ansatzes sind ebenso relevante Aspekte. Im Bereich der Beschaffung und Umsetzung kann die Analyse der Lieferkette neue Möglichkeiten zur nachhaltigeren Beschaffung aufzeigen. Lebenszykluskosten, Umweltzertifikate, Abfallmanagement, Kreislaufwirtschaft und faire Arbeitsbedingungen tragen zur Steigerung der Nachhaltigkeitsleistung bei. Im Speziellen bei IT-Projekten stellen Rechenzentren und deren Betrieb besondere Faktoren dar. Virtualisierung, Konsolidierung, Abschaltung, Energieverbrauch, Klimatisierung, Nutzung der Abwärme, Stromversorgung, Dimensionsoptimierung sind nur einige der in der Literatur genannten Aspekte, um Rechenzentren nachhaltiger zu gestalten. Primärprozesse wie ständige Fortbildung, Forschung und Verwertung der Erkenntnisse tragen ebenfalls zur Nachhaltigkeitsleistung bei [BM23; CD12; El97; Ga13a; He23; HW01; Kr23; Ky22; UN21]. Die erwähnten Aspekte sind nicht umfänglich. Aufgrund unterschiedlicher Geschäftsausrichtungen, Verschiebungen der gegenseitigen Einflussnahme der drei Säulen Ökologie, Gesellschaft und Ökonomie, sowie neuer wissenschaftlicher Erkenntnisse gilt es, die nachhaltigen Aspekte im Einzelfall zu erweitern und an die individuelle Situation anzupassen.

4.4   Projekterfolg

Die Messung des Projekterfolgs durch Umfang, Zeit und Budget erscheint für die erfolgreiche Integration von Nachhaltigkeit nicht ausreichend zu sein [Mo22]. Die Beziehung zwischen unternehmerischem Erfolg und nachhaltiger Entwicklung wird durch die Erschaffung neuer unternehmerischer Werte und langfristiger Vorteile, zum Teil über das Unternehmen hinweg, abgebildet. Wissenschaftler empfehlen, dass die Erschaffung von Werten das Kernziel eines Projektes sein soll [ebd.]. Wird dieser Ansatz umgesetzt, erscheint der langfristige Nutzen deutlich größer als kurzfristige Gewinnabsichten.

Die ganzheitliche Integration nachhaltiger Entwicklung in die Unternehmensstrategie und den Unternehmenserfolg kann durch den Vergleich von Corporate Social Responsibility (CSR) und Creating Shared Value (CSV) veranschaulicht werden. Bestandteile des CSV sind ökonomische, ökologische und gesellschaftliche Vorteile in Relation zu den Kosten. Der zu erreichende Wert ist damit integraler Bestandteil der Profit-Maximierung, der Wettbewerbsanalyse und unternehmensspezifisch [PK18]. Nachhaltige Projekte setzten daher eine veränderte Zielsetzung voraus. Ein Beispiel für ein CSR-Ziel ist ein definierter Prozentsatz an Fair-Trade-Produkten beim Einkauf. Ein CSV-Ziel ist hingegen beispielsweise die Transformation der gesamten Beschaffung, um Umweltbelastung, Arbeitsbedingungen, Qualität und Ertrag zu verbessern [ebd.]. Projekterfolg bedarf in Zeiten nachhaltiger Entwicklung somit neuer Bewertungsmodelle.

5   Conclusio

Das Drei-Säulen-Modell zeigt die Abhängigkeit der Wirtschaft von Gesellschaft und Umwelt. Mit Hilfe von ESG-Frameworks und verpflichtenden Richtlinien können sich Unternehmen an die neuen Anforderungen nachhaltiger Entwicklung anpassen. Ökologische und gesellschaftliche Aspekte werden für den Geschäftserfolg zunehmend relevant. Dabei wirkt sich die Umwandlung von weichen Faktoren in messbare Kennzahlen und deren Gleichstellung mit ökonomischen Aspekten auch auf das Projektmanagement aus. Nachhaltige Entwicklung als Kernziel künftiger Projekte dient dazu, den Unternehmenserfolg langfristig zu sichern und der Verantwortung gegenüber Gesellschaft und Umwelt gerecht zu werden. Projekte sollten künftig im Licht der nachhaltigen Entwicklung betrachtet werden und nur dann den Anforderungen der Wirtschaftlichkeit entsprechen, wenn ein positiver Einfluss auf die Säulen Gesellschaft und Umwelt gewährleistet ist.

Insbesondere IT-Projekte können nachhaltiger gestaltet werden, indem beispielsweise der Verbrauch an Ressourcen optimiert wird oder die Arbeitsbedingungen externer Partner entlang einer Lieferkette analysiert und kontinuierlich verbessert werden. Zudem können IT-Projekte einen signifikanten Beitrag leisten, indem Prozesse automatisiert und ganze Prozessketten transformiert und optimiert werden, um beispielsweise den Energieverbrauch zu reduzieren. Dabei ist es essenziell, dass die Potentiale der IT-Projekte innerhalb eines Unternehmens im Einzelfall analysiert und die Projekte individuell nachhaltig(er) gestaltet werden. Mit der Bestimmung des Nachhaltigkeitsreifegrades, der konsequenten Messung nachhaltiger Kennzahlen sowie der Weiterentwicklung einer Balanced Scorecard können künftige IT-Projekte zur Erhaltung einer lebenswerten Welt für die nächsten Generationen beitragen.

Literaturverzeichnis

[Al15]   Alhaddi, H. (2015). Triple Bottom Line and Sustainability: A Literature Review. *Business and management studies*, *1*(2), 6. https://doi.org/10.11114/bms.v1i2.752

[Ar19]   Armenia, S., Dangelico, R. M., Nonino, F. & Pompei, A. (2019). Sustainable Project Management: a Conceptualization-Oriented review and a framework proposal for future studies. Sustainability, 11(9), 2664. https://doi.org/10.3390/su11092664

[BM23]   BMZ. (2023). *Agenda 2030: Die globalen Ziele für nachhaltige Entwicklung.* Bundesministerium für wissenschaftliche Zusammenarbeit und Entwicklung. Abgerufen am 2. Juli 2023, von https://www.bmz.de/de/agenda-2030

[Bu23a]   Bundesministerium für Arbeit und Soziales. (2023a). *Corporate sustainability Reporting Directive (CSRD).* CSR in Deutschland. Abgerufen am 3. Juli 2023, von https://www.csr-in-deutschland.de/DE/CSR-Allgemein/CSR-Politik/CSR-in-der-EU/Corporate-Sustainability-Reporting-Directive/corporate-sustainability-reporting-directive-art.html

[Bu23b]   Bundesministerium für Arbeit und Soziales. (2023b). *CSR-Praxis: Standards.* CSR in Deutschland. Abgerufen am 3. Juli 2023, von https://www.csr-in-deutschland.de/DE/CSR-Allgemein/CSR-in-der-Praxis/CSR-Berichterstattung/Standards/standards.html#doc68b12a1a-8f4a-4746-a2d8-2c5ab38368d9bodyText3

[CBW08]   Chen, A. J., Boudreau, M. & Watson, R. T. (2008). Information systems and ecological sustainability. Journal of Systems and Information Technology, 10(3), 186–201. https://doi.org/10.1108/13287260810916907

[Ch23]   Chesebrough, D. (2023). Integrate the Principles for Responsible Investment. *United Nations Global Compact: Conncet with investors.* Abgerufen am 30. Juni 2023, von https://unglobalcompact.org/take-action/action/responsible-investment

[CD12]   Curry, E. & Donnellan, B. (2012). Understanding the Maturity of Sustainable ICT. In *Springer eBooks* (S. 203–216). https://doi.org/10.1007/978-3-642-27488-6_12

[CM92]   Cyert, R. M. & March, J. G. (1992). *Behavioral Theory of the Firm.* Wiley-Blackwell.

[CS21]   Clausen, J. & Schramm, S. (2021). Klimaschutzpotenziale der Nutzung von Videokonferenzen und Homeoffice. Ergebnisse einer repräsentativen Befragung von Geschäftsreisenden. CliDiTrans Werk- stattbericht. Berlin: Borderstep Institut.

[Cu12]   Curry, E., Guyon, B., Sheridan, C. & Donnellan, B. (2012). Developing an sustainable IT capability: lessons from Intel's journey. ResearchGate. https://www.researchgate.net/publication/259740270_Developing_an_Sustainable_IT_Capability_Lessons_From_Intel's_Journey

[DH10]   Donnellan, B. & Helfert, M. (2010). The IT-CMF: A Practical Application of Design Science. In *Springer eBooks* (S. 550–553). https://doi.org/10.1007/978-3-642-13335-0_43

[Dy89]   Dyllick, T. (1989). Management der Umweltbeziehungen. In *Gabler Verlag eBooks.* https://doi.org/10.1007/978-3-663-12228-9

[El97]   Elkington, J. (1997). *Cannibals with Forks: The Triple Bottom Line of 21st Century Business.*

[Fu95]   Fukuyama, F. (1995). *Trust: The Social Virtues and the Creation of Prosperity.* Free Press.

[Ga13a]   Gareis, R., Huemann, M., Martinuzzi, A., Weninger, C. & Sedlacko, M. (2013). *Project Management and Sustainable Development Principles*.

[Ga13b]   Gartner Inc. (2013). *Introducing the Gartner Green and Sustainable IT Infrastructure and Operations Maturity Model*. Gartner Research. Abgerufen am 3. Juli 2023, von https://www.gartner.com/en/documents/2304815

[Gl23]   Global Reporting Initiative. (2023). *Our mission and history*. GRI Standards. Abgerufen am 30. Juni 2023, von https://www.globalreporting.org/about-gri/mission-history/

[HH06]   Hu, Q. & Huang, C. (2006). Using the balanced scorecard to achieve Sustained IT-Business alignment: a case study. Communications of the Association for Information Systems, 17. https://doi.org/10.17705/1cais.01708

[HW01]   Hahn, T. & Wagner, M. (2001). *Sustainability balanced scorecard: von der Theorie zur Umsetzung*.

[HHL19]   Hankel, A., Heimeriks, G. & Lago, P. (2019). Green ICT Adoption Using a Maturity Model. *Sustainability*, *11*(24), 7163. https://doi.org/10.3390/su11247163

[He23]   Heydenreich, N. (2023, März). *Nachhaltigkeit, Komplexität und Agilität in internationalen Projektmanagement-Normen - DIN Mitteilungen 9-12, 3/2023* [Pressemeldung]. https://www.researchgate.net/publication/368983285_Nachhaltigkeit_Komplexitat_und_Agilitat_in_internationalen_Projektmanagement-Normen

[Ja20]   Jarosch, J. (2020). IT und Nachhaltigkeit – Gleichklang oder Widerspruch? HMD. Praxis der Wirtschaftsinformatik, 58(1), 3–5. https://doi.org/10.1365/s40702-020-00700-0

[KN97]   Kaplan, R. S. & Norton, D. P. (1997). *Balanced scorecard: Strategien erfolgreich umsetzen*.

[Kr23]   Kreutzer, R. T. (2023). Der Weg zur nachhaltigen Unternehmensführung. In *Springer eBooks*. https://doi.org/10.1007/978-3-658-41051-3

[Ky22]   Kyriakogkonas, P., Garefalakis, A., Pappa, E. & Kagias, P. (2022). Sustainable Project Management under the Light of ESG Criteria: A Theoretical Approach. *Theoretical Economics Letters*, *12*(06), 1517–1538. https://doi.org/10.4236/tel.2022.126083

[Lo12]   Loeser, F., Grimm, D., Erek, K. & Zarnekow, R. (2012). Information and Communication Technologies for Sustainable Manufacturing: Evaluating the capabilities of. . . ResearchGate. https://www.researchgate.net/publication/235789124_Information_and_Communication_Technologies_for_Sustainable_Manufacturing_Evaluating_the_Capabilities_of_ICT_with_a_Sustainability_Balanced_Scorecard

[MCP11]   Molla, A., Cooper, V. A. & Pittayachawan, S. (2011). The Green IT Readiness (G-Readiness) of Organizations: An Exploratory Analysis of a Construct and Instrument. *Communications of the Association for Information Systems*, *29*. https://doi.org/10.17705/1cais.02904

[Mo22]   Moreno-Monsalve, N., Delgado-Ortiz, M., Rueda-Varón, M. & Fajardo-Moreno, W. S. (2022). Sustainable Development and Value Creation, an Approach from the Perspective of Project Management. *Sustainability*, *15*(1), 472. https://doi.org/10.3390/su15010472

[PK18]   Porter, M. E. & Kramer, M. A. (2018). Creating Shared Value. In *Springer eBooks* (S. 323–346). https://doi.org/10.1007/978-94-024-1144-7_16

[Pr23]   Principles for Responsible Investment. (2023). *2023 Reporting Framework: Overview and Structure Guide* [Pressemeldung]. https://dwtyzx6upklss.cloudfront.net/Uploads/d/i/f/overview_and_structure_guide_may_2023_715548.pdf

[SHL16]   Schaltegger, S., Hansen, E. G. & Lüdeke-Freund, F. (2016). Business Models for Sustainability. *Organization & Environment*, *29*(1), 3–10. https://doi.org/10.1177/1086026615599806

[Se98]   Serageldin, I. (1998). *Culture and Development* (1. Aufl.) [PDF]. The World Bank.

[Si20]   Siegel, T. (2020). Gesamtheitliche Unternehmensführung für Gründer. In *Springer eBooks*. https://doi.org/10.1007/978-3-658-26158-0

[UN21]   United Nations Global Compact. (2021). *Principles for Responsible Investment* [Pressemeldung]. https://www.unpri.org/download?ac=10948

[UN23a]   UNEP FInance Initiative & UN Global Compact. (2023). *An Introduction to Responsible Investment* [Pressemeldung]. https://www.unpri.org/download?ac=10223

[UN23b]   United Nations. (2023a). *About Division for Sustainable Development Goals*. Department of Economic and Social Affairs. Abgerufen am 2. Juli 2023, von https://sdgs.un.org/about

[UN23c]   United Nations. (2023b). *The 17 Goals*. Sustainable Development Goals. Abgerufen am 2. Juli 2023, von https://sdgs.un.org/goals

[UN87]   United Nations. (1987). *Report of the World Commission on Environment and Development: Our Common Future* [Pressemeldung]. https://sustainabledevelopment.un.org/content/documents/5987our-common-future.pdf

[ZE08]   Zarnekow, R. & Erek, K. (2008). Nachhaltiges IT-Servicemanagement — Grundlagen, Vorgehensmodell und Managementinstrumente. *HMD. Praxis der Wirtschaftsinformatik*. https://doi.org/10.1007/bf03341151

Scaled Agile:
Toolgestützte Echtzeitplausibilisierung des PI-Planning

Ulrich Vogl[1], Markus Siegle[2]

Abstract: Agiles Projektvorgehen mit seinen fortschrittlichen Methoden hat sich mittlerweile weitgehend durchgesetzt. So schlank einzelne agile Teams agieren, so komplex wird das Zusammenspiel mehrerer oder gar vieler solcher Teams - insbesondere im Rahmen der auch hier erforderlichen Planung. Aktuelle skalierende Ansätze wie SAFe (Scaled Agile Framework) bieten dafür zwar grundsätzliche Verfahren, jedoch zeigt die Praxis, dass man auf der Meta-Ebene mit zunehmender Anzahl der beteiligten Teams meist zu optimistisch unterwegs ist: Spätestens nach der Auflösung teamübergreifender Abhängigkeiten ist beim PI-Planning die Komplexität in der Regel so hoch, dass eine realisitische Gesamteinschätzung der Leistbarkeit über alle Teams und das gesamte Program Increment (PI) nicht mehr möglich ist.

Das von uns entwickelte Tool ist in der Lage, für beliebige Story-on-Node-Netzwerke des agilen PI-Plannings Wahrscheinlichkeitsverteilungen abzuleiten und daraus Gesamtwerte zu berechnen, um schließlich aussagekräftige Metriken für Leistbarkeit und Qualität abzuleiten. Im Gegensatz zu bekannten Ansätzen basiert dies nicht auf Simulation, sondern auf der exakten numerischen bzw. approximierten Model Checking-Berechnung der resultierenden Wahrscheinlichkeitsverteilungen, womit typische PI-Planungen sehr effizient durchgerechnet und bewertet werden können.

Keywords: SAFe, PI-Planning, Toolgestützte Echtzeit-Plausibilisierung

1   Einleitung

Agiles Projektvorgehen ist heute nicht mehr wegzudenken und hat - dank skalierender Ansätze - auch bei großen IT-Projekten mittlerweile flächendeckend Einzug gehalten. Doch während das methodische Vorgehen innerhalb eines einzelnen Scrum-Teams bekannter Maßen auf einen „Bierdeckel" passt, wird es bei der Vernetzung der Aktivitäten mehrerer Teams schnell komplex. Aktuelle skalierende Ansätze wie SAFe (*Scaled Agile Framework*) bieten zwar auch hierfür Lösungsansätze, jedoch werden Planungsqualität und -zeittreue auf höherer Planungsebene (*Agile Release Train*, ART und *Program Increment*, PI) mit zunehmender Anzahl der Teams schwierig handhabbar. Es ist wohl der Einfachheit dieser Ansätze geschuldet, dass die Ziele im realen Projektleben meist zu optimistisch geplant sind und die Ergebnisse der System Demos dann regelmäßig signifikant hinter den gesetzten Definitions-of-Done (DoD) zurück bleiben: speziell bei harten Abhängigkeiten, z.B. bei fix gebuchten Ressourcen oder bei anstehenden Rollout-Terminen mit vielen Beteiligten, oftmals hoch problematisch.

1 Universität der Bundeswehr München, Institut für Technische Informatik,
  Werner-Heisenberg Weg 39, D-85577 Neubiberg, ulrich.vogl@unibw.de
2 Universität der Bundeswehr München, Institut für Technische Informatik,
  Werner-Heisenberg Weg 39, D-85577 Neubiberg, markus.siegle@unibw.de

Grundsätzlich basiert die PI-Planung bei SAFe auf jeweils teaminternen Feinplanungen der (User-)Storys für alle Sprints eines PI und unter Maßgabe der Team-verfügbaren Ressourcen ("Story Point Poker"). Darüber hinaus werden in einem zweiten Schritt Abhängigkeiten zwischen den Storys verschiedener Teams identifiziert und schließlich aufgelöst. Wie erwähnt, legt die sich daraus ergebende hohe Komplexität für eine belastbare übergreifende Plausibilisierung des PI-Planning nun eine Tool-Unterstützung nahe.

Das hier vorgestellte Tool kann grundsätzlich für beliebige in Projekten typischer Weise auftretende Activity-On-Node-Graphen verwendet werden und dort auf Basis probabilistischer Einzel-Laufzeitverteilungen Gesamt-Laufzeitverteilungen berechnen. So auch für den hier beschriebenen Usecase eines teamübergreifenden Story-On-Node-Graphen im PI-Zyklus. Aus dem Ergebnis des *Story Point Poker* und der verfügbaren Ressourcen-Ausstattung des Teams bestimmen wir zuerst je Einzelstory eine Wahrscheinlichkeitsverteilung der Laufzeit. Zusammen mit den Präzedenzen der Storys wird daraus eine exakte bzw. approximierte Gesamtverteilung berechnet und über Verteilungsfunktion und Quantile entsprechende Metriken für die Einschätzung des gesamten PI abgeleitet.

Während andere Arbeiten vergleichbare Probleme oftmals simulativ behandeln, ist unser Tool deutlich effizienter unterwegs, denn die Zielverteilungen werden nun analytisch bestimmt: entweder numerisch oder (approximiert) per Model Checking. Erschwingliche Hochleistungsprozessoren (z.B. AMD RYZEN-Reihe) ermöglichen solch aufwändige Berechnungen heute bereits mit handelsüblichen PCs - unterhalb 1000€ Anschaffungskosten. Konkret rechnen wir serienparallele Konstellationen stets durch numerische Faltung bzw. Maximumsbildung [Ba91]. Die Einzelverteilungen komplexer Konstrukte hingegen werden zuerst über Summen zweier Erlang-Verteilungen approximiert („Fitting") und die resultierende Gesamtverteilung schließlich über probabilistisches Model Checking [BK08] (mit Hilfe des Tools PRISM [KNP11]) ermittelt. Als Metriken haben wir exemplarisch die *Wahrscheinlichkeit einer zeit- und DoD-treuen Implementierung des PI* sowie den *Über-/Unterplanungsgrad der PI bei einer 50% bzw. 90%-Konfidenz* implementiert.

Der Rest des Papers ist wie folgt aufgebaut: Kapitel 2 führt kurz in wichtige SAFe-Begrifflichkeiten ein, während Kapitel 3 konkret die von uns entwickelten Lösungsstrategien vorstellt. In Kapitel 4 werden diese schließlich anhand eines Fallbeispiels praktisch erläutert. Kapitel 5 rundet mit Schlussfolgerungen und Ausblicken ab.

2   PI-Planning im SAFe

Skalierende agile Ansätze nutzen für mehrere Teams bzw. mehrere Sprints klammernde Strukturen und Methoden. Im Falle von SAFe sind das der ART bzw. das PI [7, 9]: Ein PI bildet die zeitliche Klammer über mehrere Sprints und stellt somit den Planungshorizont dar. Es umfasst zeitlich typischer Weise 8-12 Wochen plus die Planung des nächsten PI. Diese findet stets am PI-Ende, in Form eines Meetings aller PI-beteiligten Teams (nämlich des ART) statt, wobei die Sprints des nachfolgenden PI - feingranular auf Ebene einzelner Storys geplant werden. Dies geschieht wie folgt:

2.1   Storypoint-Poker

Im ersten Schritt priorisiert jedes Team sein Backlog und legt fest, welche Storys davon in welcher Abfolge im nächsten PI angegangen werden sollen (Storyliste). Um eine Größenordnung der inhaltlichen und zeitlichen Komplexität zu erhalten, werden pro Story die *Storypoints* (SP) in Form adaptierter Fibonacci-Zahlen (1, 2, 3, 5, 8, 13, 20, 40, 100) ermittelt. Dies erfolgt methodisch im sog. *Storypoint-Poker.*

2.2   Ressourcen-Verfügbarkeit

Um eine Größenordnung für die Fibonaccizahlen des Storypoint-Poker zu erhalten, normiert SAFe das Leistungspensum einer Vollzeitkraft in zwei Arbeits-Wochen (10 Personentage, PT) auf 8 SP, was einem Faktor **1,25 PT/SP** entspricht. Nach diesem Verfahren werden nun für jeden Sprint des PI die aus den Ressourcen abgeleiteten verfügbaren SP ermittelt. Schließlich wird die zuvor ermittelte Storyliste pro Sprint gegen die verfügbaren *Storypoints* gelegt und damit determiniert, welche Story in welchem Sprint mit wieviel Ressourcenbeteiligung (Mitarbeiterkapazität, MAK) abgearbeitet wird.

2.3   Wahrscheinlichkeitsverteilung für die Story-Laufzeit

Die zuvor aufgeführte SAFe-Methodik bildet eine geeignete Basis, pro geschätzter Story anhand der Storypoints und der beteiligten Ressourcen eine Wahrscheinlichkeitsverteilung zu finden, die die zeitliche Ausdehnung der Abarbeitung widerspiegelt. Dabei soll einfließen, dass mit steigender Ressourcenbeteiligung zwar in erster Ordnung die zeitliche Ausdehnung der Story proportional abnimmt, aber in zweiter Ordnung wegen des erhöhten Abstimmbedarfs (**10%** des eigentlichen Aufwands) wieder zunimmt. Außerdem sinkt im gleichen Zuge das Risiko einer schwer handhabbaren bzw. unerwarteten Komplexität, welches sich in der Standardabweichung widerspiegelt.

Mit den beiden Konstanten ergibt sich für den Erwartungswert der Story-Laufzeit:

$$\mu_{Story} := SP \cdot 1{,}25 \cdot \frac{1 + 10\% \cdot (MAK - 1)}{MAK}$$

Die Standardabweichung wählen wir anteilig vom Erwartungswert wie folgt: Pauschal 25% davon als sachthemen-kausales Risiko sowie 50% dividiert durch die Anzahl der beteiligten Ressourcen (AnzRes) als Kompetenz-Risiko.

$$\sigma_{Story} := \mu_{Story} \cdot (0{,}25 + 0{,}5/AnzRes)$$

Als Wahrscheinlichkeitsverteilung haben probabilistische Projektplanungsmethoden wie PERT [Us58] in den vergangenen Jahrzehnten oftmals die *verallgemeinerte β-Verteilung* herangezogen, da sich hiermit insbesondere die für Projektlaufzeiten in der Praxis typischen linksschiefen Verteilungen gut abbilden lassen. Goldratt [Go97] führt hierfür drei Prinzipien an: *Student-Syndrom, Parkinson's Law* sowie *Murphy's Law.* Lässt man diese außen vor, wäre die *Normalverteilung* die wohl naheliegende, so dass wir diese (der Einfachheit halber) in unserem Beispiel auch verwenden wollen.

2.4   PI-Präzedenzgraph

Aus den gegebenen Präzedenzen der Storys, die sich in Form von einfachen Vorgänger-Nachfolger-Beziehungen beschreiben lassen, und den soeben ermittelten Story-individuellen Wahrscheinlichkeitsverteilungen kann nun ein Präzedenzgraph erstellt werden, an dem zusätzlich jeder Knoten die Parameter seiner Wahrscheinlichkeitsverteilung darstellt. Damit sind alle Voraussetzungen für die Benutzung unseres Tools gegeben.

3   Lösungsstrategien im Tool

3.1   Theoretischer Hintergrund und Implementierungsansatz

Unser Tool bestimmt die Wahrscheinlichkeitsverteilung der Gesamtlaufzeit von Präzedenzgraphen bis zu einer gewissen Größe/Komplexität auf effiziente Weise. Die Strategie besteht darin, mit numerischen Dichtefunktionen mit anpassbarer Schrittweite (aus der sich die Anzahl der zu verarbeitenden Stützstellen ergibt) zu arbeiten. Der Ausgangsgraph wird iterativ auf schließlich einen einzigen Knoten reduziert, wobei drei Möglichkeiten der Reduktion zum Einsatz kommen:

1) Zwei seriell verknüpfte Knoten des Graphen werden zu einem einzigen verschmolzen, dessen Dichte sich durch numerische Faltung der beiden Operanden-Dichten ergibt. Dabei sind zwei Knoten A und B seriell verknüpft, wenn A der einzige Vorgänger von B und B der einzige Nachfolger von A ist [Kl95].

2) Eine Menge parallel verknüpfter Knoten wird auf einen einzigen Knoten reduziert, dessen Dichte sich durch numerische Maximum-Berechnung der beteiligten Knoten-Verteilungen ergibt. Dabei gelten Knoten als parallel verknüpft, wenn sie alle genau dieselben Vorgänger und genau dieselben Nachfolger haben [Kl95].

3) Falls an einem Punkt der Reduktion weder 1) noch 2) anwendbar sind, findet unser Tool mit einem speziell dafür entwickelten Algorithmus sog. minimale komplexe Cluster, die jeweils durch einen einzigen Ersatzknoten zu ersetzen sind. Ein komplexes Cluster ist ein Teilgraph mit einem einzigen Einstiegs- und einem einzigen Endpunkt (im Sinne eines Synchronisationspunktes). Um ein komplexes Cluster quantitativ zu analysieren, wird es in ein PRISM-Modell transformiert [KNP11]. Der Model Checker PRISM liefert dann die Werte der Verteilungsfunktion der Bearbeitungszeit des Clusters, die anschließend als numerische Verteilung des Ersatzknotens in die weitere Analyse einfließen. Gegenüber der seriellen bzw. parallelen Reduktion ist die PRISM-basierte Analyse komplexer Cluster wesentlich zeitaufwändiger, weshalb dieser Schritt so selten wie möglich und immer für möglichst kleine Cluster ausgeführt wird.

Details zur numerischen Analyse stochastischer Graphmodelle sind in unserer früheren Arbeit [VS17] ausgeführt. Bei den numerischen Berechnungsverfahren ermöglicht die Wahl der Stützpunktanzahl einen individuell anpassbaren Tradeoff zwischen Genauigkeit und Rechenaufwand.

Der Model Checker PRISM arbeitet intern nur mit Exponentialverteilungen, d.h. allgemeine Verteilungen müssen durch Phasenverteilungen, bestehend aus exponentiellen Anteilen (sog. Phasen), approximiert werden, damit PRISM damit umgehen kann. Wir haben uns entschieden, für das Fitting einer gegebenen Verteilung (mit Variationskoeffizient kleiner als 1) eine Sequenz zweier unabhängiger Erlang-Verteilungen zu benutzen, wobei dieser Ansatz durch den Austausch des Fitting-Moduls unseres Tools leicht verallgemeinert werden könnte. Eine Erlang-Verteilung ist die Summe von k unabhängig identisch verteilten Exponentialverteilungen (jede davon mit Parameter λ), d.h. für das Fitting mit einer Sequenz zweier Erlang-Verteilungen gilt es, vier Parameter (k_1, λ_1, k_2, λ_2) zu bestimmen. Für eine vorgegebene Wahrscheinlichkeitsverteilung bestimmt unser Tool diese vier Parameter derart, dass Erwartungswert und Varianz exakt getroffen werden und die Abweichung des dritten Moments minimiert wird.

Schließlich noch ein Wort zur Frage, wie das Tool mit der Beschränkung von (Personal-) Ressourcen umgehen kann: Es ist nämlich auch in der Lage, den Ressourcen-Bedarf von gleichzeitig aktiven Knoten zu analysieren und bei jeder Überschreitung der verfügbaren Ressourcen zusätzliche Kanten (also Abhängigkeiten) in den Präzedenzgraphen einzufügen, d.h. bestimmte Aufgaben werden serialisiert. Dabei folgen wir der Strategie von Bell & Han [BH91]. Allerdings musste dafür deren Algorithmus von einem deterministischen in unser stochastisches Rahmenwerk übertragen werden.

3.2   Ziel-Metriken

Unser Tool ist durch die im vorigen Abschnitt beschriebenen Berechnungen in der Lage, die Wahrscheinlichkeit einer zeit- und DoD-treuen Implementierung des PI zu bestimmen. Aus der Gesamt-Verteilungsfunktion lässt sich unmittelbar die Wahrscheinlichkeit bestimmen, dass das PI in der vorgegebenen Zeit abgeschlossen werden kann.

Darüber hinaus ergeben sich aus den Quantilen der Gesamt-Verteilungsfunktion der Über- bzw. Unterplanungsgrad eines PI. Bei vorgegebener Zeit-Zielmarke t_1 und berechnetem p-Quantil t_p (zur Konfidenz p, also z.B. für p = 90%) ergibt sich der Über- bzw. Unterplanungsgrad aus dem Quotienten t_p/t_1. Bei einer guten Planung sollte dieser Quotient in der Nähe von 1 liegen, Werte wesentlich größer als 1 zeigen eine Überplanung an, d.h. die Zielmarke ist mit den eingeplanten Ressourcen nicht erreichbar.

4   Fallbeispiel

Nach der theoretischen Abhandlung wollen wir den Nutzen des vorgestellten Tools nun exemplarisch anhand eines fiktiven, aber realitätsnahen agilen Großprojektes darstellen: *Bei einem Finanzdienstleister soll die IT-Anwendungslandschaft für die Unternehmenssteuerung erneuert und in diesem Zuge eine Standardsoftware eingeführt werden. Das Projektvorgehen ist agil unter Nutzung des SAFe-Frameworks.*

4.1   PI-Struktur

Zeitlich soll sich ein PI über 14 Wochen erstrecken, in denen 3 Sprints a 4 Wochen plus eine Replanning-/Kickoff-Phase (2 Wochen) Platz finden. Letztere umfasst die ART-weite Planung und den Start des nächst nachfolgenden PIs. Grundsätzlich wird mit 20 Arbeitstagen pro Sprint (bzw. 10 für die Replanning-/Kickoff-Phase) gerechnet, so dass sich eine Gesamtlänge von 70 Arbeitstagen für das PI ergibt.

4.2   Agile Projektstruktur: ART mit 3 agilen Teams

Grundsätzlich ist unser Projektbeispiel stark vereinfacht, bestehend aus einem ART mit nur drei untergeordneten Scrum-Teams. Jedes Team soll dabei über zwei Vollzeitressourcen (A&B, C&D bzw. E&F) verfügen. Der ART hat zusätzlich für Planungs- und Synchronisationsaufgaben die übergeordnete Vollzeitressource „Product Manager" (G).

Projektorganigramm (vereinfacht), bestehend aus den agilen Teams:

- 100 (Finanzprodukte Nebenbuch, inkl. Risikovorsorge)

- 200 (Hauptbuch und Konzernkonsolidierung)

- 300 (Bilanz und Finanz-Reporting)

Abb. 1: Vereinfachte Projektstruktur

4.3   PI-Planning

Im Rahmen des ersten Planungsschrittes wurden im PI-Planning folgende Storys mit entsprechenden Abhängigkeiten identifiziert

Team#	Story#	Inhalt	SPs	Präzedenz	Ressourcen
alle	N1	PI KickOff	3		A..G
100	N110	Grundlagen/Buchungsstrategie	13	N1	A, B
100	N121	Buchungsregeln plainvanilla Kredite	13	N110	A, B
100	N122	Buchungsregeln Bonds	20	N110	A, B
100	N131	Buchungsregeln Schuldscheindarl.	20	N121,N122	A, B
100	N132	Buchungsregel Eigenemissionen	20	N121,N122	A, B
200	N210	Kontenplan Strategie (GAAP)	13	N1	C, D
200	N220	Gerüst Kontenplan	20	N210,**N110**	C, D
200	N231	Dimensionen Buchungsbeleg	40	N220,**N320**	C, D
200	N232	Gerüst Zeitschiene	13	N220	C, D
300	N311	Anforderungen Balance Sheet	20	N1	E, F
300	N312	Anforderungen Financial Reporting	8	N1	E, F
300	N320	Balance Sheet Dimensionen	40	N311,N312	E, F
300	N330	Financial Reporting Dimensionen	13	N320	E, F
alle	N9	Planung des nächsten PI	20	N131,N132, N231,N232, N330	A..G

Tab. 1: Übersicht der Storys im PI mit Komplexitätsschätzung (Storypoints)

Aus den Vorgänger-Nachfolger-Beziehungen der Storys ergibt sich folgender Graph:

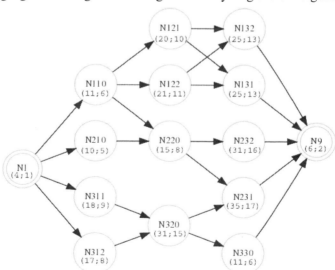

Abb. 2: Präzedenzgraph der Storys im aktuellen PI [inkl. Verteilungsparameter aus 4.11x]

Folgende Ressourcenverfügbarkeit (inkl. geplanter Abwesenheiten) wurde festgestellt:

Ressource	Sprint 1	Sprint 2	Sprint 3	Planning u. KickOff	Summe
A	10	20	20	10	50 +10
B	20	20	20	10	60 + 10
C	20	20	20	10	60 + 10
D	15	15	20	10	50 + 10
E	20	15	20	10	55 + 10
F	20	20	10	10	50 + 10
G	...	...	...	10	... + 10

Tab. 2: Ressourcenverfügbarkeiten PI in Personentagen (PT)

Für die drei Sprints des PI verfügen die Teams 100 und 200 über jeweils 110 PT ($\hat{=}$ 88 SP), Team 300 über 105 PT ($\hat{=}$84 SP). Für das Planning&KickOff stehen in Summe 70 PT ($\hat{=}$56 SP) zur Verfügung. Dem gegenüber stehen Anforderungen von je 86 SP für Team 100 und 200, 81 SP für Team 300 sowie 23 SP für die Planning- und KickOff-Phase.

Die im SAFe Framework beschriebenen Methoden beschränken sich auf die sprintweise gegebene Plausibilität der Präzedenzen sowie auf die Gegenüberstellung von benötigten und verfügbaren Storypoints. Damit scheint unsere beispielhafte PI-Planung plausibel. Mögliche Konflikte durch Ressourcen-Überlastung, insbesondere im Kontext der Präzedenzen, müssten nun „von Hand" erkannt werden, was bereits in diesem simplen Beispiel schwierig ist. Nun kommt unser Tool ins Spiel.

4.4   Plausibilisierung der Planung

Zuerst machen wir uns nochmals bewusst, auf welch grobgranularer Basis (adaptierte Fibonacci-Zahlen aus „Storypoint-Poker") die Planung erfolgt ist. Eine probabilistische Handhabung dieser Stellgrößen – wie zuvor beschrieben – drängt sich also auf. Hierzu summieren wir die pro Team und Sprint verfügbaren Ressourcen-PT und rechnen diese über die Sprintlaufzeit (20 Arbeitstage) in Mitarbeiterkapazitäten (MAK) um.

Team	Sprint 1	Sprint 2	Sprint 3	Planning KickOff
100	30 PT | 1,5 MAK	**40 PT | 2.0 MAK**	**40 PT | 2.0 MAK**	
200	35 PT | 1,75 MAK	35 PT | 1.75 MAK	**40 PT | 2.0 MAK**	70 PT = 7.0 MAK
300	**40 PT | 2.0 MAK**	35 PT | 1,75 MAK	30 PT | 1.5 MAK	

Tab. 3: Ressourcenverfügbarkeit pro Team und Sprint in PT und MAK

Die so ermittelten MAK Werte werden nun auf die Storys des jeweiligen Teams bzw. Sprints angewendet, wobei dabei meist nur eine Story zu bearbeiten ist. Anders bei den **fett gedruckten** Zellen, wo jeweils zwei Stories um die verfügbaren Ressourcen konkurrieren, was durch eine SP-anteilige Anrechnung gelöst wird: Die 2.0 MAK aus Team 100, Sprint 2 verteilen sich beispielsweise auf die Stories N121 und N122 im Verhältnis 13:20.

Wie bereits angesprochen, verwenden wir der Einfachheit halber die Normalverteilung, mit den formel-berechneten Parametern μ und σ. Die so ermittelten Parameter (μ,σ) sind in Abb. 2, jeweils direkt unterhalb der Story-Nummer angegeben.

4.5   Ergebnisse

Unser Tool benötigt für die Ergebnisberechnung (auf einem Ryzen-7/3900X Prozessor, mit Schrittweite 0,5) 8 Sekunden. Die ersten beiden Schritte bei der Berechnung erfolgen numerisch, durch drei parallele und eine serielle Reduktion, woraus das nachfolgend abgebildete Zwischen-Konstrukt resultiert. Die aus diesem Reduktionsschritt resultierenden Knoten sind dabei größer und mit 5-stelliger Nummer dargestellt (welche sich aus der Nummer der letzt-erzeugenden Iteration und dem Minimum der beteiligten Originalknotennummern zusammensetzt): so ist z.B. der neue Knoten N20311 durch die zuerst parallele und dann serielle Reduktion der Originalknoten N311, N312 bzw. N320 entstanden.

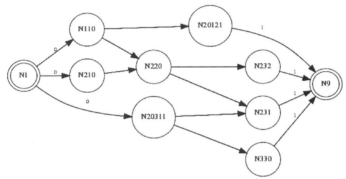

Abb. 3: Präzedenzgraph nach den ersten beiden serienparallelen Reduktionsrunden

Der Teilgraph zwischen N1 und N9 bildet offenbar ein komplexes Cluster, so dass dessen Zielverteilung nun über ein Fitting mit dem PRISM Model Checker zu rechnen ist. Der daraus resultierende Knoten ist schließlich wieder numerisch (seriell) mit N1 und N9 zu reduzieren, was zur Dichte der Gesamtlaufzeit des PI in Arbeitstagen führt:

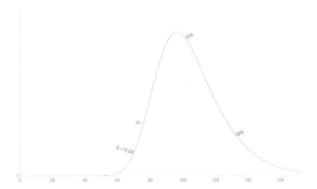

Zielverteilung PI-Dauer in Arbeitstagen (Soll-Länge = 70 Arbeitstage)

Die definierten Metriken liefern für das so geplante PI folgende Gesamtsicht:

- die Chance, alle Storys plan-gerecht, also binnen 70 Arbeitstagen abzuarbeiten, liegt bei lediglich 1,6%

- bei einem Konfidenz-Niveau von 50% wäre das PI zu 145% überplant

- bei einem Konfidenz-Niveau von 90% wäre das PI zu 189% überplant

Offensichtlich sind die Ziele des PI in Summe also „deutlich zu sportlich" gewählt. Und das, obwohl die ursprüngliche SAFe-Planung plausibel erschienen war.

5   Schlussfolgerungen und Ausblicke

Unser Tool bietet offenbar ein geeignetes Echtzeit-Instrumentarium, um die Qualität der vernetzten Planung im komplexen agilen Umfeld fundiert bewerten und überarbeiten zu können. Wie das Beispiel zeigt, ist selbst bei gedämpfter Erwartungshaltung (*PI-Ziele werden mit 50% Wahrscheinlichkeit erreicht*) eine Überlastung von knapp 50% zu beobachten. Als Lösung können

- Storys herausgenommen

- die Komplexität bestehender Storys verkleinert

- Bad-Multitasking-Probleme [Go90] bei konkurrierenden Storys beseitigt

- zusätzliche Ressourcen auf die Storys gesetzt

werden. Die 50%-Chance auf integrale Erfüllung aller DoDs des PI orientiert sich derweil an gängigen Planungspraktiken (z.B. der Critical-Chain-Methode [Go97]). Sie wird jedoch im fortgeschrittenen Projektverlauf – selbst im agilen Umfeld – möglicherweise Probleme verursachen, denn verbindliche Einsatztermine und/oder fixe Abhängigkeiten mit externen Partnern bedürfen meist einer Vorlaufzeit einer oder mehrerer PI-Längen, so dass die Verwendung der 90%-Konfidenz hier mutmaßlich der bessere Ansatz ist.

Des Weiteren ist unser Tool keineswegs auf den Einsatz im agilen Umfeld beschränkt, denn es können beliebige Präzedenzgraphen mit probabilistischen Zeitdauern der Knoten damit analysiert werden. Dies gilt nicht nur für Vorgangs-Knoten-Netze klassischer Projektsteuerungs-Methoden (z.B. *Critical Path Method* [Sh14], *Critical Chain Method* [Go97]), sondern prinzipiell auch für das Themenfeld *Prozessmodellierung*, wo für Laufzeitaussagen bislang ebenfalls häufig per Simulation gerechnet wird.

Ein anderes, viel diskutiertes Einsatzgebiet ist die Lösung von Ressourcen-Konflikten, speziell im probabilistischen Umfeld: Wie bereits angesprochen, beinhaltet unser Tool auch effiziente Algorithmen zur Identifizierung und Lösung solcher Konflikte, die auf einer probabilistischen Adaptierung des Algorithmus von *Bell & Han* [BH91] beruhen. Konkurrierende Ressourcenanforderungen „mit Überbuchung" werden sicher identifiziert und durch Einfügen neuer Kanten im Hill-Climbing-Verfahren effizient gelöst.

Literaturverzeichnis

[BK08]   Baier, C.; Katoen, J.-P.: Principles of model checking. MIT Press. 2008.

[Ba91]   Bauer, H.: Wahrscheinlichkeitstheorie. Walter de Gruyter GmbH & Co. KG. 1991.

[BH91]   Bell, C. E.; Han, J.: A New heuristic Solution Method in Resource-Constrained Project Scheduling. Naval Research Logistics, Vol. 38, S. 315-331, 1991.

[Go90]   Goldratt, E. M.: Theory of Constraints, The North River Press, 1990.

[Go97]   Goldratt, E. M.: Critical Chain, The North River Press, 1997.

[Kl95]   Klar, R. et al.: Messung und Modellierung paralleler und verteilter Rechensysteme, B.G. Teubner, Stuttgart, 1995.

[KNP11] Kwiatkowska, M.; Norman, G.; Parker, D.: PRISM 4.0: Verification of Probabilistic Real-time Systems. In: Proc. 23rd International Conference on Computer Aided Verification (CAV'11), volume 6806 of LNCS, pp. 585-591, Springer, 2011.

[Sh14]   Shtub, A. et al.: Project Management: Processes, Methodologies, and Economics, Pearson Education Limited, pp. 310-313, 2014.

[Us58]   U.S. Dept. of the Navy: Program Evaluation Research Task, Summary Report, Phase 1, Washington, D.C., Government Printing Office, 1958.

[VS17]   Vogl, U.; Siegle, M.: A new approach to predicting reliable project runtimes via probabilistic model checking in Computer Performance Engineering, 14th European Workshop, EPEW 2017, volume 10497 of LNCS, pp. 117-132, Springer, 2017.

Digitale Nachhaltigkeit: Digitale Souveränität und Open Source Software beim Einsatz von PM-Tools

Guido Bacharach[1], Jakob Jäger[2], Harald Wehnes[3]

Abstract: Digitale Nachhaltigkeit ist eine grundlegende Voraussetzung für die Zukunftsfähigkeit unseres Landes, der Gesellschaft und Wirtschaft. Die steigende digitale Abhängigkeit Deutschlands und Europas von marktdominanten, nicht-europäischem Recht unterliegenden IT-Unternehmen ist besorgniserregend. In diesem Beitrag werden zunächst die Risiken und potentiellen Konsequenzen digitaler Abhängigkeit aufgezeigt. Danach werden verschiedene Lösungsansätze vorgestellt, die aus dieser Abhängigkeit führen können. Eine wichtige Rolle spielen dabei der Einsatz von Open Source Software (OSS) und die Governance von OSS Communities. Darüber hinaus stellen wir einen Souveränitätsscore (MVP) vor, mit dem man seine persönliche Digitale Souveränität bzw. die seines Unternehmens oder seiner Organisation messen kann. Abschließend geben wir Empfehlungen, insbesondere zum verantwortungsbewussten Tool-Einsatz in der Projektarbeit und darüber hinaus.

Keywords: Souveränitätsscore, Digitale Nachhaltigkeit, Digitale Souveränität, Innovationen, Projektmanagement, Tools, Open Source Software (OSS), Standards, Governance von OSS Projekten

1   Einleitung

Das generelle Bewusstsein für Abhängigkeiten ist in letzter Zeit durch verschiedene Ereignisse (Ukraine-Krieg, Trump-Regierungszeit, Musk/Twitter etc.) sprunghaft gestiegen. Das „Lessons learned" aus der Abhängigkeit von russischem Gas: Wir müssen professionelles Präventions- und Risikomanagement anwenden, um wann immer möglich, Vorsorge zu treffen, bzw. Abhängigkeiten frühzeitig zu identifizieren, um rechtzeitig gegensteuern zu können und Risikominderungsmaßnahmen einzuplanen und umzusetzen. In diesem Beitrag wollen wir die digitalen Abhängigkeiten Deutschlands und Europas beleuchten. **Im Gegensatz zum Gas können digitale Abhängigkeiten irreversibel sein und können zu massiven dauerhaften wirtschaftlichen und gesellschaftlichen Schäden führen.**

Die Konsequenzen aus dem Wegfall von russischem Gas sind uns allen noch im Bewusstsein (Ergebnisauszug aus einem Workshop beim PM Forum 2023 der GPM Deutsche Gesellschaft für Projektmanagement e.V. am 15.06.2023 in Köln):

- „Mondpreise" für Gas, Strom und andere Energieträger; Preisaufschläge über die komplette Value Chain → Inflation

- Mediale Panikmache: Verbreitung von Verunsicherungen; Existenzängste

---

[1] Netzwerk Digitale Nachweise, Westminsterstraße 60, D-45470 Mülheim, g.bacharach@gpm-ipma.de
[2] Universität Würzburg, Institut für Informatik, Am Hubland, D-97074 Würzburg, jaeger@informatik.uni-wuerzburg.de
[3] Universität Würzburg, Institut für Informatik, Am Hubland, D-97074 Würzburg, wehnes@informatik.uni-wuerzburg.de

- Rezession; Insolvenzen; Arbeitslosigkeit

- Massive Einsparaktionen; Energiedrosselung am Arbeitsplatz

- Einsatz von Fracking Gas; umstrittenes Heizungsgesetz.

Was waren die Sofortlösungen, und welche Lösungsmöglichkeiten wurden auf den Weg gebracht? Ergebnisauszug aus dem o.g. Workshop:

Sofortlösungen	Mittel-/langfristige Lösungsmöglichkeiten
➢ Nutzung vorhandener Gasreserven	➢ Ausbau erneuerbarer Energien: Solar- und Windenergie, Brennstoffzellen, Wasserstoff, Wärmepumpen etc.
➢ Energiesparmaßnahmen bei Gas und Strom	➢ Verträge mit (politisch z.T. nicht ganz unkritischen) Ersatzlieferanten
	➢ Gebäudedämmung und ähnliche Maßnahmen
	➢ Förderprogramme: Energiesparmaßnahmen, Investitionen in erneuerbare Energien, Energieforschung u.ä.

Abb. 1: Lösungsmöglichkeiten für die Abhängigkeit von russischem Gas

Bei digitalen Abhängigkeiten können die Konsequenzen wesentlich dramatischer sein, z.B. wenn der „Digitale Hahn" für lebensnotwendige Dienste von ausländischen Unternehmen oder Politikern abgedreht wird. Sofortlösungen hierfür sind aktuell nicht in Sichtweite. Es gibt noch keinen Plan B. Mittel- und langfristige Lösungen benötigen Vorlauf.

Sofortlösungen	Mittel-/langfristige Lösungsmöglichkeiten
➢ Keine	➢ Awareness für die Risiken und Konsequenzen digitaler Abhängigkeit stärken
	➢ Vorrang in der Beschaffung von Softwareprodukten, die digitale Souveränität stärken, z.B. Open Source Software
	➢ Schaffung von Rahmenbedingungen, die den Wettbewerb am Softwaremarkt stärken

Abb. 2: Lösungsmöglichkeiten für digitale Abhängigkeit

Abgeleitet aus dieser Problemstellung haben wir uns vorrangig mit den folgenden **Forschungsfragen** befasst:

F1: *Wie kann der Grad der Digitalen Souveränität einer Software gemessen werden?*

F2: *Welche Lösungsansätze und Handlungsempfehlungen gibt es zur Stärkung von Digitaler Souveränität?*

Unser Beitrag gliedert sich wie folgt: In Kapitel 2 werden die Risiken und Konsequenzen digitaler Abhängigkeit analysiert. Kapitel 3 widmet sich der Forschungsfrage F1. Es wurde ein Souveränitätsscore (MVP) konzipiert und programmtechnisch umgesetzt, mit dem man die Digitale Souveränität einer Software messen kann. In Kapitel 4 werden die Ergebnisse zur Forschungsfrage F2 vorgestellt: Vorgehensempfehlung, Risikocheckliste, Maßnahmenkatalog zur Verringerung digitaler Abhängigkeiten und Softwareproduktempfehlungen. Mit einem Fazit und Ausblick auf zukünftige Forschungsarbeiten und Folgeaktivitäten (Kapitel 5) wird der Beitrag abgeschlossen.

2   Digitale Abhängigkeiten: Risiken und Konsequenzen

Wir beginnen dieses Kapitel mit Begriffsklärungen, die für die nachfolgenden Abschnitte wichtig sind. Um das Bewusstsein für digitale Abhängigkeiten und deren Konsequenzen zu stärken, betrachten wir anschließend den Status der „Digitalen Kolonie Deutschland" und analysieren die Risiken und potentiellen Konsequenzen digitaler Abhängigkeit.

2.1   Begriffe

Was versteht man unter „Digitaler Souveränität"?

„Digitale Souveränität" beschreibt *„die Fähigkeiten und Möglichkeiten von Individuen und Institutionen, ihre Rolle(n) in der digitalen Welt selbstständig, selbstbestimmt und sicher ausüben zu können"* (Definition des IT-Planungsrats der Bundesregierung [IT21]).

Warum ist digitale Souveränität von zentraler Bedeutung für Unternehmen, Institutionen und Bürgerinnen und Bürger?

Digitale Souveränität gewährleistet Sicherheit, Datenschutz und Unabhängigkeit von ausländischen politischen und wirtschaftlichen Einflussnahmen. Sie stärkt die Wettbewerbsfähigkeit von deutschen und europäischen Unternehmen, schützt geistiges Eigentum und fördert Innovationen. Insgesamt trägt sie zur wirtschaftlichen Prosperität, Sicherheit und zu nachhaltigem Wohlstand in der digitalen Welt bei.

Was ist Open Source Software (OSS)?

Open-Source-Software (OSS) bezeichnet Software, deren Quellcode für die Öffentlichkeit zugänglich ist: Benutzer können den Code einsehen, für ihre Zwecke ändern und verteilen. Investitionen in die Entwicklung von Open-Source-Software sowie deren Einsatz (kostenfreie Lizenzen) sind für Unternehmen und Institutionen im Vergleich zu proprietärer Software in der Regel wirtschaftlich nachhaltiger, da keine teuren Dauerverpflichtungen (z.B. Abogebühren) anfallen. Ergänzende kostenpflichtige Services (Releases, Betrieb, Support u.ä.) werden von verschiedenen Dienstleistern angeboten.

Was versteht man unter proprietärer Software?

Proprietär nennt man Software, deren Quellcode und Nutzungsrechte im Besitz eines Unternehmens oder einer Organisation liegen. Die genaue Funktionsweise ist intransparent und der Code ist nicht öffentlich zugänglich. Proprietäre Lösungen "Made in Germany" sind im Kontext von Digitaler Souveränität positiv zu bewerten, wenn diese der vollen Kontrolle des europäischen Rechtsraums unterliegen und auch das Hosting in Deutschland oder der EU stattfindet. Wie OSS helfen diese Lösungen digital unabhängiger zu werden.

Welche Auswirkungen haben Softwaremonopole?

Im Kontext Digitaler Souveränität sind Software-Monopole und -Oligopole äußerst problematisch, da diese u.a. mit ihrer Kapitalstärke in die politischen Entscheidungsprozess stärker eingreifen können, wettbewerbsverzerrend wirken, hohe Abhängigkeiten generieren und das Risiko von Kontrollverlust über die eigenen Daten sowie Erpressbarkeit schaffen → siehe ***Vendor und Cloud Lock-in***

Welche grundlegende Bedeutung hat OSS für die Digitale Souveränität?

Mit Open Source Software (OSS) können Unternehmen und Institutionen die Kontrolle über ihre Daten und Technologien sichern und die Unabhängigkeit von marktdominierenden Anbietern fördern. OSS ermöglicht Flexibilität und Anpassungsfähigkeit und erhöht die IT-Sicherheit und Interoperabilität. Darüber hinaus fördert sie lokale Wertschöpfung, Innovationskraft und sichert zukünftigen Wohlstand.

Was versteht man unter Vendor Lock-in?

Ein Vendor Lock-in ist eine gefährliche Situation, in der ein Kunde in sehr hohem Maße von den Produkten eines Anbieters abhängig ist und ohne massive Kosten und Schwierigkeiten nicht kurzfristig den Anbieter wechseln kann. Ein Vendor Lock-in kann Kunden erpressbar machen.

Was versteht man unter Cloud Lock-in?

Ein Cloud Lock-in ist eine übermäßige Abhängigkeit eines Unternehmens oder einer Institution von einem bestimmten Cloud-Anbieter, die es praktisch unmöglich macht, zu einem anderen Anbieter zu wechseln, wodurch die Kontrolle über Daten und Prozesse verloren gehen kann und Erpressbarkeit möglich wird.

2.2   Digitale Kolonie

Die Themen Digitale Souveränität, Datensouveränität, geopolitische Abhängigkeit, Offenheit von Daten, Standards und Code sind sowohl in der Wirtschaft als auch in der politischen Diskussion angekommen: Im Koalitionsvertrag zwischen SPD, Bündnis 90/Die Grünen und FDP [BU21] haben Digitalen Souveränität und der verstärkte Einsatz von Open Source einen hohen Stellenwert. Die Stärkung der technologischen und Digitalen Souveränität Deutschlands ist zum Leitmotiv der Digital- und Innovationspolitik (Digitalstrategie 2022) der Bundesregierung erhoben worden [BU22].

In jüngster Zeit mehren sich die Warnungen hochkarätiger IT-Experten, Forschungseinrichtungen und Politiker, Deutschland und Europa drohe eine „Digitalen Kolonie" oder „Digitale Datenkolonie" zu werden:

*   Manfred Broy: *Deutschland ist auf dem Weg, ein digitales Entwicklungsland, eine digitale Kolonie zu werden.* [Br20]

*   Helmut Krcmar: *Droht Europa eine digitale Kolonialisierung?* [Kr20]

Maximilian Mayer und Yen-Chi Lu von der Konrad-Adenauer Stiftung e.V. kommen in einer Studie zum Ergebnis, dass Europa die Konsequenzen seiner digitalen Abhängigkeit noch kaum erkannt hat [ML22].

2.3   Risiken aus digitaler Abhängigkeit

Recht eindrucksvoll beschreiben Jan Mahn und Christian Wölbert [MW20] die möglichen Konsequenzen digitaler Abhängigkeit:

W ashington, Herbst 2020: In der heißen Phase des US-Wahlkampfs verschärft Donald Trump die Sanktionen gegen die Ostsee-Pipeline Nord Stream 2 und verbietet amerikanischen Digitalkonzernen die Zusammenarbeit mit staatlichen Stellen in Deutschland. Kurz darauf verlieren Hunderte Behörden, Krankenkassen und Schulen den Zugriff auf Cloud-Dienste wie Microsoft Office 365, Google Docs und Cisco Webex.

Abb. 3: Fiktives Beispiel [MW20]

Johann Bizer, Chef von Dataport, einem IT-Dienstleister für Behörden in Norddeutschland meint dazu: „Was gestern unvorstellbar und als platter Antiamerikanismus ausgelegt worden wäre, ist heute möglich und denkbar geworden." Und er weist auf Beispiele von digitalen US-Embargos hin: Venezuela, Iran, China. Mit Blick auf die Präsidentschaftswahl in den USA 2024 kann auch eine Renaissance der "America First"-Politik nicht ausgeschlossen werden.

Der Wirtschaftsverband BITMi Bundesverband IT-Mittelstand e.V. warnt vor den wachsende digitalen Abhängigkeiten, die inzwischen ein „besorgniserregendes Ausmaß" erreicht haben, weist auf „konkrete Gefahren für unsere politische Selbstbestimmung" hin und fordert „Deutschland darf im Digitalen nicht zu einer reinen Anwendungs-Volkswirtschaft werden". [BI22]

Die wirtschaftlichen Folgen der Monopolisierung und dem damit einhergehenden fehlenden Wettbewerb am digitalen Markt werden insbesondere bei den halbjährlichen Preissteigerungen, die häufig im 2-stelligen Prozentbereich liegen, überdeutlich. [Ke22], [JK23].

Wir haben eine Risikoanalyse digitaler Abhängigkeiten und deren potentielle Konsequenzen vorgenommen und als Ergebnis eine **Checkliste zur Risiko-Identifizierung** für Unternehmen und Institutionen abgeleitet. Sie wird hier auszugsweise wiedergegeben:

*   **Dauer-Abhängigkeit, z.B. durch Verlust bzw. Freisetzung eigener IT-Spezialisten aus „wirtschaftlichen" Gründen**

*   Eingeschränkte Informationssicherheit, rechtliche Unsicherheit, eingeschränkte Flexibilität, fremdgesteuerte Innovation [PwC19]

*   Wirtschaftliche und politische Erpressbarkeit

*   Unkontrollierbare Kosten durch Verlust der Verhandlungsfähigkeit: Jedes Preisangebot muss akzeptiert werden. Kein Einfluss auf Vertragsinhalte und Konditionen.

*   Verlust von Eigentums- bzw. Urheberrechten, IP (Intellectual property), Wissen, Patenten, Informationen zur Beantragung von Patenten

*   Verlust der Datenhoheit, Industriespionage etc..

Der erste Punkt ist besonders kritisch: Unternehmen oder Institutionen, die z.B. aus „Kostengründen" eigene IT-Bereiche schließen und ihre Daten und Prozesse („Kronjuwelen") in Only-Cloud-Modelle von Unternehmen mit juristischen Hauptsitz außerhalb der EU verlagern, können schnell in irreversible und unverhältnismäßig teure und dauerhafte Abhängigkeiten geraten und ihre Innovationsfähigkeit verlieren, wenn kein eigenes digitales Know-how mehr vorhanden ist und die Voraussetzungen für Gestaltungsfähigkeit fehlen.

2.4   Risiken aus der Nutzung „kostenfreier" Tools

„Kostenfreie" Software-Tools werden in der Projektarbeit und darüber hinaus gerne eingesetzt, um bewusst oder unbewusst Kosten zu sparen. Die Tatsache, dass man mit dem Gold des 21. Jahrhunderts, seinen eigenen persönlichen Daten und Verhaltensweisen bezahlt, ist vielen bekannt und wird aber häufig verdrängt [WB20]. Welche Risiken man mit der Nutzung „kostenfreier" Tools eingeht, zeigt beispielhaft der folgende Auszug aus der Datenschutzerklärung von Discord (https://discord.com/privacy). Produktnutzung bedeutet automatisch die Einverständniserklärung zu diesen Bestimmungen.

Wortlaut der Datenschutzbestimmung	Klartext
Informationen, die Sie bereitstellen: Wir sammeln Informationen von Ihnen, die Sie freiwillig zur Verfügung stellen (z. B. sobald Sie sich für die Dienste registrieren oder bestimmte Dienste nutzen). Zu den von uns gesammelten Informationen gehören unter anderem Benutzername, E-Mail-Adresse und alle Nachrichten, Bilder, temporäre VoIP-Daten (um die Kommunikation zu ermöglichen) und andere Inhalte, die Sie über die Chat-Funktion verschicken.	Sämtliche anfallende Daten werden gespeichert
Daten, die wir automatisch sammeln: Wenn Sie mit uns über die Dienste kommunizieren, erhalten und speichern wir bestimmte Informationen wie IP-Adresse, Geräte-ID und Ihre Aktivitäten innerhalb der Dienste. Wir sind berechtigt, diese Informationen zu speichern. Die können auch in Datenbanken aufgenommen werden, die im Besitz von Tochtergesellschaften, Agenturen und Dienstleistern sind, und von diesen verwaltet werden.	Daten können an Dritte weitergeleitet werden
Gesammelte Informationen: Um unsere Nutzer besser verstehen und unsere Dienste optimieren zu können, untersuchen wir auf der Grundlage der gesammelten Informationen demografische Daten, Interessen und Verhaltensweisen unserer Nutzer. Diese Ergebnisse können zusammengestellt und analysiert werden. Wir können diese gesammelten Daten mit unseren Tochtergesellschaften, Agenturen und Geschäftspartnern teilen. Wir können auch gesammelte Benutzerstatistiken offenlegen, um unsere Dienstleistungen aktuellen und potenziellen Geschäftspartnern zu präsentieren und sie anderen Dritten für andere rechtmäßige Zwecke zur Verfügung zu stellen.	Aus den Daten können Profile erstellt und an Dritte weitergegeben werden.
Das Unternehmen hat seinen Sitz in den Vereinigten Staaten. Unabhängig von Ihrem Standort stimmen Sie der Verarbeitung und Weitergabe Ihrer Daten in den USA und anderen Ländern zu. Die Datenschutzgesetze in den USA und in anderen Ländern können im Hinblick auf Sicherheit und Umfang von denen Ihres Landes abweichen.	Ungesteuerter Abfluss von Daten und Wissen an Dritte

Abb. 4: Datenschutzbestimmung von Discord: Wortlaut vs. Klartext

Der Abfluss von Daten und Wissen an Dritte ist besonders kritisch zu bewerten. Neben persönlichen Daten kann dies auch Projekt- und Unternehmensdaten betreffen sowie Daten von Geschäftspartnern. Auch Eigentums- und Urheberrechte sind damit gefährdet.

Erschwerend kommt für Anwender hinzu, dass sie selbst aufgrund dieser Bestimmung für jegliche Konsequenzen von Datenschutzverletzungen verantwortlich sind, die durch die Nutzung relativ leicht entstehen können, und nicht das Unternehmen Discord.

3   Digitaler Souveränitätsscore

Wie lässt sich Digitale Souveränität stärken? Mit dieser Frage haben sich Jakob Jäger und Ralf Schweifler, zwei Studierende der Universität Würzburg, im Rahmen eines Master-Informatik-Praktikums [JS23] befasst und ein Tool (MVP) zur Messung der Digitalen

Souveränität von Softwareprodukten entwickelt. Die zugehörige Plattform *digital-sovereignty.net* gibt darüber hinaus noch wertvolle Tipps, wie man als Einzelperson, Unternehmen oder Institution seinen Score verbessern und damit seine Digitale Souveränität steigern kann. Die Berechnung des Scores basierte auf einem rudimentären Ansatz, der lediglich zwischen Open Source und proprietärer Software unterschied.

Im Rahmen einer anschließenden Masterarbeit [Jä23] hat Jakob Jäger, Mitautor dieses Beitrags, diesen Ansatz verfeinert und auf proprietäre Lösungen ausgedehnt. Er hat insbesondere ein qualitatives Bewertungsmaß für die Digitale Souveränität entwickelt und dieses implementiert. Mit diesem Souveränitätsscore ist es Nutzern möglich, eine Einschätzung über den Grad der Digitalen Souveränität der von ihnen eingesetzten Software zu erhalten. Jede Software wird anhand der folgenden 6 Kriterien bewertet und daraus der Souveränitätsscore berechnet:

- **Monopolisierung und Wettbewerb:**
  Hat die Software eine Monopolstellung innerhalb ihrer Kategorie?

- **Quelloffenheit:**
  Nutzt die Software eine quelloffene Lizenz?

- **Standardisierte Dateiformate:**
  Bietet die Software volle Unterstützung für offene, standardisierte Dateiformate?

- **Standardisierte Schnittstellen:**
  Nutzt die Software offene APIs/Schnittstellen zur Bereitstellung von Daten?

- **Rechtsstandort und Datensicherheit:**
  Hat der Anbieter der Software seinen juristischen Hauptsitz in der EU?

- **On-Premise:**
  Kann die Software im On-Premise Betrieb eingesetzt werden?

Die **Scoreberechnung** erfolgt mittels der folgenden Formel:

$$\text{Score}(S) = \frac{\sum_{k_1 \in K_1} e(k_1)}{|K_1|} \cdot \prod_{k_0 \in K_0} e(k_0)$$

Erläuterung
- Unterscheidung zwischen Ko-Kriterien K_0 sowie Standardkriterien K_1
- Erfüllungsfunktion e(k) hat Wert 1, falls die Bedingung erfüllt ist, ansonsten den Wert 0
- Berechnung via Prozent der erfüllten Standardkriterien multipliziert mal Ko-Kriterien
- Ergebnis: Wert zwischen 0 und 1, wobei 0 schlechtestes und 1 bestes Ergebnis
- Je höher der Score, desto besser unterstützt die Software die Digitale Souveränität!

Abb. 5: Formel zur Scoreberechnung mit Legende

Um Verstärkungen von Abhängigkeiten und von Lock-in Effekten zu vermeiden sowie die Marktmacht von Monopolisten nicht noch weiter zu steigern, wurde das Kriterium "Wettbewerb und Monopolisierung" als Ko-Kriterium gewählt. Alle anderen Kriterien gehen als Standardkriterien in die Formel ein.

Es muss angemerkt werden, dass es neben den oben genannten Kriterien weitere gibt, wie Nutzerakzeptanz, Cybersicherheit, Maintenance und Support, die über den Grad der Digitalen Souveränität einer Software hinaus beachtet werden müssen. Auch könnten einige Kriterien granularer definiert werden. Das würde allerdings die einfache Handhabbarkeit beeinträchtigen.

Die neue Version der Website *digital-sovereignty.net* enthält ergänzend zur Bewertungsmöglichkeit von Software:

- Eine Liste von bereits mit dem Score bewerteten Softwareprodukten

- Hintergrundinformationen zu „Digitaler Souveränität" und zum Souveränitätsscore

- Empfehlungen zur Steigerung der Digitalen Souveränität

- Mitmachmöglichkeit im Rahmen einer Community.

4   Lösungsansätze und Handlungsempfehlungen zur Stärkung der Digitalen Souveränität

Grundvoraussetzung für Entwicklung von Maßnahmen zur Stärkung der Digitalen Souveränität ist das Bewusstsein der Verantwortlichen für die Bedeutung und Kritikalität des Themas für das jeweilige Unternehmen, für die jeweilige Organisation, für jeden Einzelnen und für die gesamte Gesellschaft.

Im Folgenden werden dazu verschiedene Ansätze und Hilfestellungen angeboten: Vorgehensempfehlung, Risikocheckliste, Maßnahmenkatalog und Liste alternativer, vorzugsweiser Open-Source-basierter Produkte. Diese Informationen finden sich auch auf *digital-sovereignty.net* und werden durch Feedback der Community ständig weiterentwickelt.

4.1   Vorgehensempfehlung

1. **Messen Sie den Grad der Digitalen Souveränität Ihres Software-Portfolios** (mit *digital-sovereignty.net)*. Konzentrieren Sie sich dabei auf die Produkte, von denen ihr Unternehmenserfolg abhängig ist bzw. die den Hauptteil Ihrer Ausgaben für Software-Lizenzen ausmachen.

2. Führen Sie eine umfassende **Risikoanalyse** durch.

3. Erstellen Sie einen **Maßnahmenplan** (Abschnitt 4.2) für besonders kritische Abhängigkeiten und monitoren Sie die Umsetzung und den Erfolg dieser Maßnahmen. Je später Sie anfangen, umso teurer und aufwändiger wird es.

4. Verstärken Sie in Ihrem Unternehmen, Ihrer Organisation und Ihrem Umfeld das **Bewusstsein** für digitale Abhängigkeiten und die damit verbundenen Risiken.

4.2   Risikoanalyse für digitale Abhängigkeiten

Für die Identifikation und Analyse der Risiken sind Leitfragen sowie eine **Risiko-Checkliste** besonders hilfreich:

- **Existieren potentiell irreversible Abhängigkeiten, z.B. durch Verlust bzw. Freisetzung eigener IT-Spezialisten aus „wirtschaftlichen Gründen"**

- Wo besteht die Gefahr eines Cloud Lock-ins?

- Wo besteht die Gefahr eines Vendor Lock-ins?

- Besteht die Gefahr, dass Sie Ihre Gestaltungs- und Innovationsfähigkeit durch digitale Abhängigkeiten verlieren?

- Ist die Vermeidung von Industriespionage sichergestellt?

- Ist Ihre Datenhoheit sichergestellt?

- Gibt es Compliance-Risiken (DSGVO) durch die Verarbeitung und Speicherung von Daten in Rechenzentren, die nicht dem europäischen Rechtssystem unterliegen?

Sind sie „verhandlungsfähig"? Oder müssen Sie jedes Preisangebot akzeptieren? Kann Ihr Vertragspartner den Vertrag einseitig ändern. Welche finanziellen Konsequenzen ergeben sich, wenn bisher gewährte (hohe) Rabatte wegfallen oder sie in andere Preiskategorien eingestuft werden. Können Sie den Einsatz der Lizenzen vertragskonform monitoren?

4.3   Maßnahmenkatalog zur Verringerung digitaler Abhängigkeiten

Nachdem die kritischsten Risiken analysiert wurden, ist der nächste Schritt, hierfür angemessene Maßnahmen zu planen und auf den Weg zu bringen. Als **Sofortmaßnahme** bietet sich die Vermeidung verstärkter oder neuer digitaler Abhängigkeiten an.

Weiter Maßnahmen können z.B. sein:

- Zwei- oder mehrgleisige Einkaufsstrategie

- Alternative Anbieter durch Kauf deren Produkte und Serviceleistungen sowie konstruktive Kritik im Reifeprozess fördern

- Vermeidung von Vendor und Cloud Lock-in

- Innovationen mit Open Source entwickeln.

4.4   Mit Open Source Software die Zukunft gestalten

Open Source Softwareprodukte (OSS) stellen – insbesondere für die Öffentliche Verwaltungen – eine Alternative zum Einkauf und Betrieb von Produkten von Monopolisten dar. Dies vermeidet digitale Abhängigkeit, stärkt die Digitale Souveränität und fördert digitale Kompetenz [Ba23]. Eine pauschale Empfehlung für OSS kann allerdings nicht gegeben werden. Neben der Qualität der Software sind weitere Kriterien zu berücksichtigen, die für eine nachhaltige Nutzung stehen.

Von besonderer Bedeutung sind dabei auch das Governance- und das Lizenzmodell der Software [Ba23]. Governance definiert einen Ordnungsrahmen, der insbesondere die Mitsprache und Mitentscheidung regelt. Eine Governance beinhaltet eine Organisationstruktur mit festgelegten Rollen mit Verantwortlichkeiten, Richtlinien und Prozessen. Staatliche Einrichtungen sollten grundsätzlich nur in solche Open Source Projekte investieren, die digitale Nachhaltigkeit sicherstellen [Ba23].

Die Zahlen des Bitkom Open Source Monitors von 2021 belegen, das Open Source in der deutschen Wirtschaft angekommen ist: Der Einsatz und die Nutzung von Open Source gehört für die große Mehrheit der Unternehmen und Organisationen zum täglichen Geschäft [BI21] geworden.

Der Expertenkreis „Transformation der Automobilwirtschaft", ein hochkarätig besetztes Beratungsgremium des BMWK spricht sich in einer Empfehlung vom Juni 2023 für einen ganzheitlichen Mindset Change hin zur Open-Source-Entwicklung aus, um den Automobilstandort Europa zu stärken [ET23]. Er schlägt u.a. vor, Open-Source freundliche rechtliche Rahmenbedingungen zu schaffen, die die Entwicklung und Nutzung von Open-Source-Software fördern (insbesondere IP-Recht, Haftungsrecht, Kartellrecht).

In den Öffentlichen Verwaltungen wird zunehmend das **Einer-für-alle-Prinzip (EfA-Prinzip)** praktiziert, d.h. Fachanwendungen werden einmalig entwickelt und allen anderen zur Verfügung gestellt. Das ZenDiS (Zentrum für Digitale Souveränität) unterstützt den Austausch von Programmen durch die Plattform OpenCoDE *www.opencode.de.*

Kollaborative Entwicklungen bringen Synergien, indem Kompetenzen organisations-bzw. unternehmensübergreifend gebündelt werden. Sie sparen Ressourcen, Kosten und Zeit. Durch den Austausch wird zudem die Qualität der gemeinsam entwickelten Produkte erhöht. Darüber hinaus entsprechen Investitionen in Open Source Projekte dem Prinzip der wirtschaftlichen Nachhaltigkeit.

Und nicht zuletzt sorgt OSS für **soziale Teilhabe** in allen gesellschaftlichen Schichten.

In jüngster Zeit entstehen immer mehr Communities, die sich mit Digitaler Souveränität und Open Source Software befassen, wie z.B. der AK OSS *https://ak-oss.gi.de* der GI Gesellschaft für Informatik e.V.

4.5   Empfehlung von alternativen Produkten

Um insbesondere Unternehmen und Institutionen Orientierung zum Einsatz und zur Beschaffung von Software zu bieten, haben wir eine Liste von Alternativen – meist Open Source-basierte Lösungen – auf digital-sovereignty.net zusammengestellt. Durch den vorzugsweisen Einsatz dieser Produkte wird der Wettbewerb belebt sowie Digitale Souveränität gestärkt. Auf der Basis von Feedback findet eine laufende Aktualisierung und Weiterentwicklung dieser Liste statt. Projektverantwortliche sollten bei Beschaffungen daher stets prüfen, ob bestimmte Funktionalitäten von Softwareprodukten bzw. -services nicht auch von einem europäischen Anbieter angemessen erfüllt werden.

5   Fazit und Ausblick

Zusammenfassend ist festzustellen, dass Digitale Souveränität eine grundlegende Voraussetzung für die "Enkelfähigkeit" unserer Gesellschaft und Wirtschaft ist. Wir alle sind aufgefordert, massive digitale Abhängigkeiten zu vermeiden, damit wir die digitale Zukunft frei und selbstbestimmt gestalten können.

Zur Umsetzung gehört auch Mut, neue Wege zu gehen und Verantwortung zu übernehmen. Projektmanager, Führungskräfte und für IT-Beschaffungen Verantwortliche sollten **bei der Auswahl von Software-Tools und IT-Dienstleistungen stets auch das Kriterium „Digitale Souveränität" einbeziehen.** Insbesondere muss sichergestellt sein, dass die Datenhoheit und Innovationskraft erhalten bleiben und Erpressbarkeit unmöglich wird. Es gibt vielfältige Möglichkeiten, sich beim Aufbau und der Weiterentwicklung von Communities zu beteiligen. **Machen Sie mit!**

Zentrale Ergebnisse der hier vorgestellten Forschungsarbeiten sind:

1.   Die digitale Abhängigkeiten Deutschlands und Europas haben inzwischen ein „besorgniserregendes Ausmaß" erreicht und sind kritischer als die Abhängigkeiten von russischem Gas, da hierfür kein Plan B existiert und einige unumkehrbar sind.

2.   Der vorgestellte und implementierte Souveränitätsscore ist eine pragmatische Möglichkeit, die Digitale Souveränität von eingesetzter Software zu messen.

3.   Es gibt Lösungsansätze, Handlungs- und Produktempfehlungen zur Stärkung der Digitalen Souveränität (vgl. Kapitel 4).

Digitale Souveränität wird verstärkt zum Gütezeichen, mit dem Unternehmen Wettbewerbsvorteile erzielt können.

Der Souveränitätsscores ist praxisorientiert ausgerichtet, mit relativ leicht nachprüfbaren Kriterien und einer direkten Berechnungsmethode. Zwar wird zwischen Ko- und Standardkriterien unterschieden, eine weitere Unterscheidung oder Gewichtung findet allerdings nicht statt. Dies mindert die Möglichkeiten zur Abbildung des Grads der Digitalen Souveränität einer Software und legt einem unerfahrenen Nutzer nahe, alle Kriterien seien jederzeit gleich wichtig.

Weitere Limitationen und Kritikpunkte sind in [Jä23] aufgeführt. Diese bilden die Basis für **zukünftige Forschungsarbeiten und Folgeaktivitäten:**

*   Souveränitätsscore um weitere messbare Kriterien erweitern

*   Gewichtung von Kriterien vornehmen und/oder Subindizes für Kriterien entwickeln

*   Alternativen-Finder entwickeln (Prototyp liegt bereits vor)

*   Qualitätssicherung und Erweiterung der Handlungs- und Produktempfehlungen

*   Ausbau der Website *digital-sovereignty.net* zu einer **zentralen Anlaufstelle und Community-Plattform für „Digitale Nachhaltigkeit"** mit zusätzlichen Funktionalitäten, wie z.B. Bewertungen der alternativen Lösungen.

Literaturverzeichnis

[AH23]   Almasi N., van Helden P.: Deutschlands digitale Abhängigkeit: Von Souveränität kann keine Rede sein. https://digitaldependence.eu/wp-content/uploads/2023/03/Laenderstudie_Deutschland_Almasi_vanHelden_09032023.pdf

[Ba23]   Bacharach, G. et.al.: Governance von Open Source Software, Empfehlungen für die Öffentliche Verwaltung – Diskussionsbeitrag. https://www.ossbig.at/wp-content/uploads/2023/05/2023-05-08-OpenSourceGovernance-Diskussionsberitrag-V3-1.pdf

[Bl22]   BITMi: Offener Brief an die Bundesregierung: BITMi warnt vor voranschreitender digitaler Abhängigkeit, 2022. https://www.bitmi.de/offener-brief-digitale-abhaengigkeiten/

[BMI20]   Bundesministerium des Inneren und für Heimat, Digitale Souveränität, 2020. https://www.cio.bund.de/Webs/CIO/DE/digitale-loesungen/digitale-souveraenitaet/digitale-souveraenitaet-node.html

[Br20]   Broy, M.: Deutschland ist auf dem Weg, ein digitales Entwicklungsland, eine digitale Kolonie zu werden. in TUM Forum Sustainability – Wissenschaft, Vernunft, Nachhaltigkeit, 1.7.2020, S. 112; https://mediatum.ub.tum.de/doc/1548492/1548492.pdf

[BU21]   Bundesregierung: Koalitionsvertrag zwischen SPD, Bündnis 90/Die Grünen und FDP von 12/2021. https://www.bundesregierung.de/breg-de/aktuelles/koalitionsvertrag-2021-1990800

[BU22]   Bundesregierung: Digitalstrategie 09/2022: https://bmdv.bund.de/SharedDocs/DE/Anlage/K/presse/063-digitalstrategie.pdf?__blob=publicationFile

[ET23]   Expertenkreis Transformation der Automobilwirtschaft (ETA): Durch Open-Source-Softwareentwicklung den Automobilstandort Europa stärken. https://expertenkreis-automobilwirtschaft.de/media/pages/home/8653794fe6-1686745132/expertenkreis-transformation-der-automobilwirtschaft_kurzpapier_open-source-software.pdf

[IT21]   IT-Planungsrat: Strategie zur Stärkung der Digitalen Souveränität für die IT der Öffentlichen Verwaltung. https://www.it-planungsrat.de/fileadmin/beschluesse/2021/Beschluss2021-09_Strategie_zur_Staerkung_der_digitalen_Souveraenitaet.pdf

[Jä23]   Jäger, J.: Digitale Nachhaltigkeit: Souveränitätsscore, 2023. Informatik-Masterarbeit, Universität Würzburg

[JS23]   Jäger, J., Schweifler, R.: Digitale Nachhaltigkeit: Souveränitätsscore, 2023. Informatik-Master-Praktikumsbericht, Universität Würzburg

[JK23]   Jahn, T., Kerkmann, C.: Microsoft hebt Preise für Geschäftskunden deutlich an. https://www.handelsblatt.com/technik/it-internet/cloud-computing-microsoft-hebt-preise-fuer-geschaeftskunden-deutlich-an/29050158.html

[Ka21]   Kagermann, Henning; Streibich, Karl-Heinz; Suder, Katrin (2021): Digitale Souveränität. Status quo und Handlungsfelder. Deutsche Akademie der Technikwissenschaften (acatech). https://www.acatech.de/publikation/digitale-souveraenitaet-status-quo-und-handlungsfelder/

[Ka20]   Kapalschinski, C.: Was passiert, wenn Google morgen entscheidet, seine Services in Europa abzuschalten?". https://www.handelsblatt.com/autoren/christoph-kapalschinski/1986466.html

[Ke22]   Kerkmann, C.: IT-Unternehmen erhöhen Preise für Software kräftig. https://www.han-delsblatt.com/technik/it-internet/microsoft-oracle-sap-it-unternehmen-erhoehen-preise-fuer-software-kraeftig/28691308.html

[Kr20]   Krcmar, H: Droht Europa eine digitale Kolonialisierung? CIO, 27.02.2020. https://www.cio.de/a/droht-europa-eine-digitale-kolonialisierung,3627664

[ML22]   Mayer M., Lu Y.: Europa hat die Konsequenzen seiner digitalen Abhängigkeit noch kaum erkannt. https://www.kas.de/documents/252038/16166715/Europa+hat+die+Konsequenzen+seiner+digitalen+Abh%C3%A4ngigkeit+noch+kaum+erkannt.pdf/664c8d2d-48e4-e864-fafa-a16bfa5bdc37?version=1.3&t=1651564960080

[MS21]   Murphy M., Scheuer S.: Datenschutzbeirat der Telekom warnt: Europa droht zur „digitalen Kolonie" zu werden. Handelsblatt, 27-04-2021. https://www.handelsblatt.com/technik/it-internet/cloud-dienste-datenschutzbeirat-der-telekom-warnt-europa-droht-zur-digitalen-kolonie-zu-werden/27035912.html

[MW20]   Mahn, J.; Wölbert, C.: Die riskante Abhängigkeit der Bundesrepublik von amerikanischen IT-Riesen; https://www.heise.de/hintergrund/Die-riskante-Abhaengigkeit-der-Bundesrepublik-von-amerikanischen-IT-Riesen-4881155.html

[PwC19]   PwC: Strategische Marktanalyse zur Reduzierung von Abhängigkeiten von einzelnen Software-Anbietern. Berlin. https://wibe.de/wp-content/uploads/20190919_strategische_marktanalyse-compressed.pdf

[WB20]   Wehnes, H.; Beger, A.: Die Wette ist eröffnet: Wird „Datenspende" Wort des Jahres 2020? – GPM Online-Debatte mit dem Bundesdatenschutzbeauftragten Prof. Ulrich Kelber: Blindflug? Virtuelles Arbeiten im Kontext Datenschutz & Informationsfreiheit

Teil III

Beiträge der Session „Future Track"

Vorgehen in KI- und ML-Projekten und Gründe für ihr Scheitern. Analyse phasenspezifischer Herausforderungen

Andreas Duschik und Matthias Goeken[1]

Abstract: In letzter Zeit haben Künstliche Intelligenz (KI) und Maschinelles Lernen (ML) immer mehr an Bedeutung gewonnen und der Reifegrad von KI- und ML-Methoden ist in beeindruckendem Maße gestiegen. Trotzdem scheitern viele Projekte in diesem Bereich, und damit die Entwicklung von konkreten, nützlichen Anwendungen. Ziel dieser Arbeit ist es, empirische Erkenntnisse zu Herausforderungen und Gründen für das Scheitern zu identifizieren und sie entlang der Phasen von Vorgehensmodellen zu einer „Landkarte der Herausforderungen" aufzubereiten. Angestrebt ist, damit Ansatzpunkte für Weiterentwicklung und Verbesserung von Vorgehensmodellen aufzuzeigen.

Keywords: Künstliche Intelligenz, Vorgehensmodelle, Herausforderungen, Gründe für Scheitern.

1   Einleitung

Der Reifegrad von Machine-Learning (ML) und KI-Methoden und -Algorithmen ist in den letzten Dekaden in einem beeindruckenden Maße gestiegen – erkennbar zum Beispiel an der zurzeit populären und allgemein verfügbaren KI ChatGPT. Gleichwohl ist der Transfer dieses methodischen und theoretischen Wissens in Anwendungen, die fachliche und industriespezifische Probleme lösen, nur teilweise erfolgreich [APH21] und die Forschung zu KI-Readiness und KI-Adoption steckt noch in den Kinderschuhen [Jö21].

Projekte, die sich dem Transfer und der Anwendung von KI und ML in Organisationen widmen, scheitern recht häufig [SKG21, Pü18, WSS22]. In der Regel jedoch nicht an der technischen Machbarkeit, sondern eher aus Gründen, die im Vorgehen und/oder im Projektmanagement zu suchen sind. Praxisorientierte Untersuchungen sehen eher allgemeine Faktoren wie „falsche Erwartungen" und ein Vorgehen „ohne definierten Plan und definierte Prozesse" [Pü18] sowie fehlende Managementunterstützung als ursächlich an – neben spezifischen Hemmnissen wie fehlende Daten, unzureichende Datenqualität und ein Mangel an „Data Scientisten".

Dabei liegt beispielsweise mit dem CRISP-DM (CRoss Industry Standard Process for Data Mining) seit über 20 Jahren ein Vorgehensmodell für die Entwicklung von ML- und KI-Anwendungen vor, das weit verbreitet ist und als De-facto-Standard bezeichnet wird [Ha+21; SKG21]. Es ist jedoch zu vermuten, dass dieses – wie auch Alternativen – nicht alle möglichen und v.a. relevanten Hemmnisse und Herausforderungen adäquat adressiert.

Ziel dieser Arbeit ist es, Ansatzpunkte für eine Weiterentwicklung und Verbesserung von Vorgehensmodellen zu identifizieren. Dabei werden Gründe für das Scheitern als relevante Ansatzpunkte interpretiert. Im Sinne der Erklärenden Designtheorie [BP10] sind dies Anforderungen, die Designvorgaben für Lösungskomponenten begründen können.

---

[1] Hochschule der Deutschen Bundesbank, Schloss, 57627 Hachenburg, matthias.goeken@bundesbank.de

Im Folgenden werden – nach einer Abgrenzung von KI und ML (Abschnitt 2) – kurz zwei Vorgehensmodelle vorgestellt (CRISP-DM bzw. ML und PAISE®), zum einen, da diese dem unterschiedlichen Verständnis von KI und ML Rechnung tragen (obwohl beide Begriffe allzu häufig synonym verwendet werden); zum anderen, weil sie die Bandbreite möglicher Vorgehensweisen und Vorgehensmodelle erkennen lassen und in diesem Paper keine repräsentative oder vollständige Würdigung von ML-/KI-Vorgehensmodellen vorgenommen werden kann (Abschnitt 3). Im Anschluss werden in Abschnitt 4 mittels einer Literatursuche Gründe für das Scheitern identifiziert. Diese werden entlang der Phasen der Vorgehensmodelle zu einer „Landkarte der Herausforderungen" aufbereitet. Damit wird angestrebt, Ansatzpunkte für deren Entwicklung und Verbesserung aufzuzeigen. Die Arbeit endet mit einem Ausblick und einem Fazit (Abschnitt 5).

2   Grundlagen

2.1   Künstliche Intelligenz und Maschinelles Lernen (KI und ML)

Bei KI geht es im Allgemeinen darum, maschinelle Lösungen für Aufgaben und Probleme zu entwickeln, deren Lösung bisher dem Menschen vorbehalten war [Ha+19, S. 7]. KI liegt in diesem Sinne dann vor, wenn Maschinen (z. B. Roboter oder Computerprogramme) Dinge tun, deren Ausführung beim Menschen Intelligenz voraussetzt. Die Simulation kognitiver und intelligenter Fähigkeiten mit technischen Mitteln (bspw. über künstliche Neuronen) ist somit ein gemeinsamer Nenner, der sich über eine Vielzahl unterschiedlicher Definitionen hinweg identifizieren lässt [MW19].

Eine andere Herangehensweise ergibt sich, wenn die Problemstellung als Ausgangspunkt gewählt und ausgehend von einem fachlichen Problem oder einer fachlichen Aufgabe nach einer möglichst optimalen Lösung gesucht wird. Dann steht nicht die Simulation einer menschlichen Problemlösung im Vordergrund. Entscheidend ist vielmehr die effiziente und optimale Lösung eines fachlichen Problems. Entsprechend stellt KI heute ein breites Spektrum an Technologien, Methoden und Verfahren für die unterschiedlichsten Ziele, Aufgaben, Problemstellungen und Anwendungsbereiche bereit [Er21, S. 3 ff.].

Abbildung 1 zeigt eine beispielhafte Auswahl von Technologien, Methoden und Verfahren, die unter den Begriff der KI fallen: Solche, die dem engeren Gebiet des „Machine Learning", einem Teilgebiet der KI, zuzuordnen sind, und auch solche, die dem etwas anders ausgerichteten Gebiet der „Data Science" zuzuordnen sind. Da die Begriffe oft nahezu synonym verwendet werden, wird hier der Versuch einer Abgrenzung unternommen.

Maschinelles Lernen beschäftigt sich mit der „computergestützten Modellierung und Realisierung von Lernphänomenen" [Ha+19, S. 8]. Ziel ist es, computergestützt und auf Basis mathematisch-statistischer Verfahren mit Hilfe von Lernverfahren Zusammenhänge in vorhandenen Datensätzen zu erkennen, um auf dieser Basis Vorhersagen oder Entscheidungen zu treffen [BS21, S. 9]. In der Abbildung sind im dunkelgrauen Kreis Lernverfahren des ML aufgeführt, die ihre Wurzeln in der Statistik oder Mathematik haben.

KI bedient sich dieser Lernverfahren, geht aber darüber hinaus: Im entsprechenden Bereich finden sich in Abbildung 1 Robotik, Sensorik und Aktorik sowie sprachverarbeitende Systeme (Spracherkennung, Sprachsynthese etc.) und „Vision", was über die einfache Bildverarbeitung hinausgeht und die Interpretation und das Verständnis von Ereignissen oder Aktivitäten in Bildern/Videos einschließt.

Data Science hingegen – die in diesem Beitrag nicht näher betrachtet wird – bezieht sich lt. gängigen Definitionen [KD19; vA18, S. 10] mehr auf die Prozesse der Arbeit mit Daten (bspw. deren Vorverarbeitung) sowie den Domänen-/Anwendungsbezug und wie aus Daten ein Nutzen für verschiedene Anwendungsbereiche gezogen werden kann.

Mit Blick auf die genannten Definitionen kann man feststellen, dass Machine Learning gleichsam den methodischen Kern (mit verschiedenen Algorithmen, Lernverfahren und -stilen) darstellt, während KI darüber hinausgehend auch die Interaktion mit der Umwelt (bspw. physischen Komponenten wie Roboter, Aktoren etc.) einschließt.

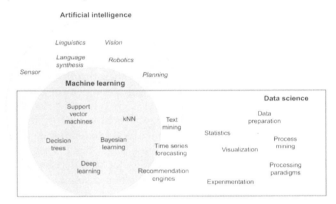

Abb. 1: Künstliche Intelligenz, Machine Learning & Data Science [KD19, S. 3]

2.2   CRISP-DM/ML und PAISE® als Vorgehensmodelle für ML und KI

An dieser Stelle soll kein (systematischer) Review von Vorgehensmodellen erfolgen (hierzu bspw. [Ku+23]). Stattdessen werden zwei Vorgehensmodelle für ML bzw. KI kurz vorgestellt, die in gewisser Weise ein mögliches Spektrum aufzeigen: CRISP-DM wurde gewählt, weil es – neben KDD von Fayyard et al. [FPS96] – die weiteste Verbreitung zu haben scheint und für ML adaptiert wurde ([Sc20; St+21]). Dabei liegt der Schwerpunkt auf Machine Learning, wobei auch spezifische Herausforderungen an der Schnittstelle zur Data Science adressiert werden.

CRISP-DM/ML [SKG21; St+21; Ha+19] ist ein Prozess aus sechs Phasen, die als zyklischer Ablauf mit Iterationen zu verstehen sind (in Abbildung 2 aus Platzgründen vereinfacht dargestellt). Der Fokus liegt auf Data Mining bzw. Machine Learning. In der ersten Phase Business Understanding werden die Geschäftsziele und fachlichen Ziele des Projekts festgelegt. Im Data Understanding werden die Daten und Datenquellen identifiziert und näher betrachtet, mit Blick darauf, ob sie zur Erreichung der fachlichen und analytischen Ziele geeignet sind. In der Phase Data Preparation werden die Daten so aufbereitet, dass sie im nächsten Schritt für das Training der Modelle verwendet werden können. Beim

Modeling wird ein Modell mithilfe von Data-Mining-Algorithmen wie Regression, Assoziation, Klassifikation oder Clustering gelernt. Dieses wird in der Phase Evaluation anhand von Metriken und Erfolgskriterien bewertet und optimiert. Im Deployment wird das Modell in den Betrieb überführt und überwacht.

PAISE® betrachtet weitergehend – wie die obige, terminologische Abgrenzung – die „Entwicklung und den Betrieb von KI-basierten Systemlösungen" und kombiniert Vorgehensweisen aus der Informatik (klassisches Systems Engineering) und der datengetriebenen Modellbildung ([Ha+21] und auch die (z. T. interaktive) Darstellung im Web[2]).

Die Phasen 1 und 2 (Ziele, das fachliche Problem, Anforderungen sowie mögliche Lösungsansätze verstehen/definieren) entsprechen im Wesentlichen dem „Business Understanding". Die Phase 3 umfasst die funktionale Dekomposition, bei der aus den Anforderungen und Aufgaben, die das System erfüllen und übernehmen soll eine Subsystemspezifikation abgeleitet wird. Damit liegen definierte und handhabbare Teilfunktionen vor, die durch eine Komponentenspezifikation (Phase 4) konkretisiert werden. Darüber hinaus werden Checkpoints definiert, die die Entwicklung zeitlich und sachlich synchronisieren.

Der iterative Entwicklungszyklus (Phase 5), der aus drei Schritten besteht, stellt das Herzstück von PAISE® dar. Empfohlen wird jeweils „domänenspezifisches" Vorgehen: Für die Entwicklung herkömmlicher Komponenten kann auf Methoden aus dem klassischen Systems Engineering zurückgegriffen werden, wobei wichtig ist, dass sich diese in das „zyklische Prinzip integrieren lassen". Bei ML-Komponenten werden anderen Methoden angewendet, die auf die Bereitstellung von Daten und das Modelltraining (incl. seiner Optimierung) ausgerichtet sind. Dies entspricht in weiten Teilen den Phasen 3 bis 5 des CRISP-DM/ML, wobei – anders als bei diesem – in PAISE® der Modularisierung des Modells als Komponenten und ihrer Integration in das Gesamtsystem besondere Beachtung geschenkt wird.

In der Phase „Übergabe" wird das fertiggestellte Produkt – incl. Dokumentation u. ä. – den Organisationseinheiten, die für Betrieb und Wartung verantwortlich sind, übertragen. Dem schließt sich die Phase „Betrieb und Wartung" an, bei der sich das System in Benutzung befindet (dies entspricht dem „Deployment" (CRISP-DM/ML) in weiter Fassung).

Phasen von CRISP-DM/ML	Phasen von PAISE®
Business Understanding	1. Ziele und Problemverständnis
Data Understanding	2. Anforderungen und Lösungsansatz
Data Preparation	3. Funktionale Dekomposition
Modeling	4. Komponentenspezifikation und Checkpoint-Strategie
Evaluation	5. Entwicklungszyklus: Komponentenentwicklung - Check-
Deployment	point/Bewertung - Verfeinerung
	6. Übergabe
	7. Betrieb und Wartung

Abb. 2: Gegenüberstellung der Phasen von CRISP-DM/ML und PAISE®

Der zuerst skizzierte CRISP-Prozess kann als Teil des KI-Engineering nach PAISE® verstanden werden und ist mit Blick auf die Entwicklung von ML-Modellen detaillierter als PAISE®. CRISP konkretisiert in dieser Hinsicht im Wesentlichen die Schritte des Ent-

---

[2] https://www.ki-engineering.eu/

wicklungszyklus (Phase 5), fokussiert aber deutlich weniger die Einbettung der Entwicklung von ML-Modellen in das Umfeld (bestehend aus Daten und anderen Anwendungssystemen). Hiermit zusammenhängende Aktivitäten werden von PAISE® ausführlicher adressiert und es hat daher erkennbar mehr Parallelen zur klassischen Systementwicklung.

3 Review: Gründe für das Scheitern und Herausforderungen

3.1 Zugrundeliegende Literatur

Bei der Recherche von Literatur zu Gründen für das Scheitern und Herausforderungen von KI/ML-Projekten lässt sich eine sehr große Varianz hinsichtlich der Forschungsgebiete feststellen. Um diese einzuschränken, werden nur Studien herangezogen, die sich nicht auf einzelne Wirtschaftsbereiche beschränken und die sowohl technische als auch nicht-technische Faktoren beachten. Die folgenden sieben Studien entsprechen diesen Kriterien und werden zur Erstellung der Landkarte (Abb. 3) herangezogen.

Baier et al. [BJS19] führen elf halbstrukturierte Interviews mit ML-Praktikern, um Herausforderungen speziell in der Umsetzung von ML-Projekten zu ermitteln und stellen diese den in der Literatur genannten Herausforderungen, gegenüber. *Bauer et al.* [BDK20] untersuchen den Stand der Anwendung von ML in Unternehmen. Sie werten 17 Studien aus und führen selbst eine qualitative Studie mit 18 Interviews von Mitarbeitern aus Unternehmen verschiedener Branchen und Größenklassen durch.

Jöhnk et al. [JWW21] wiederum betrachten Faktoren, die die Fähigkeit bzw. Bereitschaft von Unternehmen hinsichtlich der Anwendung (Adaption) von KI („Readiness Factors") bedingen. Auch hier werden halbstrukturierte Interviews mit 25 KI-Experten geführt. *Westenberger et al.* [WSS22] knüpfen an frühere Forschungsarbeiten an und versuchen – basierende auf Interviews – die wesentlichen kritischen Faktoren für das Scheitern von KI-Projekten zu identifizieren. Sie finden diese sowohl auf der organisatorischen als auch auf der technischen Seite.

Hamm et al. [HK21] und *Miller* [Mi22] führen systematische Literaturrecherchen durch, um einen Überblick über Erfolgsfaktoren in KI-Projekten zu ermöglichen. Während Hamm et al. ihre Ergebnisse nach dem TOE-Framework (Technology - Organisation - Environment) kategorisieren, untersucht Miller die Erfolgsfaktoren hinsichtlich konkreter Aspekte des ethischen Verhaltens (bspw. Transparency, Justice and Fairness oder Trust).

Auch die neueste einbezogene Studie von *Merhi* [Me23] identifiziert, extrahiert und bewertet die wichtigsten Faktoren, die die Implementierung von KI-Systemen beeinflussen. Dazu werden die kritischen Faktoren über die Auswertung von sechs Studien im Abgleich mit vier Praxisberichten ermittelt und kategorisiert. Der Verfasser findet 19 Faktoren in 4 Kategorien (Organisation, Prozess, Technik, Umfeld). Darüber hinaus erfolgen eine Bewertung sowie eine Gewichtung der Faktoren hinsichtlich ihrer Bedeutung. Bei der anschließenden Befragung von zehn Experten wird der „Analytische Hierarchieprozess" (AHP) angewandt, um von qualitativen Daten auf eine Rangfolge schließen zu können.

3.2   Gründe für das Scheitern und Herausforderungen entlang der Phasen

Im Folgenden werden die in den genannten Quellen identifizierten Faktoren den Prozessschritten eines KI-Projektes zugeordnet. Die Darstellung (Abbildung 3) orientiert sich an PAISE®, gliedert aber den Entwicklungszyklus gemäß CRISP-DM/ML weiter auf.

Ziele und Problemverständnis: Bereits in der ersten, vorbereitenden Phase kann ein Projekt zum Scheitern verurteilt sein, wenn *unrealistische Ziele* [BJS19; HK21; WSS22] angestrebt werden, das KI-Projekt *nicht zur strategischen Vision* eines Unternehmens [HK21; Me23] *passt*, das *KI-Potenzial des Geschäftsmodells unrealistisch* eingeschätzt wird [BDK20; BJS19; JWW21] oder ein *branchenfremder Anbieter* für die KI-Entwicklung [Me23] ausgewählt wird, und sich damit kein übereinstimmendes Problemverständnis zwischen allen Beteiligten herstellen lässt [BJS19].

Anforderungen und Lösungsansatz: Zu den Herausforderungen in der zweiten Phase gehören bereits eine klar abgesteckte *Daten-Governance* [BDK20; Me23; Mi22] sowie die *Berücksichtigung gesetzlicher Beschränkungen* [BJS19; HK21; Mi22; WSS22]. PAISE® selbst hebt die *Definition von Verantwortlichkeiten und Haftung* [Me23; Mi22] hervor und liefert mit der RACI-Matrix ein Instrument hierfür. Darüber hinaus spielt die Stärke des vorhandenen Wettbewerbsdrucks insofern eine Rolle, als dass versucht wird, mit Marktstandards Schritt zu halten oder diese zu übertreffen. Wenn Konkurrenten in der Lage sind, KI erfolgreich einzusetzen, erhöht dies den Druck auf eine Organisation, ihrereseits *KI-Technologien zu nutzen und zu adaptieren* [HK21].

Funktionale Dekomposition: Die Verknüpfung verschiedenster Subsysteme wird einerseits durch eine hohe *Komplexität und Interdisziplinarität* erschwert [BDK20; HK21; JWW21; Mi22; WSS22]; andererseits bedarf es eines gewissen Vertrauens in extern eingebundenen Partner [BDK20; HK21]. Zudem muss sichergestellt werden, dass sich eine KI-Anwendung überhaupt *für den abzubildenden Prozess eignet* [JWW21] und dass bei der Anwenderorganisation *KI-Bereitschaft* (readiness) vorhanden ist [HK21; JWW21].

Komponentenspezifikation und **Checkpoint-Strategie:** Die Hauptherausforderung hinsichtlich der Checkpoints besteht darin, die fehlende *Transparenz und Nachvollziehbarkeit* der KI-Komponenten [BJS19; Mi22; WSS22] durch das Aufstellen überprüfbarer *Zielvorgaben* abzumildern. So wird zwar nicht das Black-Box-Problem an sich gelöst, jedoch können Informationen hinsichtlich der Funktionsweise der Komponenten erlangt werden. Dabei ist auch die *Standardisierung der Begrifflichkeiten* relevant [BJS19].

Entwicklungszyklus: Der iterative Entwicklungszyklus von PAISE® wird in drei Schritte unterteilt und er variiert in Abhängigkeit davon, ob eine KI/ML-Komponente oder eine „herkömmliche" Komponente vorliegt. Im Folgenden wird die für KI/ML-Projekte typische Prä-Phase der Komponentenentwicklung, die Datenbereitstellung, aufgrund der Vielzahl an spezifischen Aspekten angelehnt an CRISP-DM/ML gesondert betrachtet. Die Schritte (Checkpoints/Bewertung und Verfeinerung) lassen hingegen keine trennscharfe Zuordnung der Herausforderungen und der Gründe für das Scheitern zu. Sie werden daher an dieser Stelle zusammengefasst.

Datenbereitstellung: Wichtig bezüglich der Datenbereitstellung ist die *Integrationskomplexität* [Me23] für die Überführung von (ggf. verschlüsselten) Trainingsdaten aus fremden Systemen in das zu entwickelnde System [BJS19; Mi22]. Dazu kommen datenbezogene Probleme, wie geringe *Datenqualität* [BDK20; BJS19; HK21; JWW21; Me23; Mi22] oder *Datenquantität* [BDK20; BJS19; HK21; JWW21; Me23; Mi22; WSS22], sowie Herausforderungen bzgl. *Datensicherheit* und *Datenschutz* [BDK20; BJS19; HK21; Me23; Mi22; WSS22]. Zudem ist es sehr schwierig, aus einem Datensatz *Verzerrungen* [BJS19; Mi22], wie beispielsweise Diskriminierungen, möglichst vollständig herauszufiltern (Bias). Benötigt wird seitens des Unternehmens für diese Phase eine moderne, belastbare *IT-Infrastruktur* [BDK20; BJS19; HK21; JWW21; Me23; Mi22] sowie möglichst die Einrichtung *automatisierter Verfahren für den Datenabruf* [JWW21].

Komponentenentwicklung: Mit Blick auf die Komponentenentwicklung wird mehrfach angeführt, dass eine Herausforderung darin besteht, dass *Mitarbeiter mit Fachwissen* fehlen [BDK20; BJS19; HK21; JWW21; Me23; Mi22; WSS22], die in der Lage wären, ML-Komponenten zu entwickeln. Außerdem werden *Transfer-Lernmöglichkeiten* [BJS19] oft nicht in vollem Umfang genutzt. Darüber hinaus stellt der *Projektleiter* [Me23; Mi22] mit fehlenden Führungsqualitäten einen (Miss-)Erfolgsfaktor dar. Des Weiteren werden hinsichtlich dieses kosten- und personalintensiven Schritts *unzureichendes Budget* und *fehlende Ressourcen* aufgrund von Wettbewerb mit anderen Projekten genannt [HK21; JWW21; WSS22]. Vorteilhaft kann es für Unternehmen hingegen sein, wenn sie einen relativen Vorsprung [HK21] hinsichtlich der *KI/ML-Fähigkeiten* gegenüber der Konkurrenz besitzen und die Komponentenentwicklung dementsprechend leichter fällt.

Checkpoint und Verfeinerung: Bei diesen Schritten treten Probleme und Herausforderungen auf, wenn durch einen Checkpoint festgestellt wurde, dass sich Konzepte bzw. Daten [BJS19] geändert haben (data drift bzw. feature/concept drift). Dies bedeutet, dass sich Inputdaten oder Merkmale (Features) im Laufe der Zeit unvorhergesehen verändert haben. Auch ein durch ML-Komponenten erzeugter, *fehlerhafter Code* [BJS19] stellt das Entwicklerteam vor Herausforderungen, wenn keine Dokumentation vorhanden ist, die bei der Fehlersuche hilft. Der Umgang mit *ethischen Problemen* [JWW21; Me23; Mi22] gestaltet sich besonders schwierig. Wichtige Komponenten, die gegen ethische Prinzipien verstoßen, verlangen ggf. schwerwiegende Entscheidungen [Mi22]. Entweder werden die Komponenten nicht fertiggestellt und gefährden damit den Erfolg des Gesamtprojekts, da Subsysteme fehlen, oder sie müssen aufwendig umgerüstet werden. Eine generell *geringe Fehlertoleranz* [WSS22] verstärkt diese Probleme zusätzlich. Vor diesem Hintergrund ist fraglich, inwieweit an dieser Stelle *Audit und Zertifizierung* [Mi22] für Unternehmern und Kunden im Sinne von Best-Practices bzw. gesteigertem Vertrauen vorteilhaft sein können.

Übergabe: Bei der Übergabe liegen Herausforderungen in der *offene Ergebniskommunikation* [BJS19; Mi22] und der *Verwendung gemeinsamer Evaluationsmetriken* (zwischen Entwicklern und Nutzern) [BJS19]. Optimalerweise wird ein *Onboarding-Prozess* [Mi22] zwischen Entwicklerteam und zukünftigen Nutzern vereinbart. Ein Risiko besteht darin, dass die bis dahin entstandenen Kosten den realisierbaren Kundennutzen übersteigen [Mi22; WSS22] und das Projekt ex post unrentabel wird.

Betrieb und Wartung: Eine Herausforderung in dieser Phase besteht darin, die implementierten KI/ML-Komponenten während des Betriebs regelmäßig zu *evaluieren*, um ein Scheitern des Systems aufgrund einer zu *geringen Anpassungsfähigkeit und Skalierbarkeit* [BJS19; HK21; Me23] sowie *auftretender Modellinstabilitäten* [BJS19; HK21; Mi22; WSS22] zu vermeiden. Weiter stellen die *fehlende Sichtbarkeit der Vorteile* durch das KI/ML-Projekt [Me23] sowie das *fehlende Vertrauen* in KI [BJS19; HK21] Gründe für das Scheitern in dieser Phase dar. In diesem Zusammenhang sind eine *fortlaufende Daten-und Ergebnisvalidierung* [BJS19; Mi22] und die *Bereitstellung automatischer Updates* [BJS19; Mi22] in der Literatur zu findende Herausforderungen. Wie auch bei anderen Arten von Anwendungssystemen trägt eine möglichst *benutzerfreundliche Gestaltung* der Werkzeuge [BJS19; HK21; Mi22] zum Projekterfolg bei.

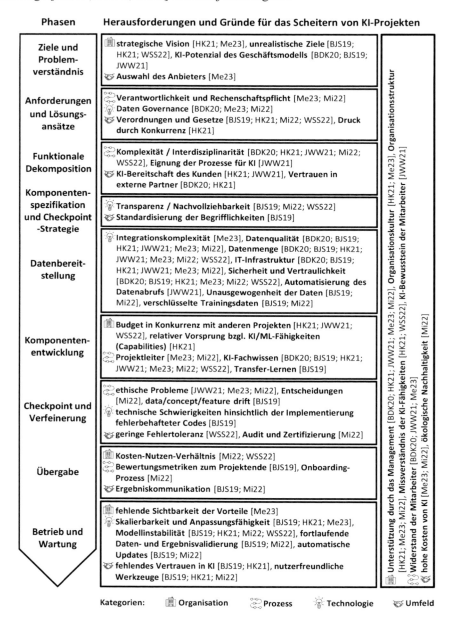

Abb. 3: Landkarte der Herausforderungen und Gründe für das Scheitern von KI-/ML-Projekten

Weitere Gründe für das Scheitern und Herausforderungen, die nicht phasenbezogen zugeordnet werden können, sind: fehlende *Unterstützung durch das Management* [BDK20; HK21; JWW21; Me23; Mi22], *Organisationskultur* [HK21; Me23], *Organisationsstruktur* [HK21; Me23; Mi22], *Missverständnis hinsichtlich allgemeiner KI-Fähigkeiten* [HK21; WSS22], *Widerstand der Mitarbeiter* [BDK20; JWW21; Me23], *fehlendes KI-Bewusstsein (Awareness)* der Mitarbeiter [JWW21], *hohe Kosten von KI* [Me23; Mi22] und *ökologische Nachhaltigkeit* [Mi22].

Abbildung 3 stellt die beschriebenen Gründe und Herausforderungen entlang der vorgenommen Phaseneinteilung dar und strukturiert diese darüber hinaus gemäß dem TOE-Framework bzw. den Kategorien von [Me23] (s. Abschnitt 3.1) mittels unterschiedlicher Piktogramme. Es zeigt sich, dass die intendierte Zuordnung zu Phasen in Teilen gelingt, wobei die vorgenommene Zuordnung nicht in jeder Hinsicht eindeutig vorgenommen werden konnte und sicherlich kritisch diskutiert werden könnte. Eine Reihe von Herausforderungen ist phasenübergreifend und insbesondere unter diesen finden sich einige, die auch in anderen Studien als entscheidend für Projekterfolg identifiziert werden [SGM19].

4   Weiteres Vorgehen, Ausblick und Fazit

Die identifizierten Herausforderungen und möglichen Gründe für das Scheitern können nach unserer Auffassung Ansatzpunkte für die (Weiter-)Entwicklung und Verbesserung von Vorgehensmodellen in den Domänen Machine Learning und Künstliche Intelligenz bieten. Sie offenbaren eine Diskrepanz zwischen einem tatsächlichen und einem gewünschten Zustand bzw. zwischen einer tatsächlichen und einer gewünschten Situation. In einem ersten Schritt ließen sich diese in Anforderungen an ein verbessertes Vorgehensmodell „übersetzen", Anforderungen hier verstanden als Voraussetzungen, Bedingungen oder Fähigkeiten, die benötigt werden, um ein Problem zu lösen oder ein Ziel (ein verbessertes Vorgehensmodell oder eine verbesserte Methode) zu erreichen (IEEE, [IE90]).

In der gestaltungsorientierten Forschung [vHM20, Pe+07] und speziell in sog. „Designtheorien" werden „allgemeinen Anforderungen" „allgemeine Komponenten" gegenübergestellt [BP10, S. 262]. Komponente meint hier nicht vor allem Hardware oder Software, sondern allgemeiner – ebenfalls gemäß dem IEEE-Glossar [IE90] – „one of the parts that make up a system". Komponenten können also bspw. einzelne Aktivitäten/Phasen (part) in einem Vorgehensmodell (system) sein. Diese beiden Elemente bilden zusammen mit den Beziehungen zwischen ihnen den Kerngehalt einer Designtheorie. Sie werden in der Regel zirkulär definiert, denn „Anforderungen spezifizieren … die Grundlagen der Komponenten. Komponenten werden durch die Anforderungen legitimiert" [BP10, S. 263].

Im hier betrachteten Fall können – in einem zweiten Schritt und angelehnt an die kurz skizzierte Designtheorie – die Anforderungen an ein verbessertes Vorgehensmodell durch „Design Guidelines" (als allgemeine Komponente) legitimiert werden. D. h. Design Guidelines erweitern und konkretisieren Anforderungen und geben damit Hinweise für die Gestaltung eines Artefakts, hier des Vorgehensmodells, und beschreiben Aktionen und Maßnahmen, die festlegen, wie dieses „zum Leben erweckt wird" [Ho09; Go14].

Abbildung 4 verdeutlicht die soeben beschriebene Kaskade von Gründen für ein Scheitern über Anforderungen hin zu Design Guidelines, wobei in der letzten Zeile noch konkrete

Lösungskomponenten als mögliche Aktivitäten und Techniken im Rahmen von Vorgehensmodellen angedeutet werden.

Grund für Scheitern / Herausforderung	Fehlende KI-Bereitschaft („AI Readiness") – verstanden als die Fähigkeit einer Organisation zur Generierung von Wertbeiträgen aus KI sowie den Willen einer Organisation, die erforderlichen technischen, personellen und kulturellen Voraussetzungen zu schaffen, um KI-Technologien zu verstehen, zu implementieren und zu nutzen.
Allgemeine Anforderung	Eine Organisation sollte in einem angemessenen Maße über KI-Bereitschaft verfügen (wobei das „angemessene Maß" von einer Vielzahl Faktoren determiniert wird – u.a. der Komplexität des geplanten KI-Vorhabens).
Design Guidelines als allgemeine Komponente	Ein Vorgehensmodell für ML und KI sollte (1) die Fähigkeit einer Organisation, KI erfolgreich einzusetzen und davon zu profitieren, evaluieren und bewerten; (2) die Komplexität eines geplanten KI-Vorhabens evaluieren und bewerten; (3) in einer Gap-Analyse die Ergebnisse von (1) und (2) gegenüberstellen.
Aktivitäten, Techniken, etc. in Vorgehensmodellen als konkrete (Lösungs-) Komponenten	Für die Evaluierung und Bewertung der KI-Bereitschaft einer Organisation und der Komplexität eines KI-Vorhabens lassen sich verschiedene Instrumente nutzen, mit denen entlang mehrerer Dimensionen bspw. die Reife/"Readiness" einer Organisation als Reifegradmodell oder als „Scorecard for the AI readiness framework" gemessen und dargestellt werden kann [Ho22].

Abb. 4: Kaskade: Von Gründen für ein Scheitern hin zu konkreten Lösungskomponenten

Zukünftige Forschungsarbeiten könnten darauf gerichtet sein, in der beschriebenen Art und Weise an der Verbesserung und Weiterentwicklung von vorhandenen Vorgehensmodellen für die KI-/ML-Domäne zu arbeiten. Das hier nur kurz dargestellte Vorgehen ist jedoch zunächst lediglich als Vorschlag zu sehen, den es mit Blick auf praktischen Nutzen sowie Forschungsmethodik und Machbarkeit kritisch zu reflektieren gilt.

Auch die vorangegangenen Abschnitte sollten als „Work in Progress" aufgefasst werden, da sie deutliche Limitationen aufweisen: Die Erhebung von Gründen für das Scheitern und Herausforderungen ist nicht vollständig, sondern stützt sich auf eine selektive Literaturauswahl. Es wurde auch nicht systematisch abgeglichen, inwieweit vorhandene Vorgehensmodelle die identifizierten Faktoren bereits adressieren. Ziel der Arbeit war es, Ansatzpunkte aufzuzeigen, ein mögliches Vorgehen zu skizzieren und diese Überlegungen zur Diskussion zu stellen.

Literaturverzeichnis

[APH21]   Abdel-Karim, B. M.; Pfeuffer, N.; Hinz, O.: Machine learning in information systems - a bibliographic review and open research issues. In: Electronic Markets 3/31, 2021, S. 643 - 670.

[BDK20]   Bauer, M.; van Dinther, C.; Kiefer, D.: Machine Learning in SME: An Empirical study on Enablers and Success Factors In: 26th Americas Conference on Information Systems, AMCIS 2020.

[BJS19]   Baier, L.; Jöhren, F.; Seebacher, S.: Challenges in the Deployment and Operation of Machine Learning in Practice. In: 27th European Conference on Information Systems - Information Systems for a Sharing Society, ECIS 2019.

[BP10]   Baskerville, R.; Pries-Heje, J.: Erklärende Designtheorie. In: Wirtschaftsinformatik 5/52, 2010, S. 259 - 271.

[BS21]   Buxmann, P.; Schmidt, Holger: Künstliche Intelligenz. Mit Algorithmen zum wirt-schaftlichen Erfolg. Springer Gabler Berlin, 2021.

[Er21]   Ertel, W.: Grundkurs Künstliche Intelligenz. Eine praxisorientierte Einführung. Springer Vieweg, Wiesbaden, 2021.

[FPS96]   Fayyad, U.; Piatetsky-Shapiro, G.; Smyth, P.: The KDD process for extracting useful knowledge from volumes of data. In: Communications of the ACM 11/39, 1996, S. 27 - 34.

[Go14]   Goeken, M.; Mayer, J.; Bork, Z.; Quick, R.: App Design for Use - A Manager Perspec-tive for In-Memory Technology. In: Proceedings - 16th IEEE Conference on Business Informatics, CBI 2014 1, S. 110 - 118.

[Ha+19]   Haneke, U. Trahasch, S.; Zimmer, M.; Felden, C. (Hrsg.): Data Science. Grundlagen, Architekturen und Anwendungen. dpunkt.verlag, Heidelberg, 2019.

[Ha+21]   Hasterok, C. et al.: PAISE®. Das Vorgehensmodell für KI-Engineering. Fraunhofer-Ge-sellschaft, 2021.

[HK21]   Hamm, P.; Michael Klesel: Success Factors for the Adoption of Artificial Intelligence in Organizations: A Literature Review. In: 27th Americas Conference on Information Systems, AMCIS 2021.

[Ho09]   Hoogervorst, J.A.P. Hrsg.: Enterprise Governance and Enterprise Engineering. Springer Berlin Heidelberg, 2009.

[Ho22]   Holmström, J.: From AI to digital transformation: The AI readiness framework. Busi-ness Horizons 3/65, 2022, S. 329–339.

[IE90]   IEEE. 1990. IEEE Standard Glossary of Software Engineering Terminology, New York: IEEE Computer Society.

[JWW21]   Jöhnk, J.; Weißert, M.; Wyrtki, K.: Ready or Not, AI Comes— An Interview Study of Organizational AI Readiness Factors. Business & Information Systems Engineering 1/63, 2021, S. 5 - 20.

[KD19]   Kotu, V.; Deshpande, B.: Data science. Concepts and practice. Morgan Kaufmann Pub-lishers, Cambridge, MA, 2019.

[Ku+23]   Kutzias, D., Dukino, C., Kötter, F. and Kett, H.: Comparative Analysis of Process Mod-els for Data Science Projects. In Proceedings of the 15th International Conference on Agents and Artificial Intelligence (ICAART 2023) - Volume 3, S. 1052 - 1062.

[Me23]   Merhi, M. I.: An evaluation of the critical success factors impacting artificial intelligence implementation. In: International Journal of Information Management 69, 2023.

[Mi22]   Miller, G. J.: Artificial Intelligence Project Success Factors—Beyond the Ethical Prin-ciples. In: Ziemba, E.; Chmielarz, W. (Hrsg.): Information Technology for Manage-ment: Business and Social Issues. Springer International Publishing, Cham, 2022, S. 65 - 96.

[MW19]   Monett, D.; Winkler, C.: Using AI to Understand Intelligence: The Search for a Catalog of Intelligence Capabilities, 2019. In: Alam, M.; Basile, V.; Dell'Orletta, F.; et al., X. (Hrsg.). Proceedings of the 3rd Workshop on Natural Language for Artificial Intelli-gence. 2019.

[Pe+07]   Peffers, Ken; Tuunanen, Tuure; Rothenberger, Marcus A.; Chatterjee, Samir: A Design Science Research Methodology for Information Systems Research. Journal of Manage-ment Information Systems 3/24, 2007, S. 45 - 77.

[Pü19]   Pütter, C.: Wann KI- und Machine-Learning-Projekte scheitern. CIO, 19.02.2018, https://www.cio.de/a/wann-ki-und-machine-learning-projekte-scheitern,3572750, Stand: 6.7.2023.

[SGM19]   Schopp, J.; Goeken, M.; Möstl, M.: Success Factors in Project Management. A Systematic Review of Ten Years of Research Findings. In: 25th Americas Conference on Information Systems, AMCIS 2019.

[SKG21]   Schröer, C.; Kruse, F.; Gómez, J. M.: A Systematic Literature Review on Applying CRISP-DM Process Model. In: Procedia Computer Science 181, 2021, S. 526 - 534.

[St+21]   Studer, S. et al.: Towards CRISP-ML(Q): A Machine Learning Process Model with Quality Assurance Methodology. In: Machine Learning and Knowledge Extraction 2/3, 2021, S. 392 - 413.

[vA18]   van der Aalst, W.: Data Science in Action. In: van der Aalst, W. (Hrsg.): Process Mining. Data Science in Action. Springer, Berlin, Heidelberg, 2018, S. 3 - 23.

[vHM20]   vom Brocke, J.; Hevner, A.; Maedche, A.: Introduction to Design Science Research. In: vom Brocke, J.; Hevner, A. R.; Mädche, A. (Hrsg.): Design Science Research. Cases. Springer International Publishing, Cham, 2020, S. 1 - 13.

[WSS22]   Westenberger, J.; Schuler, K.; Schlegel, D.: Failure of AI projects: understanding the critical factors. In: Procedia Computer Science 196, 2022, S. 69 - 76.

Nachhaltigkeit als mögliches Selektionskriterium von Projekten im Projektportfoliomanagement

Prof. Dr. Timm Eichenberg[1], Prof. Dr. Martina Peuser[2]

Abstract: Der Beitrag stellt die Grundzüge für eine geplante empirische Untersuchung vor, welche die Integration von Nachhaltigkeitszielen, insbesondere der Sustainable Development Goals (SDGs) der Vereinten Nationen, in das Projektportfoliomanagement (PPM) von Unternehmen untersuchen soll. Die SDGs haben sowohl in der öffentlichen Wahrnehmung als auch bei Regierungen und Unternehmen erhebliche Aufmerksamkeit erlangt. Die Studie zielt darauf ab, die Forschungsfragen zu beantworten, inwiefern Nachhaltigkeitsüberlegungen bei der Projektselektion und -priorisierung berücksichtigt werden und welche Rolle die SDGs dabei spielen. Die Ergebnisse bieten potenziellen Nutzen sowohl für Unternehmen als auch für die Forschung. Für Unternehmen ergeben sich Möglichkeiten, ihre Nachhaltigkeitsstrategien zu stärken, die Attraktivität als Arbeitgeber zu erhöhen und regulatorische Anforderungen zu erfüllen. Die Forschung zielt darauf ab, die bestehende Lücke in Bezug auf die Integration der SDGs in das PPM zu schließen und dient als Grundlage für weitere Erkundungen, einschließlich der Entwicklung spezifischer Methoden und Tools zur Einbeziehung von Nachhaltigkeitskriterien und SDGs in das PPM.

Keywords: Projektportfoliomanagement, Projektselektion, Projektpriorisierung, Nachhaltigkeit, Sustainable Development Goals

1 Ausgangssituation und Stand der Forschung und vermutete Forschungslücke

Projekte sind aus dem Unternehmensalltag nicht mehr wegzudenken. Vielmehr nehmen sie in Bezug auf Anzahl und Umfang stetig an Bedeutung zu. Darin liegt die Notwendigkeit eines konzeptionell bedachten und systematischen Managements der Projektelandschaft begründet, welches neben den operativ zu erfüllenden Aufgabenstellungen auch komplexe strategische Problemfelder beinhaltet (siehe [SE15]). Dieses Themenfeld wird in der Unternehmenspraxis sowie in der Literatur unter den Konzepten des „Multiprojektmanagement" sowie des „Projektportfoliomanagement" behandelt. Im Rahmen des Projektportfoliomanagements gilt es, die knappen Unternehmensressourcen auf eine Vielzahl von Projektideen bzw. -vorschlägen zur verteilen und so eine Selektion von Projekten vorzunehmen. Diese Projektselektion erfolgt im Regelfall Kriterien gestützt, wobei der Beitrag eines Projektes zur Unternehmensstrategie von übergeordneter Bedeutung ist und auch sonstige Kriterien klassischerweise eher an ökonomischen Chancen-/Risikenabwägungen oder technischen Aspekten orientiert sind (vgl. [Wo15], [SEK15], [PS22], [MK22]).

Der Begriff „Nachhaltigkeit", ebenso wie die Begriffe der Corporate Social Responsibility

---

[1] Hochschule Weserbergland, Fachbereich Wirtschaft, Am Stockhof 2, 31785 Hameln, eichenberg@hsw-hameln.de
[2] Leibniz-Fachhochschule, Expo Plaza 11, 30539 Hannover, peuser@leibniz-fh.de

(CSR) sowie die Sustainable Development Goals (SDG) der Vereinten Nationen (UN) genießen heutzutage eine große Aufmerksamkeit in der öffentlichen Wahrnehmung. „Nachhaltigkeit" entwickelt sich zunehmend zu einem Megatrend der heutigen Zeit (siehe [WKS21], [Pu17]). In den UN-Nachhaltigkeitszielen der Agenda 2030 werden 17 Ziele für nachhaltige Entwicklung und 169 Zielvorgaben formuliert, welche einen umfassenden und universellen Anspruch aufweisen [Un15]. Im Zuge des globalen Klimawandels und der erkannten Zukunftsverantwortung der Menschheit, definieren diese 17 „Sustainable Development Goals" (SDGs) Handlungsfelder, um eine global nachhaltige Gestaltung der Wirtschaft, Umwelt und Gesellschaft zu erreichen. Die nachfolgende Abbildung zeigt die SDGs im Überblick.

Abbildung 1: 17 Sustainable Development Goals der UN [In23]

Die Bundesregierung [DB21] greift die SDGs ebenfalls prominent in der Deutschen Nachhaltigkeitsstrategie auf. Die UN SDGs finden auch in der Wirtschaftspraxis zunehmende Verbreitung, insbesondere bei bekannten deutschen Großunternehmen und auch KMUs. Eine Untersuchung des Bundesverbands Nachhaltige Wirtschaft hat gezeigt, dass die SDGs bereits in fast der Hälfte der Nachhaltigkeitsberichte von 109 Unternehmen (69 Großunternehmen, 40 mittelständische Unternehmen) aufgegriffen wurden [Bu19]. Neben den SDGs werden auch zunehmend weitere Anforderungen für Unternehmen relevant, wie z.B. ein auf der Corporate Sustainability Reporting Directive (CSRD) basierendes Nachhaltigkeitscontrolling und eine entsprechende Berichterstattungspflicht [KP23].

In Bezug auf das Themenfeld Projektmanagement lohnt sich eine Untersuchung, inwiefern Unternehmen die normativ und strategisch verankerte Nachhaltigkeitsorientierung mittlerweile auch bei der Selektion und Priorisierung von Projekten im Rahmen eines Projektportfoliomanagements (PPM) zur Anwendung kommen lassen und – falls dies der Fall ist – inwiefern dies auf den SDGs beruht. Ebenfalls ist dann zu untersuchen, wie sich dies im Detail ausgestaltet und welche allgemeinen Tendenzen aber auch Unterschiede es in der Unternehmenslandschaft diesbezüglich gibt.

2   Identifikation möglicher Forschungsfragen

Im Rahmen eines angedachten Forschungsprojekts erfolgt die Untersuchung des Projekt-portfoliomanagements (PPM) hinsichtlich des Einbezugs von Nachhaltigkeitszielen im Allgemeinen und der Beachtung der SDGs im Besonderen. Folgende Forschungsfragen sollen beantwortet werden:

Forschungsfrage 1: Inwieweit spielen in Unternehmen Nachhaltigkeitsüberlegungen eine Rolle bei der Selektion und Priorisierung von Projekten?

Forschungsfrage 2: Inwieweit spielen dabei insbesondere die SDGs eine Rolle?

Potenzielle Fragestellungen, die im Rahmen der Studie aufgegriffen werden sollen, sind z.B.:

- Inwieweit existiert ein Projektportfoliomanagement und wie ist es ausgestaltet?

- Welche Kriterien werden bei der Selektion und Priorisierung im Projektportfoliomanagement angewendet?

- Wird Nachhaltigkeit als Kriterium bei der Selektion und Priorisierung im Projektportfoliomanagement angewendet?

- Welche einzelnen Aspekte von Nachhaltigkeit spielen im Projektportfoliomanagement eine Rolle?

- Inwieweit sind die SDGs Teil dieser Nachhaltigkeitskriterien?

- In welchen SDGs sind Schwerpunkte in den Projekten von Unternehmen zu verorten?

- Welche weiteren Nachhaltigkeitsanforderungen werden über die SDGs hinaus im Projektportfoliomanagement berücksichtigt, wie etwa ESG-Kriterien oder die Corporate Sustainability Reporting Directive (CSRD)?

- (Wie) erfolgt eine Messung von Nachhaltigkeitskriterien im Projektportfoliomanagement?

3   Nutzenpotentiale aus den Forschungsergebnissen

Die Integration von Nachhaltigkeitskriterien in das Projektportfoliomanagement ist aus mehreren Gründen sowohl für Unternehmen als auch für die Forschung von entscheidender Bedeutung. Die Ergebnisse lassen eine Identifikation von Unterschieden, z.B. bezüglich Unternehmensgröße, Branchenzugehörigkeit, Börsennotierung, Anzahl an Projekten, Zusammensetzung vom PPM-Entscheidungsgremium (Alter, Geschlecht, ...) zu.

Nutzenpotentiale für Unternehmen

Für Unternehmen bieten die Ergebnisse die Chance, ihre Nachhaltigkeitsüberlegungen auf das PPM zu erweitern und so ihre Nachhaltigkeitsstrategien für das gesamte Unternehmen zu stärken. Insbesondere mit Blick auf den Fachkräftemangel und die Bedeutung von Nachhaltigkeit bei der Arbeitgeberwahl von jüngeren Generationen kann dies die Arbeitgeberattraktivität zur Gewinnung und Bindung von Fachkräften steigern. Im Zuge der weltweit zunehmenden regulatorischen Anforderungen bezüglich Nachhaltigkeit von Unternehmen kann zudem ein nachhaltig ausgerichtetes PPM dazu beitragen, die Anforderungen zu erfüllen und Strafen zu vermeiden. Zudem können die Ergebnisse dazu angewendet werden, durch gezielte Nachhaltigkeitsbemühungen die Attraktivität eines Unternehmens für weitere Stakeholder, wie etwa Kundengruppen und Investoren zu erhöhen. Immer mehr Investoren berücksichtigen Nachhaltigkeitsaspekte in ihren Investitionsentscheidungen. Ebenfalls treffen sowohl Unternehmenskunden als auch private Verbraucher ihre Kauf- bzw. Konsumentscheidungen zunehmend auch auf Basis von Nachhaltigkeitsaspekten.

Nutzenpotentiale für die Forschung

Die Untersuchung soll in der Forschung eine Wissenslücke schließen. Wie eingangs erläutert, spielt trotz der wachsenden Bedeutung von Nachhaltigkeit die Integration der SDGs in das PPM in bisherigen Untersuchungen kaum eine Rolle. Auch bietet eine empirische Studie die Möglichkeit des Theorie-Praxis-Transfers, so dass ein besseres Verständnis der praktischen Herausforderungen bei der Integration von Nachhaltigkeitsüberlegungen und SDGs in das Projektportfoliomanagement gewonnen wird. Die Forschungsergebnisse bieten auch die Grundlage für weitere Forschung in diesem Bereich, wie z.B. zur Entwicklung konkreter Methoden und Tools zur Integration von Nachhaltigkeitskriterien und SDGs in das Projektportfoliomanagement.

Zusammenfassend leistet die geplante Untersuchung sowohl für Unternehmen als auch für die Forschung einen wichtigen Beitrag, um die Bedeutung und das Potenzial von Nachhaltigkeit im Projektportfoliomanagement besser zu verstehen und zu nutzen.

Literaturverzeichnis

[Bu19]   Bundesverband Nachhaltige Wirtschaft e.V.: SDG-Reporting von deutschen Unternehmen, https://www.bnw-bundesverband.de/sdg-reporting-von-deutschen-unternehmen. 2019.

[DB21]   Die Bundesregierung: Deutsche Nachhaltigkeitsstrategie – Weiterentwicklung 2021, https://www.bundesregierung.de/resource/blob/998194/1875176/3d3b15cd92d0261e7a0bcdc8f43b7839/deutsche-nachhaltigkeitsstrategie-2021-langfassung-download-bpa-data.pdf. 2021.

[In23]   Informationszentrum der UN (2023): Ziele für eine Nachhaltige Entwicklung, https://unric.org/de/17ziele/ . 2023.

[KP23]   Klose, N.-C., Peters, M. (2023): Nachhaltigkeitscontrolling und Nachhaltigkeitsberichterstattung vor dem Hintergrund der Corporate Sustainability Reporting Directive

(CSRD) – Ist der Mittelstand vorbereitet?, in: Eichenberg, T., von Zobelitz, A. (Hrsg.), Management von Trends in Nachhaltigkeit und Digitalisierung 2023: Gestaltung der Unternehmensentwicklung im Kontext der digitalen Transformation und der 17 Sustainable Development Goals, Band 4 der Schriftenreihe Hochschule Weserbergland, 2023, S. 169-189.

[MK22]   Mühlböck, S., Kronawettleitner, D.: Von operativer Projektperformance zur strategischen Unternehmensperformance: Innovatives Multi-Projektportfolio-Modell im Anlagen- und Maschinenbau; in: Feldbauer-Durstmüller, B., Mayr, S. (Hrsg.), Controlling – Aktuelle Entwicklungen, SpringerGabler, 2022. S. 443-455.

[PS22]   Pilorget, L., Schell, T.: IT-Management, Springer Vieweg, 2022.

[Pu17]   Pufé, I.: Nachhaltigkeit, 3. Auflage, utb Verlag, 2017.

[SE15]   Steinle, C., Steinle, C., Eichenberg, T. (Hrsg.), Handbuch Multiprojektmanagement und -controlling: Projekte erfolgreich strukturieren und steuern, 3. Auflage, Erich Schmidt Verlag, 2015, S. 209-221.

[SEK15] Steinle, C., Eßeling, V., Kramer, K.: Entwicklung einer Konzeption zur Priorisierung und Selektion von Projekten im Rahmen des Projektportfolio-Managements; in: Steinle, C., Eichenberg, T. (Hrsg.), Handbuch Multiprojektmanagement und -controlling: Projekte erfolgreich strukturieren und steuern, 3. Auflage, Erich Schmidt Verlag, 2015, S. 209-221.

[WKS21] Waschbusch, G./Kiszka, S./Strauß, P.: Nachhaltigkeit in der Bankenbranche – Ansätze zur Integration des Nachhaltigkeitsgedankens in die bankbetriebliche Praxis, Nomos, 2021.

[Wo15]   Wollmann, P. (2015): Strategische Planung und Projektportfoliomanagement; in: Steinle, C., Eichenberg, T. (Hrsg.), Handbuch Multiprojektmanagement und -controlling: Projekte erfolgreich strukturieren und steuern, 3. Auflage, Erich Schmidt Verlag, 2015, S. 129-141.

[Un15]   UN-Generalversammlung: A/Res/70/1, Transformation unserer Welt: die Agenda 2030 für nachhaltige Entwicklung, abgerufen über: https://www.un.org/Depts/german/gv-70/band1/ar70001.pdf , 2015.

Methoden des Nachhaltigkeitsmanagements und ihre Anwendung in den Phasen des IT-Projektmanagements

Stefan Hilmer[1] und Yelle Lieder[2]

Abstract: Nachhaltigkeit im Projektmanagement muss nicht zwangsläufig etwas Neues oder eine radikale Abkehr von bestehenden Praktiken bedeuten. Vielmehr lässt sich das Nachhaltigkeitsmanagement ins Projektmanagement integrieren. Diese Arbeit beschreibt Methoden des Nachhaltigkeitsmanagement, ordnet sie verschiedenen Projektphasen zu und klassifiziert sie. Dabei werden einerseits Methoden unterschieden, die eingesetzte Technologien oder die Wirkung eines Projektes betreffen. Zudem wird zwischen Methoden zur Unterstützung ökologischer und sozialer Nachhaltigkeit unterschieden. Damit wird Projektmanagern und Projektmanagerinnen eine Übersicht zur Verfügung gestellt, die verschiedene Ansätze zum Nachhaltigkeitsmanagement vorschlägt und gleichzeitig bei deren Auswahl unterstützt.

Keywords: Nachhaltigkeitsmanagement; Projektmanagement; Sustainable Software Engineering; Green IT; Sustainable IT

1 Nachhaltigkeit und Projektmanagement

Der IT- und Kommunikationsbereich trägt mit etwa 2 bis 4 Prozent zu den globalen Treibhausgasemissionen bei [An20]. Es gibt zahlreiche bewährte Verfahren und Leitlinien zur umweltverträglichen Gestaltung von Softwaresystemen. Das Weltwirtschaftsforum weist digitalen Technologien das Potenzial zu, weltweit bis zu 15% der Emissionen einzusparen [WE19]. Dabei geht es nicht um eine Reduzierung durch Einschränkung der IT, sondern um die Verbesserung der Effizienz und Effektivität durch Technologie, um den Verbrauch von Ressourcen zu senken. Ebenfalls eingeschlossen sind Technologieanwendungen für aktiven Umweltschutz und Überwachung. Jenseits von technischen Best Practices für nachhaltigen Betrieb sind in der wissenschaftlichen Literatur nur spärliche Handlungsanweisungen für die ganzheitliche nachhaltige Durchführung von IT-Projekten vorhanden.

Im klassischen Nachhaltigkeitsbegriff nach Bruntland [Br87] wird Nachhaltigkeit in den drei Dimensionen ökologischer, sozialer und wirtschaftlicher Nachhaltigkeit betrachtet. Die ökologische Dimension zielt darauf ab, die Umweltauswirkungen zu minimieren. Dazu zählen neben den vielfach rezipierten Treibhausgasemissionen eine Reihe weiterer Umweltaspekte wie der Verfügbarkeit von Frischwasser, Übersäuerung der Böden, Artenvielfalt und viele mehr. In der sozialen Dimension der Nachhaltigkeit geht es darum, Menschen ein menschenwürdiges und lebenswertes Leben zu ermöglichen. Dazu zählen Aspekte wie Gesundheit, Inklusion, die Abwesenheit von Diskriminierung oder Chancengleichheit. Die wirtschaftliche Nachhaltigkeit legt den Fokus auf langfristigen unternehmerischen Erfolg. Dabei geht es nicht nur um Gewinnmaximierung, sondern auch um Sta-

---
[1] adesso SE, Competence Center Agility, Willy-Brandt-Straße 1, 20457 Hamburg, Stefan.Hilmer@adesso.de
[2] adesso SE, Corporate Innovation, Kennedyplatz 5, 45127 Essen, Yelle.Lieder@adesso.de

bilität und langfristige Perspektiven im Unternehmen. Da das klassische Projektmanagement bereits eine große Anzahl an Methoden zur Sicherstellung der wirtschaftlichen Nachhaltigkeit von IT-Projekten bereithält, liegt der Fokus in dieser Arbeit auf der sozialen sowie der ökologischen Nachhaltigkeit.

Im Rahmen nachhaltigen Projektmanagements differenzieren wir zwischen Technologie-Nachhaltigkeit und Outcome-Nachhaltigkeit. Erstere konzentriert sich auf die ökologischen Auswirkungen der Software selbst, einschließlich ihrer Entwicklung, ihres Betriebs und ihrer Wartung. Elemente wie Energieeffizienz, sparsamer Ressourceneinsatz und Minimierung elektronischen Mülls fallen darunter. Ziel ist die Verringerung negativer Umwelteffekte, beispielsweise durch Senkung des Energiebedarfs oder Verlängerung der Lebensdauer von Hardware-Komponenten. Erreicht wird dies durch Einsatz umweltschonender Technologien und Verfahren wie energieeffiziente Algorithmen und serverlose Architekturen [DN10]. Outcome-Nachhaltigkeit fokussiert sich auf die ökologischen und sozialen Effekte der resultierenden Software-Anwendungen und Dienstleistungen. Im Fokus steht, wie die Software den Verbrauch von Ressourcen minimiert, Umweltbelastungen senkt oder soziale Herausforderungen wie Diskriminierung und soziale Ungleichheit adressiert. In diesem Kontext wird untersucht, wie die Software ökologische und soziale Ziele unterstützt, etwa durch die Begünstigung nachhaltiger Geschäftspraktiken, die Verbesserung von Umweltüberwachung und Schutzinitiativen oder die Förderung sozialer Gleichheit und Inklusion.Um eine ganzheitliche nachhaltige Abwicklung von IT-Projekten zu gewährleisten, ist es wichtig, beide Aspekte der Nachhaltigkeit von Anfang an in der Projektplanung, im Requirements Engineering und in der strategischen Ausrichtung von IT-Projekten zu berücksichtigen. Dies erfordert ein Bewusstsein für die ökologischen und sozialen Auswirkungen der Software und eine Integration von Nachhaltigkeitsaspekten als gleichwertige Anforderungen in IT-Projekten.

Projektmanagement befasst sich mit der Anwendung von Methoden, Techniken, Tools und Kompetenzen für ein Projekt, um Ziele zu erreichen [GP19]. Zu den Methoden und Tools zählen typicherweise das Anforderungs-, Risiko-, Qualitäts- und Changemanagement. In diese Reihe gehört auch das Nachhaltigkeitsmanagement. Es sollte über alle Phasen des Projektes hinweg in das Projektmanagement integriert sein, in der Projektinitiierung, der Projektplanung, der Projektsteuerung bzw. -durchführung und in der Phase des Projektabschlusses.

In vielen Fällen kann Nachhaltigkeit als eine weitere nicht-funktionale Anforderung und mögliches Risiko betrachtet werden, die ähnlich wie andere Qualitätsanforderungen in den bestehenden Prozessen, Deliverables und Outcomes integriert werden kann. Dies bedeutet, dass bestehende Projektmanagement-Methoden und Vorgehensmodelle in der Regel nicht grundlegend geändert oder ersetzt werden müssen. Vielmehr geht es darum, Nachhaltigkeitsziele in den Planungs- und Entscheidungsprozessen zu berücksichtigen und sie mit den anderen Anforderungen in Einklang zu bringen. Durch eine sorgfältige Planung und das kontinuierliche Monitoring der Nachhaltigkeitsaspekte können Projektmanager sicherstellen, dass die ökologischen und sozialen Ziele ebenso wie die wirtschaftlichen und funktionalen Ziele erreicht werden. Indem Nachhaltigkeit als integraler Bestandteil des Projektmanagements behandelt wird, können Unternehmen und Organisationen ihre Projekte ganzheitlich und zukunftsfähig gestalten, ohne dabei auf bewährte Methoden und Prozesse verzichten zu müssen.

Im Folgenden werden unterschiedliche Methoden des Nachhaltigkeitsmanagements in IT-Projekten betrachtet. Sie werden den verschiedenen Projektphasen zugeordnet, in denen sie Anwendung finden können. Zudem werden grundlegende Klassifikationen vorgenommen. Unterschieden werden einerseits Methoden, die die Technologie, also die Software berücksichtigen und solche, die den Outcome, also die Wirkung eines Projektes, betreffen. In einer dritten Dimension wird zwischen ökologischer und sozialer Nachhaltigkeit unterschieden. Die Aspekte wirtschaftlicher Nachhaltigkeit werden an dieser Stelle nicht betrachtet, da sie grundsätzlich, wie alle anderen wirtschaftlichen Aspekte, im Rahmen des klassischen Projektmanagements Berücksichtigung finden. Eine zusammenfassende Übersicht über die Methoden und die Klassifikationen bietet abschließend Tab. 1.

2   Projektinitiierung – Nachhaltigkeit vor dem Projektstart

In der Initialisierungsphase eines Projekts wird dessen Rahmen definiert, der sich aus Zielterminen, geschätzten Kosten und erwarteten Leistungsergebnissen zusammensetzt. Auf dieser Grundlage erfolgt die Entscheidung zur Projektumsetzung. Bei positiver Entscheidung wählt das Projektmanagement die Methoden zur Sicherstellung der Rahmenbedingungen aus, wie beispielsweise Risiko-, Qualitäts- und Changemanagement-Methoden. In umfangreicheren Projekten können spezifische Projektmanagement-Aufgaben an spezialisierte Personen delegiert werden, etwa die Rolle eines Qualitätsmanagers. Analog dazu kann die Rolle eines Nachhaltigkeitsmanagers geschaffen werden, der die Berücksichtigung aller in der Initialisierungsphase ermittelten Nachhaltigkeitsaspekte sicherstellt. In dieser Phase werden die Nachhaltigkeitsziele in abstrakter Form definiert, ebenso wie die Art und der Umfang der anzuwendenden Nachhaltigkeitsmanagement-Methoden.

Materiality Assessment: Das Materiality Assessment [GMS22], [RCS06] ist eine Methode zur Bewertung von unternehmerischen Aktivitäten und Prozessen hinsichtlich ihrer materiellen und immateriellen Auswirkungen auf Umwelt, Wirtschaft und Gesellschaft. Diese Bewertung erfolgt durch die Analyse verschiedener Aspekte wie Ressourcenverbrauch, soziale Verantwortung und finanzielle Stabilität. Ziel ist es, die relevanten Nachhaltigkeitsfaktoren zu identifizieren und deren Bedeutung für das Unternehmen und seine Stakeholder einzuschätzen. Die Methode kann sowohl vor der Umsetzung in der Planungsphase von Maßnahmen und Projekten als auch im Rahmen einer anschließenden Evaluation angewendet werden. Das Assessment hilft Unternehmen während der Projektinitialisierung, nachhaltige Projekte zu planen, durchzuführen und ihren negativen Einfluss auf Umwelt, Gesellschaft und Wirtschaft zu reduzieren.

Inclusive Design Review: Die Inclusive Design Review ist eine Methode zur Bewertung der Technologie und Software-Konzepte hinsichtlich sozialer Aspekte wie Barrierefreiheit und Benutzendenfreundlichkeit [Bo22] für alle Nutzendengruppen. Dies wird erreicht, indem Anforderungen und Bedürfnisse verschiedener Nutzendengruppen, einschließlich Menschen mit Behinderungen, berücksichtigt werden. Diese Methode ist sowohl für das Projektmanagement als auch für die Nachhaltigkeit wichtig, da sie sicherstellt, dass Softwarelösungen inklusiv und für alle zugänglich sind. Üblicherweise bauen die Reviews auf bereits umgesetzten Artefakten auf, das Vorgehen kann jedoch auch für die Initialisierung, Planung und Steuerungen anlaufender Projekte adaptiert werden (vergl. Tab. 1).

Science Based Targets (SBTs): Die Nutzung von Science Based Targets (SBTs) [CU17] ist ein weiterer Schritt für Unternehmen, um einen Beitrag zur Erreichung globaler Nachhaltigkeitsziele zu leisten. SBTs sind wissenschaftlich fundierte Zielsetzungen, die Unternehmen dabei unterstützen, ihre Treibhausgasemissionen zu reduzieren und sich langfristig auf eine kohlenstoffarme Zukunft auszurichten. SBTs basieren auf den Erkenntnissen des Intergovernmental Panel on Climate Change (IPCC) und berücksichtigen die spezifischen Umstände und Ziele jedes Unternehmens. Die Umsetzung von SBTs erfordert eine umfassende Umstellung der Geschäfts- und Projektpraktiken, einschließlich Investitionen in erneuerbare Energien, Energieeffizienz und die Nutzung von Kreislaufwirtschaftsprinzipien. SBTs werden auf Unternehmensebene adaptiert und akkreditiert und haben somit potenziell direkte Auswirkungen aus Zielsetzungen in Projekten (vergl. Tab. 1).

Social Impact Assessment (SIA): Das Social Impact Assessment [Fr86] dient der Bewertung der sozialen Auswirkungen eines Projekts auf seine Stakeholder und die Gesellschaft (vergl. Tab. 1). Es beinhaltet einen systematischen Prozess zur Identifikation und Bewertung der potenziellen sozialen Auswirkungen eines Projekts auf die betroffenen Stakeholder und die Gesellschaft insgesamt. Dies umfasst beispielsweise die Analyse von möglichen Veränderungen in Lebensqualität, Zugang zu Ressourcen, sozialer Kohäsion oder Gerechtigkeit. Die Durchführung einer SIA kann sowohl im Rahmen einer ex-ante-Analyse als auch während und nach der Projektumsetzung erfolgen und kann daher auch anderen Projektphasen, beispielsweise dem Projektabschluss zugeordnet werden (vergl. Abschnitt 5). Im Kontext von Projektmanagement und Nachhaltigkeit ist die SIA hilfreich, um mögliche negative Auswirkungen auf die Gesellschaft zu erkennen und zu adressieren, die Akzeptanz des Projekts zu erhöhen und die langfristige soziale Verträglichkeit und Wirksamkeit zu gewährleisten.

3   Projektplanung – Planung des Nachhaltigkeitsmanagements

In der zweiten Phase des Projekts wird der in der Initialisierungsphase festgelegte Rahmen präzisiert. Aus den anvisierten Terminen, kalkulierten Kosten und prognostizierten Leistungen entstehen, je nach Methodenwahl des Projektmanagements, konkrete Ziele, Risiken, Meilensteine und Planungen. Sowohl Projektmanagement als auch Nachhaltigkeitsmanagement sorgen in dieser Phase dafür, dass sämtliche in der Initialisierungsphase identifizierten Nachhaltigkeitsfaktoren in der detaillierten Projektplanung integriert werden. Im Anschluss werden spezifische Methoden präsentiert, die während der Projektplanung eingesetzt werden können, um eine angemessene Berücksichtigung von Nachhaltigkeit als gleichrangiges Kriterium sicherzustellen.

Green Coding Guidelines: Green Coding Guidelines [RGB14], [ANC12], [Go21] sind Empfehlungen für umweltfreundliche Programmierung und Software-Architektur. Sie zielen darauf ab, den Energieverbrauch und Ressourceneinsatz der Software während ihrer gesamten Lebensdauer zu minimieren. Die Methode zielt also auf die ökologischen Auswirkungen auf der Technologieebene (vergl. Tab. 1). Beispiele für Green Coding Guidelines sind die Verwendung von energieeffizienten Algorithmen, die Optimierung von Datenbankabfragen und die Reduzierung des Speicherbedarfs. Bei der Implementierung dieser Richtlinien ist es wichtig, das gesamte Entwicklungsteam einzubeziehen und regelmäßig den Fortschritt zu überprüfen.

Diversity & Inclusion Plan: Ein Diversity & Inclusion Plan [Ma22] ist ein strategischer Ansatz zur Förderung von Vielfalt und Inklusion im Projektteam. Er beinhaltet Maßnahmen wie gezielte Personalentwicklung, flexible Arbeitsbedingungen und die Schaffung einer inklusiven Unternehmenskultur. Diversität und Inklusion tragen zur sozialen Nachhaltigkeit und dem Projekterfolg bei, indem sie eine gerechte und vielfältige Arbeitsumgebung fördern, die Kreativität und Innovation begünstigt. Zusammenfassend folgt also die in Tab. 1 dargestellte Klassifikation.

Eco-Scoping: Eco-Scoping [Ga21] ist eine Methode zur Identifikation von Möglichkeiten zur Reduzierung der Umweltauswirkungen während der Projektplanung. Dabei werden ökologische Aspekte wie Energieverbrauch, Materialverwendung und Abfallproduktion antizipiert, um Optimierungspotenziale zu erkennen (vergl. Tab. 1). Im Projektmanagement hilft Eco-Scoping dabei, die Umweltverträglichkeit des Projekts sicherzustellen und somit Nachhaltigkeitkeitsrisiken zu reduzieren.

Stakeholder Engagement Plan: Der Stakeholder Engagement Plan [Ho22] ist eine Methode zur Entwicklung eines Plans zur Einbindung und Berücksichtigung der Interessen aller Stakeholder in einem Projekt. Dies wird erreicht, indem Stakeholder identifiziert, deren Interessen und Bedenken analysiert und angemessene Kommunikations- und Beteiligungsstrategien entwickelt werden. Diese Methode ist sowohl für das Projektmanagement als auch für die soziale Nachhaltigkeit wichtig, da sie eine breite Akzeptanz des Projekts fördert und potenzielle Konflikte und soziale Nachhaltigkeitsrisiken minimiert. Damit sollen soziale Auswirkungen des Projektoutcomes im Sinne der in Tab. 1 angewandten Klassifikation berücksichtigt werden.

4   Projektdurchführung – gelebtes Nachhaltigkeitsmanagement

In der Phase der Projektdurchführung wird die tatsächliche Arbeit am Projekt ausgeführt, basierend auf der vorangegangenen Planung. Das Projektmanagement hat die Kernaufgabe, die Einhaltung des Plans mit den zuvor ausgewählten Methoden und Werkzeugen zu überwachen. Das Nachhaltigkeitsmanagement fokussiert in dieser Phase auf die Umsetzung der zuvor definierten und eingeplanten Nachhaltigkeitskriterien. Es ist jedoch zu berücksichtigen, dass Projekte, ihre Ziele, ihr Kontext und damit auch die dazugehörigen Nachhaltigkeitsaspekte dynamisch sind. Agile Methoden in der Projektarbeit ermöglichen eine schnelle Anpassung an solche Veränderungen. In solchen Szenarien sollte das Nachhaltigkeitsmanagement entsprechend ausgerichtet werden. Agile Prinzipien fließen bereits in die konkreten Methoden ein. Nachfolgend werden spezifische Methoden vorgestellt, die in der Phase der Projektdurchführung Anwendung finden können.

Continuous Integration & Deployment (CI/CD) mit Green Practices: Die Integration von umweltfreundlichen Praktiken in CI/CD-Prozesse – häufig auch unter Green DevOps zu finden [JP20] – umfasst die Optimierung von Build-, Test- und Deployment-Prozessen, um den Energieverbrauch und die Umweltauswirkungen zu minimieren. Dies kann durch den Einsatz energieeffizienter Technologien, weniger häufigen Ausführungen von Pipelines und Updates, die Reduzierung von Abhängigkeiten und die Minimierung von Ressourcenverbrauch erreicht werden. Bei der Implementierung von Green Practices in CI/CD ist es wichtig, die Umweltauswirkungen von Codeänderungen und -optimierungen kontinuierlich zu bewerten. Green Practices im CI/CD-Kontext tragen zur Nachhaltigkeit bei, indem sie den ökologischen Fußabdruck von Software-Entwicklungsprozessen verringern (vergl. Tab. 1).

Accessible User Interface (UI) & User Experience (UX) Design: Die Gestaltung einer barrierefreien und inklusiven Benutzendenführung umfasst die Entwicklung einer leicht verständlichen, zugänglichen und benutzendenfreundlichen Softwareoberfläche für alle Nutzendengruppen, unabhängig von ihren Fähigkeiten oder technischem Wissen [Go15]. Bei der Umsetzung sollten die Bedürfnisse von Menschen mit unterschiedlichen Einschränkungen, kulturellem Hintergrund, Altersgruppen und anderen Diversitätsmerkmalen berücksichtigt werden. Dies kann durch die Anwendung von Accessibility-Richtlinien wie den Web Content Accessibility Guidelines [W318] und das Sammeln von Benutzeendenfeedback erreicht werden. Barrierefreies UI & UX-Design trägt zur sozialen Nachhaltigkeit bei, indem es die Zugänglichkeit und Nutzung von Software für alle ermöglicht (vergl. Tab. 1).

Environmental Performance Monitoring: Environmental Performance Monitoring [Se99] ist der Prozess der kontinuierlichen Überwachung und Optimierung der Wechselwirkung zwischen Projekt und Umwelt. Es umfasst die Erfassung und Analyse von Umweltdaten, wie Energieverbrauch, Treibhausgasemissionen und Wasserverbrauch. Bei der Durchführung ist es wichtig, geeignete Umweltindikatoren zu wählen und die Erfassungsmethoden zu standardisieren. Environmental Performance Monitoring ist sowohl für das Projektmanagement als auch für die Nachhaltigkeit von Bedeutung, da es dazu beiträgt, Umweltbelastungen zu reduzieren und Ressourceneffizienz zu fördern (vergl. Tab. 1).

Social Progress Monitoring: Social Progress Monitoring [EY14] ist der Prozess der kontinuierlichen Überwachung und Optimierung der sozialen Auswirkungen eines Projekts. Es beinhaltet die Erfassung und Analyse von Daten zu Themen wie Chancengleichheit, sozialer Zusammenhalt und menschenwürdiger Arbeit. Bei der Durchführung sollten verschiedene Stakeholdergruppen einbezogen und angemessene Indikatoren für den sozialen Fortschritt festgelegt werden. Social Progress Monitoring ist sowohl im Projektmanagement als auch im Kontext der Nachhaltigkeit wichtig, da es dazu beiträgt, soziale Risiken und Chancen zu identifizieren und gezielte Maßnahmen zur Verbesserung der sozialen Performance umzusetzen. Zusammenfassend bezieht sich die Methode auf die sozialen Auswirkungen auf der Ebene des Outcomes (vergl. Tab. 1).

5   Projektabschluss – Sicherung der Nachhaltigkeit

Der Projektabschluss als letzte Phase des Projektmanagement dient nicht nur der Würdigung eines positiven Projektergebnis und der Entlastung der Projektleitung und des Teams. Im Mittelpunkt steht vielmehr die abschließende Sicherstellung der Zielerreichung. Im Rahmen des Nachhaltigkeitsmanagements ist die Zielerreichung bezüglich aller Nachhaltigkeitsaspekte zu überprüfen. Dabei kann der Umfang dieser Phase gegenüber dem Abschluss eines Projektes ohne Nachhaltigkeitsmanagement deutlich zunehmen. Auch für den Projektabschluss lassen sich konkrete Methoden benennen, mit deren Hilfe eine Erfolgskontrolle hinsichtlich der gesetzten Nachhaltigkeitsaspekte vorgenommen werden kann. Neben den folgenden Ansätzen kann in dieser Phase auch das in Abschnitt

2 bereits eingeführte Sozial Impact Assessment zum Einsatz kommen, um die sozialen Auswirkungen zu berücksichtigen (vergl. Tab. 1)

Post-Deployment Energy Audit: Ein Post-Deployment Energy Audit umfasst eine systematische Untersuchung des Energieverbrauchs einer Software nach ihrer Implementierung, um Verbesserungspotenziale in Bezug auf Energieeffizienz zu identifizieren. Hierfür gibt es bisher nicht ein standardisiertes Vorgehen, sondern plattform- und anwendungsfallspezifische Empfehlungen [MKC12]. Der Auditprozess umfasst die Messung und Analyse des Energieverbrauchs während des Betriebs der Software sowie die Identifikation von Bereichen, in denen Optimierungen möglich sind. Im Kontext des Projektmanagements ist ein Post-Deployment Energy Audit wichtig, um die ökologische Nachhaltigkeit der Software zu gewährleisten und die Einhaltung von Umweltstandards zu überprüfen. Ein konkretes Beispiel für einen solchen Audit könnte die Analyse der Serverauslastung und des Energieverbrauchs einer Webanwendung sein. Damit ergibt sich die in Tab. 1 dargestellte Klassifikation.

Environmental Impact Assessment (EIA): Eine Environmental Impact Assessment (EIA) ist eine systematische Bewertung der Umweltauswirkungen von Produkten, Prozessen und Dienstleistungen [Mo12] und kann ebenfalls auf Projekte angewendet werden. Sie dient dazu, mögliche negative Effekte frühzeitig zu erkennen und geeignete Maßnahmen zur Minderung oder Vermeidung dieser Effekte zu identifizieren. Die EIA ist im Projektmanagement und im Kontext der Nachhaltigkeit wichtig, um sicherzustellen, dass Projekte unter Berücksichtigung ihrer ökologischen Auswirkungen entwickelt und umgesetzt werden (vergl. Tab. 1).

Software Usability Evaluation: Eine Software Usability Evaluation ist eine systematische Bewertung der Benutzendenfreundlichkeit einer Software [HA01], um sicherzustellen, dass sie für alle Nutzendengruppen zugänglich und inklusiv ist. Diese Evaluation umfasst Methoden wie Heuristische Evaluationen, Benutzendentests und Expertenbewertungen. Bei der Durchführung ist es wichtig, eine breite Palette von Nutzendengruppen einzubeziehen, um mögliche Zugangsbarrieren zu identifizieren und geeignete Lösungen zu entwickeln. Software Usability trägt zur Nachhaltigkeit bei, indem sie eine barrierefreie und inklusive Benutzendenererfahrung fördert, die die Zufriedenheit und Akzeptanz der Software erhöht. Sie bezieht sich also auf die sozialen Auswirkungen des Outcomes (vergl. Tab. 1).

6 Zusammenfassung und Ausblick

In diesem Beitrag sind Instrumente für die Steigerung der Nachhaltigkeit in IT-Projekten entlang der verschiedenen Projektphasen erörtert und kategorisiert worden. Zuerst wurde eine Unterscheidung der Werkzeuge vorgenommen, die sich entweder auf die verwendete Technologie oder die Auswirkungen eines Projekts beziehen. In einer zweiten Kategorie wurde zwischen ökologischer und sozialer Nachhaltigkeit differenziert. Tabelle 1 präsentiert eine zusammenfassende Darstellung aller Instrumente samt zugehörigen Bewertungen.

Methode	Projektphase				Aspekte		Wirkung	
	Initialisierung	Planung	Durchführung	Abschluss	Outcome	Technologie	Sozial	Ökologisch
Materiality Assessment	X					X		X
Inclusive Design Review	X	X	X	X		X	X	
Science Based Targets	X				X			X
Social Impact Assessment	X			X	X	X	X	
Green Coding Guidelines		X				X		X
Diversity & Inclusion Plan		X				X	X	
Eco-Scoping		X			X			X
Stakeholder Engagement Plan		X			X		X	
CI/CD mit Green Practices			X			X		X
Accessible UI & UX Design			X			X	X	
Environmental Performance Monitoring			X		X			X
Social Progress Monitoring			X		X		X	
Post-Deployment Energy Audit				X		X		X
Environmental Impact Assessment				X	X			X
Software Usability Evaluation				X	X		X	

Tab. 1: Übersicht der Methoden zum Nachhaltigkeitsmanagement

Mit dieser Übersicht steht Projektmanagern und Projektmanagerinnen eine Übersicht zur Verfügung, die verschiedene Ansätze zum Nachhaltigkeitsmanagement vorschlägt und gleichzeitig durch eine Bewertung bei der Auswahl unterstützt. Die Liste der in Tab 1. dargestellten Methoden und Werkzeuge erhebt nicht den Anspruch auf Vollständigkeit. Auch werden in Zukunft weiter Ansätze dazukommen. Die Entwicklung des Nachhaltigkeitsmanagements im Rahmen des Projektmanagements bleibt so spannend wie die des Themas Nachhaltigkeit selbst.

Literaturverzeichnis

[An20]   Andrae, Anders S.G.: New perspectives on internet electricity use in 2030 Anders S.G.: Engineering and Applied Science Letters (EASL) Vol. 3 (2020), Issue 2, S. 19 - 31, 2020.

[ANC12]   Agarwal, S.; Nath, A.; Chowdhury, D.: Sustainable Approaches and Good Practices in Green Software Engineering. International Journal of Research and Reviews in Computer Science 3.1 2012.

[Bo22]   Boucherit, S.; Berkouk, D.; Bouzir, T.A.K.; Masullo, M.; Maffei, L.: A Review of Inclusive Design and Multisensory Interactions Studies and Applications in Public Spaces. IOP Conf. Ser.: Earth Environ. Sci. 1113 012017. 2022.

[Br87]   Brundtland, G.: Report of the World Commission on Environment and Development: Our Common Future. United Nations General Assembly document A/42/427. 1987.

[CU17]   CDP; UN Global Compact; World Resources Institute, WWF: Science-Based Target Setting Manual. 2017. https://sciencebasedtargets.org/resources/legacy/2017/04/SBTi-manual.pdf. Stand 04.05.2023

[DN10]   Dick, Markus; Naumann, Stefan: Enhancing Software Engineering Processes towards Sustainable Software Product Design: In (Greve, Klaus; Cremers, Armin B.): EnviroInfo 2010. Shaker Verlag, Aachen, S. 706 - 715, 2010.

[EY14]   Epstein, M.J.; Yuthas, K.: Measuring and Improving Social Impacts: A Guide for Non-profits, Companies, and Impact Investors. Berrett-Koehler Publishers (2014), S.180-213. 2014.

[Fr86]   Freudenburg, W. R.: Social Impact Assessment. Annu. Rev. Sociol. 12, 451–478, 1986.

[Ga21]   Gardner, B.: Ecology Scoping Survey Guidelines, https://www.ecologybydesign.co.uk/ecology-resources/ecology-scoping-survey-guidelines, Stand: 02.05.2023.

[Go15]   Goodwin, D.; Lee, N.; Stone, M.; Kanitz, D.: Accessible User Interface Development: Process and Considerations. Resna Annual Conference 2015. 2015.

[Go21]   Goaër, O.L.: Enforcing green code with Android lint. Proceedings of the 35th IEEE/ACM International Conference on Automated Software Engineering, S. 85–90, Association for Computing Machinery, New York, NY, USA. 2021.

[GMS22]   Garst, Jilde; Maas, Karen; Suijs Jeroen: Materiality Assessment Is an Art, Not a Science: Selecting ESG Topics for Sustainability Reports. California Management Review 2022, Vol. 65(1), S. 64–90, 2022.

[GP19]   GPM Deutsche Gesellschaft für Projektmanagement e. V. (Hrsg): Kompetenzbasiertes Projektmanagement (PM4): Handbuch für Praxis und Weiterbildung im Projektmanagement, Buch & media, 2019.

[HA01]   Hartson, H.R.; Andre, T.S.; Williges, R.C.: Criteria For Evaluating Usability Evaluation Methods. International Journal of Human–Computer Interaction, 13, 373–410, 2001.

[Ho22]   Hollmann, S.; Regierer, B.; Bechis, J.; Tobin, L.; D'Elia, D.: Ten simple rules on how to develop a stakeholder engagement plan. PLoS Comput. Biol. 18, e1010520, 2022.

[JP20]   Jeya Mala D.; Pradeep Reynold, A.: Towards Green Software Testing in Agile and DevOps Using Cloud Virtualization for Environmental Protection. In: Ramachandran, M. and Mahmood, Z. (eds.) Software Engineering in the Era of Cloud Computing. S. 277–297, Springer International Publishing, Cha, 2020.

[Ma22]   Mason, D.P.: Diversity and Inclusion Practices in Nonprofit Associations: A Resource-Dependent and Institutional Analysis. Journal of Public and Nonprofit AffairsVol. 6, No. 1., 2022.

[Mo12]   Morgan, R.K.: Environmental impact assessment: the state of the art. Impact Assessment and Project Appraisal. 30, S. 5–14, 2012.

[MKC12]   Mittal, R.; Kansal, A.; Chandra, R.: Empowering developers to estimate app energy consumption. In: Proceedings of the 18th annual international conference on Mobile computing and networking. pp. 317–328. Association for Computing Machinery, New York, NY, USA, 2012.

[RCS06]   Rosner, Rebecca L; Comunale, Christie L; Sexton, Thomas R.: Assessing Materiality. The CPA Journal, Bd. 76, Ausg. 6 (Jun 2006), S. 26-28, 2006.

[RGB14]   Rocheteau, J.; Gaillard, V.; Belhaj, L.: How green are java best coding practices? SMARTGREENS. 2014. 235–246, 2014.

[Se99]   Segnestam, L.: Environmental Performance Indicators, A Second Edition Note. The World Bank Environment Department. 1999.

[WE19]   World Economic Forum: Digital technology can cut global emissions by 15%. Here's how (15. Jan. 2019). www.weforum.org/agenda/2019/01/why-digitalization-is-the-key-to-exponential-climate-action/, Stand: 01.05.2023. 2019.

[W318]   W3C: Web Content Accessibility Guidelines 2.1. W3C World Wide Web Consortium Recommendation 2018.

Auf dem Weg zu einer nachhaltigen Prozessorientierung: Ein Framework für die Etablierung und Aufrechterhaltung des Prozessdenkens in Organisationen

Martin Jestädt[1], Lena Saier[2], Mara Siegert[3], Aylin Yurttas[4] und Günter Bitsch[5]

Abstract: Business Process Management (BPM) ist aufgrund seiner Bedeutung für prozessorientierte Unternehmen und den daraus resultierenden Anforderungen hinsichtlich interner Betriebsorganisation und Audits, ein zentraler Bestandteil. Die Einführung und Aufrechterhaltung von BPM stellt jedoch einen erheblichen Aufwand dar, da Prozesse aufgenommen, modelliert und aktuell gehalten werden müssen. Empirische Belege zeigen, dass erfolgreiche Prozessmodellierung dabei eine besondere Herausforderung darstellt, welche häufig nicht zufriedenstellend nachhaltig gelingt. Ein wesentlicher Erfolgsfaktor für die nachhaltige Prozessorientierung in Unternehmen ist somit die konsistente und aktuelle Prozessmodellierung, sowie deren Adaption an externe und interne Veränderungen. Mittels einer Literaturrecherche werden die relevanten Dimensionen zur nachhaltigen Prozessorientierung auf Grundlage der Prozessmodellierung ermittelt. Auf deren Basis wird ein adaptives handlungsorientiertes Framework für die praktische Anwendung in Unternehmen abgeleitet.

Keywords: BPM, nachhaltige Prozessorientierung, Process Lifecycle Management

1   Einleitung

Die Bedeutung von Prozessmanagement oder Business Process Management (BPM) ist für viele Organisationen unzweifelhaft groß. Es besteht einerseits häufig die Notwendigkeit für externe Reportings wie der DIN ISO 9001 Zertifizierung. Zum anderen erhoffen sich viele Organisationen durch die Ausrichtung anhand ihrer Prozesse effizienter operieren zu können. Daher befasst sich ein beträchtlicher Forschungsbereich mit dem BPM und liefert Vorschläge und Leitfäden wie dessen Umsetzung erfolgreich gelingt [Br18]. Hierzu gehören unter anderem eine Vielzahl von Prozesslebenszyklusmodellen [We19], [Ri12]. Deren Umsetzung ist in der Regel aufwendig und mit organisationalen Spannungen verbunden [PM19]. Dennoch zeigen empirische Studien, dass Prozessaufnahme und Modellierungsprojekte häufig nicht vollumfänglich erfolgreich sind [Im19], [HG20] und keine langfristigen Reportings eingeführt werden [Br18].

---

[1] Hochschule Reutlingen ESB, Operations Management, Alteburgstraße 150, 72762 Reutlingen, martin.jestaedt@student.reutlingen-university.de
[2] Hochschule Reutlingen ESB, Operations Management, Alteburgstraße 150, 72762 Reutlingen, lena.saier@student.reutlingen-university.de
[3] Hochschule Reutlingen ESB, Operations Management, Alteburgstraße 150, 72762 Reutlingen, mara.siegert@student.reutlingen-university.de
[4] Hochschule Reutlingen ESB, Operations Management, Alteburgstraße 150, 72762 Reutlingen, aylin.yurttas@student.reutlingen-university.de
[5] Hochschule Reutlingen ESB, Alteburgstraße 150, 72762 Reutlingen, guenter.bitsch@reutlingen-university.de

Es findet demnach keine nachhaltige Ausrichtung der Organisation anhand der betrieblichen Prozesse statt. Im Ganzen führt das dazu, dass Potenziale des BPM nicht vollständig ausgeschöpft werden, was die effiziente Umsetzung gefährdet.

Daher werden in dieser Arbeit mittels einer Literaturrecherche, vier für nachhaltig erfolgreiches BPM relevante Dimensionen identifiziert. Auf Basis dieser Erkenntnisse wird ein holistisch adaptives Framework für die organisationale Veränderung hin zur Prozessorientierung vorgeschlagen und mit Experten validiert, um die nachhaltige Einführung von BPM in Organisationen zu unterstützen.

2   Hintergrund und Kontext

BPM beschreibt die Ausrichtung und Organisation des gesamten Betriebs anhand seiner Prozesse zur Erreichung einer höheren Effizienz und Kundenorientierung [Du18]. Ein bedeutender Bestandteil der Prozessorientierung stellt dabei der BPM-Lebenszyklus dar [WP15]. Davon ausgehend haben sich vielfältige Modelle mit unterschiedlichem Fokus zur Erreichung von Prozessorientierung etabliert. Hervorgehoben werden kann der Ansatz von Binci et al. [BA20], welcher auf den Zusammenhang von BPM und Change-Management eingeht. Einen ähnlichen Ansatz verfolgen auch Abeygunasekera et al. [Ab22], welche bei Prozessverbesserungen durch externe Auslöser oder internen Druck mittels Habitualisierung und Sedimentation versuchen, langfristige Veränderungen in einer Organisation hervorzurufen. Jedoch geben beide Ansätze über die in den meisten BPM-Lebenszyklusmodellen identifizierten Faktoren hinaus keine Anhaltspunkte zur Erreichung nachhaltiger Prozessorientierung. Im Zusammenhang mit ganzheitlichem BPM zwingt sich der Vergleich mit dem Cross Industry Process Classification Framework auf [AP23]. Dieses geht jedoch nicht auf den Prozesslebenszyklus oder die nachhaltige Erreichung von Prozessorientierung ein.

Einen Überblick zu BPM-Lebenszyklusmodellen geben Morais et al. [Mo13]. Diese Modelle betrachten in der Regel lediglich die Phasen des BPM, welche grob in folgende Phasen unterteilbar sind: Modellierung/Design der Prozesse, Implementierung, Monitoring sowie Optimierung [Mo13], [We19]. Die meisten dieser Modelle sehen äußere Umstände als gegeben an [AB09], [zH05], [Do11]. Andere Autoren zeigen, dass Rückkopplungen zwischen dem Organisationsumfeld und der Einführung von BPM bestehen [SR20], [vS11], [vZ15], [RB10].

Dennoch geht nur ein kleiner Teil der Autoren näher auf die Schwierigkeit ein, welche bei der Neuausrichtung einer Organisation anhand ihrer Prozesse auftreten [Ab22], [PM19]. In diesem Zusammenhang diskutieren verschiedene Arbeiten die Bedeutung einer kulturellen Passung (cultural fit) zwischen der BPM-Ausrichtung und dem Unternehmen. Hierbei beschreiben insbesondere Schmiedel et al. [SR14] die Konflikte, die bei fehlender Passung auftreten können. Schmiedel et al. [SR13] identifizieren Kundenorientierung, Exzellenz (also die Bereitschaft sich kontinuierlich weiterzuentwickeln und zu verbessern), Verantwortungsbewusstsein und Teamwork.

In einer empirischen Studie [SR20] konnte die Bedeutung von BPM-Kultur und der Ausführung von BPM-Methoden für die Prozessperformance unterstreichen. Andere Autoren rücken die Bedeutung der strategischen Passung in den Vordergrund [Mo13], [RB10].

Diese beziehen sich unter anderem auf Governance, strategische Ausrichtungen und Stakeholderpartizipation. Die mangelnde Integration strategischer Komponenten hat bereits zur Veränderung von Werkzeugen der Prozessoptimierung geführt. So wurde, abgewandelt vom bekannten DMAIC-Zyklus von Radisch et al., [RR11] der SMAIL-Zyklus entwickelt. Dieser implementiert die erste und letzte Phase des DMAIC-Zyklus mit höherer strategischer Ausrichtung. Die Scoping-Phase zu Beginn des Zyklus bezieht dabei stärker die Umgebungssituation mit ein, um so eine langfristigere Ausrichtung zu erreichen. Die Controll-Phase wird im SMAIL-Zyklus durch die Leverage-Phase ersetzt. Der Zyklus bietet dabei einen Leitfaden für das Vorgehen in einem konkreten Projekt, stellt aber allein nicht die unternehmensweite, nachhaltige Prozessorientierung sicher.

Eine empirische Studie von Imgrund et al. [Im19] weist als besonders relevanten Faktor für den Erfolg von BPM-Projekten die Erfahrung des durchführenden Prozessmanagers aus. Dies ist kritisch zu anzusehen, da davon auszugehen ist, dass andere Variablen wie die erfolgreiche Vermittlung von Werten direkt mit der Erfahrung des Prozessmanagers korrelieren, was auf bisher empirisch nicht erfasste Einflussfaktoren hindeutet. Verschiedene Autoren rücken darüber hinaus die Verwendung agiler Ansätze im Prozessmanagement in den Fokus und weisen auf die Vorteile solcher Ansätze in Bezug auf Flexibilität und Mitarbeiterpartizipation hin [Ba19], [RR11], [We16]. Auch damit verwandte Werte wie Qualitätsbewusstsein werden von van Ee et al. [va20] mit erfolgreicher Prozessorientierung in Verbindung gebracht.

Es zeigt sich demnach, dass keine der untersuchten Arbeiten einen holistischen Ansatz verfolgt, welcher relevante Faktoren nachhaltiger Prozessorientierung berücksichtigt.

3   Methodisches Vorgehen / Literaturrecherche

Basierend auf der Erkenntnis, dass bisher kein holistisches und praxisorientiertes Framework zur nachhaltigen Implementierung von Prozessorientierung besteht, wird im Rahmen dieser Arbeit ein Framework mit diesen Eigenschaften vorgeschlagen. Das Vorgehen bei Entwicklung eines Frameworks zur Erreichung von Prozessorientierung orientiert sich an der konzeptionellen Frameworking-Theorie von van Aken & Berends [vB18]. Dabei wurden unter Verwendung unterschiedliche Suchmaschinen und Datenbanken darunter Emerald (10 relevante Arbeiten), Elsevier (eine relevante Arbeit), IEEE (eine relevante Arbeit), Google (4 relevante Arbeiten) und Google Scholar (28 relevante Arbeiten) gezielt nach den Schlagwörtern „BPM", „Process Lifecycle Management" sowie „Change-Management" gesucht. Betrachtet wurden außerdem relevante Artikel aus angrenzenden Themenfeldern, wie „Business Process Reengineering" (BPR) und „Total-Quality-Management" (TQM). Dabei konzentrierte sich die Recherche auf Arbeiten aus den letzten zehn Jahren, bezieht aber auch ältere Werke mit großer Bedeutung mit ein. Unter Beachtung des Ziels ein Framework zur Erreichung nachhaltiger Prozessorientierung zu synthetisieren, wurden die identifizierten Quellen untersucht und gefiltert. Das entwickelte Framework bringt die identifizierten Konzepte in Einklang, um einen Leitfaden für die nachhaltige Integration von Prozessmanagement aufzuzeigen.

4   Entwicklung des Frameworks

Auf Basis der Literaturrecherche konnten drei zentrale Dimensionen für nachhaltig erfolgreiche Prozessorientierung in einer Organisation identifiziert werden, welche in das Framework miteinfließen sollen.

4.1   Kulturelle Dimension

Verschiedene Autoren, darunter auch vom Brocke und Sinnl [vS11], beschreiben BPM-Kultur nicht als Rahmenbedingung wie dies aus dem BPM-Lifecycle Framework [AB09] hervorgeht. Vielmehr sehen sie BPM-Kultur als einen von Methoden und Handlungen der Mitarbeitenden beeinflussten Faktor. Dies wird auch von anderen Autoren untermauert. So zeigen Armistead und Machin [AM97], dass die wiederholte Messung von Prozessperformance die Denkweise von Mitarbeitenden nachhaltig verändern kann. Sie beschreiben die veränderte Denkweise und daraus folgend die Veränderung der Unternehmenskultur hin zur BPM-Kultur als zentrales Ziel solcher Messungen. Darüber hinaus zeigen Gerkhardt et al. [GF15], dass zu einer erfolgreichen Veränderung die Kommunikation ebendieser gehört. Weitergehend wird bei agilem BPM versucht die Ansätze des agilen Projektmanagements auf das Geschäftsprozessmanagement zu übertragen [Br18], [MO14], [We16]. Insbesondere die iterative Verbesserung und eigenverantwortliche Arbeit der Teams mit regelmäßigen Terminen wie auch Feedbackrunden sollen zu einer nachhaltigen Veränderung der Unternehmenskultur beitragen. Zudem sind agile Ansätze sehr stark auf die Partizipation der Mitarbeitenden ausgerichtet [FH01]. Auch dieser Ansatz wird von Gerkhardt et al. [GF15] als wichtiger Faktor für erfolgreiche Veränderung identifiziert. Es wird somit deutlich, dass ein iterativer Ansatz bei der Erreichung langfristiger kultureller Veränderungen sinnvoll sein kann. Produktbasiertes Prozess-Design baut Prozesse anhand ihrer Ergebnisse auf. Die Methode verwirft den bestehenden Prozess vollständig und richtet alle Schritte am (Soll-) Ergebnis aus [RA03]. So vermittelt sie ein hohes Maß an Kundenorientierung, da für diese das Ergebnis des vorausgegangenen Prozesses im Fokus steht. Kundenorientierung wurde bereits als ein zentraler BPM-Wert identifiziert, welcher bei erfolgreicher Vermittlung von den Mitarbeitenden auch auf bestehende Prozesse anwendbar ist. Die hierfür angewendete iterative Vorgehensweise korreliert mit den bereits vorgestellten Methoden. Dies deutet auf die Wichtigkeit von Wiederholungen zur Sedimentierung der neuen Werte hin, welche zwar mit Aufwand verbunden sind, jedoch durch die erfolgreiche Realisierung nachhaltiger Prozessorientierung aufgewogen werden sollen.

4.2   Strategische Dimension

Die Bedeutung der Passung im Rahmen der gesamten Unternehmensstruktur wird von Doebeli et al. [Do11] in den Fokus gerückt. Sie sehen Governance als Möglichkeit, die veränderte Struktur den Mitarbeitenden näherzubringen. Diese Annahme fußt auf den Erkenntnissen von Taylor [Ta00], welcher die Kommunikation und Einheit von strategischen Zielen als zentralen Punkt guter Governance identifiziert. Diese Punkte decken sich mit der zuvor betonten Bedeutung von Kommunikation bei Veränderungen, wie der BPM-Einführung. Jedoch sieht auch das von Doebeli et al. [Do11] entwickelte Framework das organisationale Umfeld als äußeren Faktor für den Erfolg von BPM an und geht nicht auf eventuelle Wechselwirkungen zwischen den Faktoren ein. Darüber hinaus identifizieren mehrere bekannte Ansätze des BPM ähnliche Faktoren. Darunter die Mitarbeiterpartizipation und Kommunikation von Zielen [SR20], [vR15]. Im Kontext der Führung identifizieren Pereira et al. [PM19] fehlendes Vertrauen in das Top-Management als relevanten Faktor für Widerstand gegen BPM-Einführungen, was auf die Bedeutung von strategisch konsistentem Führungsverhalten hindeutet.

4.3 Human-centered Dimension

Subjektorientiertes BPM (S-BPM) zielt auf die Veränderung des klassischen BPM-Ansatzes weg von der reinen Kundenorientierung ab. Dies inkludiert die Entwicklung von einer reinen Ergebnisorientierung am Kunden, hin zu einer ganzheitlicheren Betrachtung aller Stakeholder [Fl11]. Als Beispiel sind hierbei Lieferanten, Prozesseigner/- innen, angrenzende Prozessteilnehmende sowie prozessdurchführende Mitarbeitende zu nennen. Auch der Ansatz des social BPM sieht die Interaktion und Zusammenarbeit zwischen den Prozessteilnehmenden als zentralen Punkt für erfolgreiches BPM [BF12]. Social BPM baut dabei auf fünf Faktoren: Identifikation von Abhängigkeiten, Transparenz, Partizipation der Mitarbeitenden sowie Aufgaben- und Entscheidungsdistribution. Ziel ist ein besseres Monitoring und daraus folgende Maßnahmenableitung in Bezug auf soziale Aspekte der Prozesse [BF12]. Dies weist auf die Notwendigkeit hin, das soziale Umfeld des Prozessmanagementsystems aktiv zu beeinflussen, um nachhaltige Erfolge zu realisieren. Es existieren eine Reihe unterschiedlicher Methoden zur Veränderung der Denkweise von Mitarbeitenden hin zur Prozessorientierung, wie verschiedene Workshopmethoden, darunter NESTT [Ro18] oder Process Model Canvas [Pr15] und Serious Games (ernsthaften Spielen). Dabei werden unterschiedliche Ansätze verfolgt. Pflanzl et al. [Pf16] zeigen die Vorteile solcher Serious Games auf. Sie weisen darauf hin, dass Spiele bereits vielfach verwendet werden, um ein tiefergehendes Verständnis für Situationen zu schaffen. Ribeiro et al. [Ri12] untersuchen den Nutzen von serious Games zur Vermittlung von Prozessmodellierungsfähigkeiten. Spiele eignen sich demnach, um die Partizipation der Mitarbeitenden zu erhöhen und ein gemeinsames Prozessverständnis zu erzeugen [Sa11]. Insbesondere im Zusammenhang mit umwälzenden Veränderungen, wie der Einführung von Prozessorientierung, können Spiele die Einstellung von Personen zu einem Thema verändern sowie bei der Überwindung von Widerständen unterstützen [Je03]. Dieser Zusammenhang kann nicht nur als methodische Alternative zur Erzeugung von Prozessverständnis angesehen werden. Er bietet vielmehr die Möglichkeit bei der Entwicklung des Frameworks ähnliche Ansätze zu verfolgen, wie Spiele es tun. So nutzen Spiele oftmals auf ihre Mechanik aufgesetzte Themen, um den Spielenden Sachverhalte intuitiver zu vermitteln [CW11]. Daher orientiert sich das Framework an einer sinnvollen Verwendung von Metaphorik zur besseren Vermittlung des Sachverhalts.

4.4 Darstellung im Framework

Keines der untersuchten Prozesslebenszyklus Modelle bietet einen ausreichenden Ansatz zur Erreichung nachhaltiger Prozessorientierung. Trotzdem ist an dieser Stelle zu erwähnen, dass [Mo13] bereits versucht haben, die strategische Ausrichtung und Stakeholderpartizipation in bestehende BPM-Lebenszyklusmodelle zu integrieren. Hierbei wurden diese als externe Faktoren angesehen, welche das BPM beeinflussen. Eine Rückkopplung geht aus diesem Framework nicht hervor. Da sich diese Arbeit auf die nachhaltige Integration von BPM konzentriert, wurde für den verwendeten operativen BPM-Zyklus auf bestehende Forschung zurückgegriffen. Wie in Abbildung 1 erkennbar, stellt das entwickelte Framework insbesondere den Zusammenhang zwischen BPM-Kultur, Human-centered Dimension und strategischer Ausrichtung dar. Die Bedeutung dieser Faktoren für erfolgreiches und nachhaltiges BPM zeigt unter anderem auch das Reifegradbewertungsmodell von [Du18], welches sich von der durch [De09] entwickelten BPM-Reifegraddarstellung ableitet. Das entwickelte Framework zur dauerhaften Integration von Prozessmanagement besteht aus vier Kernelementen und den korrelierenden Hauptanforderungspunkten. Die strategische Passung zur Sicherung des Top-Managementsupports als Antrieb der Veränderung, der Mensch als Stakeholder des Prozessmanagements, die BPM-Kultur sowie dem operativen BPM. Durch die Gestaltung des Frameworks auf Basis von Zahnrädern wird das Ineinandergreifen der wechselwirkenden Faktoren verdeutlicht und hat die vereinfachte Vermittlung dieses integralen Zusammenhangs zum Ziel. Die Anordnung der Zahnräder veranschaulicht, dass menschliche Stakeholder das operative BPM durch die Unternehmenskultur beeinflussen. Diese beiden Faktoren sind, trotz ihrer Bedeutung für die nachhaltige Umsetzung, kleiner als der operative Zyklus dargestellt, da ihr Einfluss nicht auf gleicher Ebene angesehen wird, wie der der operativen Prozessmanagementausübung. Dies ist auf den Kernpunkt zurückzuführen, dass BPM-Kultur und Prozessstakeholder ohne Prozessmanagement nicht existieren würden, aber Prozessorientierung ohne kulturelle Veränderung nicht nachhaltig abgesichert ist. Alle gezeigten Faktoren beeinflussen sich gegenseitig, daher kann kein einzelner Antrieb ausgemacht werden. So kann die operative Ausübung die Unternehmenskultur im gleichen Ausmaß „antreiben", wie die wichtigen Werte der BPM-Kultur die operative Ausübung fördern. Die drei dargestellten Zahnräder enthalten jeweils einen Zyklus mit den vier zentralen Punkten ihrer Erreichung. Die Darstellung der BPM-Kultur orientiert sich stark an den CERT-Werte von [SvR13]. Diese sind als Zyklus aufgebaut, da sie einander fördern. So stellt die interne wie auch externe Kundenorientierung die Basis für exzellentes Arbeiten dar, welches wiederum klare Verantwortungen bedingt, die ihrerseits effiziente Teamarbeit unterstützen [SRv20]. Das Zahnrad zur Human-centered Dimension ist auf ähnliche Weise aufgebaut. Top-Managementsupport beim Betreiben von BPM kann Mitarbeitende zur Partizipation bewegen, welche den Wissensaustausch im Unternehmen verbessert. Dies führt zu einer inkrementellen Werteänderung bei Mitarbeitenden und dem Management [Mo13]. Die strategischen Faktoren als äußeren Rahmen mit der Rückkopplung darzustellen, unterstützt bei der Vermittlung der Bedeutung dieses Punktes als richtungsweisender Antrieb bei der nachhaltigen BPM-Integration. Diese Darstellung vermittelt zudem die Anpassung der Strategie auf Basis der im Prozessmanagement gewonnen Erkenntnisse und Werte. Das operative BPM beruft sich auf den BPM-Lebenszyklus nach Weske [We19], welcher zwar die Stakeholder, aber nicht die Kultur als Einflussfaktoren benennt und in leicht verständlicher Weise darstellt. Dieser wurde gewählt, um den Fokus auf die Kernbotschaft für nachhaltige Prozessorientierung zu setzen. Je nach Reife des BPM in einem Unternehmen können unterschiedliche Einstiege in das operative BPM gewählt werden. Hierbei ist zu beachten, dass Unternehmen mit bestehenden Prozessmodellen direkt mit der Umsetzung der Prozesse beginnen können, sich aber verstärkt auf die anderen Faktoren konzentrieren sollten, wenn diese bis dahin vernachlässigt wurden. In diesem Zusammenhang kann das Framework auch bei der Evaluierung der Reife der Prozessorientierung innerhalb der Organisation verwendet werden, wenn die Anwender die bestehende Situation anhand der gezeigten Faktoren kritisch beurteilen.

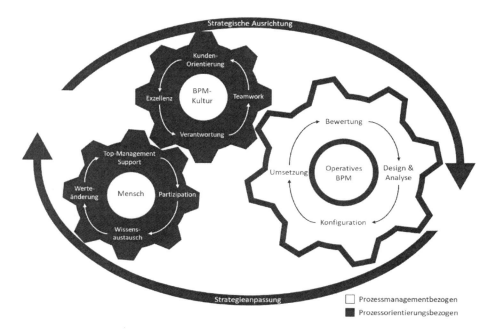

Abbildung 1: Framework zur nachhaltigen Prozessorientierung

5   Evaluierung

5.1   Interne Validierung

Das vorgestellte Framework bildet die Bedeutung der Erfolgsfaktoren für die langfristige Implementierung von BPM in einer Organisation durch eine verständliche Darstellung ab. Im bestehenden Forschungsstand werden externe Faktoren nicht oder nur unzureichend dargestellt. Ihre Bedeutung für eine nachhaltige prozessorientierte Unternehmensausrichtung wird nur geringfügig aufgezeigt.

Für die Praxis in Unternehmen bietet das vorgestellte Framework ein Leitfaden für die langfristige, erfolgreiche Einführung von BPM. Über die dauerhafte Konsistenz der Prozessmodellierung hinaus wird dargestellt, wie Unternehmen eine prozessorientierte Ausrichtung mit ihrer strategischen Ausrichtung verknüpfen können. Das Framework unterstützt das Management durch das Aufzeigen der relevanten Erfolgsfaktoren bei der Einführung und der dauerhaften Integration von BPM. Dies kann langfristig durch geeignete Workshops und Schulungen erfolgen.

5.2   Externe Validierung

Für die externe Validierung wird ein Fragebogen erstellt, welcher sich an Mitarbeitende und Führungskräfte aus dem Bereich BPM richtet. Neben allgemeinen Fragen zur Erfahrung mit BPM werden in dem Fragebogen folgende Inhalte abgefragt:

1. Ist das Framework verständlich?
2. Ist das Framework nachvollziehbar gestaltet?
3. Deckt sich das Framework mit Ihren Erfahrungen im BPM?
4. Halten Sie die Darstellung des Frameworks für geeignet?
5. Denken Sie, dass das Framework Anwender bei der nachhaltigen Einführung von BPM in ihrer Organisation unterstützen kann?
6. Vermissen Sie auf Grundlage Ihrer Erfahrung wichtige Aspekte im Framework?

Der Fragebogen wurde von sieben Personen mit zusammen über 50 Jahren Erfahrung im Prozessmanagement ausgefüllt. Hierbei wurde die Verständlichkeit und Nachvollziehbarkeit des Frameworks im Allgemeinen positiv bewertet. Auf Basis des Feedbacks wurde dem Framework eine Legende hinzugefügt. Alle Befragten bestätigten Erfahrungen mit der behandelten Schwierigkeit nachhaltigen Prozessorientierung einer Organisation. Insbesondere die menschliche Dimension wurde als Schlüsselfaktor genannt. Das Framework bietet demnach eine gute Ausgangslage für strukturierte Maßnahmen zur Erreichung nachhaltiger Prozessorientierung, wenn auch ohne die explizite Betrachtung Darstellung der betrachteten Change-Management-Aspekte.

6   Zusammenfassung und Ausblick

Das Framework zur Implementierung nachhaltiger Prozessorientierung in Organisationen verbindet die Human-centered, kulturell und strategische Dimension mit operativem BPM zur Erreichung nachhaltiger Prozessorientierung einer Organisation. Das vorgestellte Framework konnte erfolgreich durch Prozessmanagementexpert*innen mit langjähriger Erfahrung validiert und auf Basis deren Feedbacks entsprechend weiterentwickelt werden.

Für weitere Forschung kann die Entwicklung der Prozesskennzahlen nach Einführung des Konzepts dienen. Weiterhin ist zu untersuchen, ob weitere, bisher unbekannte Faktoren, einen Einfluss auf das BPM haben. Basierend auf der Befragung der Prozessexpert*innen ist hier besonders der Bereich des Change-Managements zu nennen.

Literaturverzeichnis

9001   9001:11.2015, Qualitätsmanagementsysteme - Anforderungen.

[AB09]   ABPMP: Gerenciamento de Processos de Negocio – Corpo Comum de Conhecimento. ABPMP, Sao Paulo, 2009.

[Ab22]   Abeygunasekera, A. W. J. C. et al.: How to make it stick? Institutionalising process improvement initiatives. Business Process Management Journal 3/28, S. 807–833, 2022.

[AM97]   Armistead, C.; Machin, S.: Implications of business process management for opera-tions management. International Journal of Operations & Production Management 9/17, S. 886–898, 1997.

[AP23]   Cross Industry Process Classification Framework, 2023.

[Ba19]   Badakhshan, P. et al.: Agile business process management. Business Process Manage-ment Journal 6/26, S. 1505–1523, 2019.

[BA20]   Binci, D.; Belisari, S.; Appolloni, A.: BPM and change management. Business Process Management Journal 1/26, S. 1–23, 2020.

[BF12]   Brambilla, M.; Fraternali, P.; Vaca Ruiz, C. K.: Combining social web and BPM for improving enterprise performances. WWW 2012 - European Projects Track, Lyon, 2012.

[Br18]   Brucker-Kley, E.: Prozessintelligenz. Business-Process-Management-Studie - Status Quo und Erfolgsmuster. Springer Berlin / Heidelberg, Berlin, Heidelberg, 2018.

[CW11]   Chen, K.-C.; Wu, C.-J.; Chen, G.-D.: A Digital Board Game Based Learning System for Authentic Learning: 2011 IEEE 11th International Conference on Advanced Learn-ing Technologies. IEEE, S. 25–29, 2011.

[Do11]   Doebeli, G. et al.: Using BPM governance to align systems and practice. Business Pro-cess Management Journal 2/17, S. 184–202, 2011.

[Du18]   Dumas, M. et al.: Fundamentals of business process management. Springer, Berlin, 2018.

[FH01]   Fowler, M.; Highsmith, J.; others: The agile manifesto. Software development 8/9, S. 28–35, 2001.

[Fl11]   Fleischmann, A. et al. Hrsg.: SUBJEKTORIENTIERTES PROZESSMANAGE-MENT. Carl Hanser Verlag GmbH & Co. KG, München, 2011.

[GF15]   Gerkhardt, M.; Frey, D.; Fischer, P.: The human factor in change processes: Success factors from a socio-psychological point of view: Change Beyond Organisational Transformation, S. 11–25, 2015.

[HG20]   Harmon, P.; Garcia, J.: The State of Business Process Management 2020, 2020.

[Im19]   Imgrund, F. et al.: Success Factors for Process Modeling Projects: An Empirical Anal-ysis. Universität Würzburg, 2019.

[Je03]   Jensen, K. O.: Business Games as Strategic Team-Learning Environments in Telecom-munications. BT Technology Journal 2/21, S. 133–144, 2003.

[Mo13]   Morais, R. de et al.: An analysis of BPM lifecycles: from a literature review to a framework proposal. Business Process Management Journal 3/20, S. 412–432, 2013.

[MO14]   Mevius, M.; Ortner, E.; Wiedmann, P.: Gebrauchssprachliche Modellierung als Grund-lage für agiles Geschäftsprozessmanagement. In (Fill, H.-G.; Karagiannis, D.; Reimer, U. Hrsg.): Modellierung 2014. Gesellschaft für Informatik e.V, Bonn, S. 169–184, 2014.

[Pf16]   Pflanzl, N. et al.: Designing Serious Games for Citizen Engagement in Public Service Processes. Business Process Management Workshops, S. 180–191, 2016.

[PM19]   Pereira, V. R.; Maximiano, A. C. A.; Bido, D. d. S.: Resistance to change in BPM implementation. Business Process Management Journal 7/25, S. 1564–1586, 2019.

[Pr15]   Process Model Canvas: Process Model Canvas. processmodelcanvas.com, Stand: 05.01.2023.

[RA03]   Reijers, H.; Mansar, S.; Aalst, W.: Product- Based Workflow Design. J. of Management Information Systems 20, S. 229–262, 2003.

[RB10]   Ravesteyn, P.; Batenburg, R.: Surveying the critical success factors of BPM-systems implementation. Business Process Management Journal 3/16, S. 492–507, 2010.

[Ri12]   Ribeiro, C. et al.: Using serious games to teach business process modeling and simulation, 2012.

[Ro18]   Rosemann, M.: The NESTT: Rapid Process Redesign at Queensland University of Technology. In (vom Brocke, J.; Mendling, J. Hrsg.): Business Process Management Cases. Digital Innovation and Business Transformation in Practice. Springer, Cham, S. 169–185, 2018.

[RR11]   Radisch, M.; Rehse, D.; Junges, J.: AGIL: Nachhaltige Verbesserung des Geschäftserfolges durch ganzheitliches Geschäftsprozessmanagement. In (Komus, A. Hrsg.): BPM Best Practice. Wie führende Unternehmen ihre Geschäftsprozesse managen. Springer Berlin Heidelberg, Berlin, Heidelberg, S. 189–204, 2011.

[Sa11]   Santorum, M.: A Serious Game based Method for Business Process Management. University of Grenoble, Grenoble, 2011.

[SR13]   Schmiedel, T.; vom Brocke, J.; Recker, J.: Which cultural values matter to business process management? Business Process Management Journal 2/19, S. 292–317, 2013.

[SR14]   Schmiedel, T.; vom Brocke, J.; Recker, J.: Development and validation of an instrument to measure organizational cultures' support of Business Process Management. Information & Management 1/51, S. 43–56, 2014.

[SR20]   Schmiedel, T.; Recker, J.; vom Brocke, J.: The relation between BPM culture, BPM methods, and process performance: Evidence from quantitative field studies. Information & Management 2/57, S. 1–17, 2020.

[Ta00]   Taylor, D.: Facts, myths and monsters: understanding the principles of good governance. International Journal of Public Sector Management 2/13, S. 108–124, 2000.

[va20]   van Ee, J. et al.: BPM Maturity and Digital Leadership: An exploratory study. Communications of the IIMA 1/18, 2020.

[vB18]   van Aken, J. E.; Berends, H.: Problem solving in organizations. A methodological handbook for business and management students / Joan Ernst Van Aken, Hans Berends. Cambridge University Press, Cambridge, United Kingdom, 2018.

[vR15]   vom Brocke, J.; Rosemann, M. Hrsg.: Handbook on business process management 2. Strategic alignment, governance, people and culture. Springer Berlin Heidelberg, New York, 2015.

[vS11]   vom Brocke, J.; Sinnl, T.: Culture in business process management: a literature review. Business Process Management Journal 2/17, S. 357–378, 2011.

[vZ15]   vom Brocke, J.; Zelt, S.; Schmiedel, T.: Considering Context in Business Process Management: The BPM Context Framework. bptrends.com, 2015.

[We16]   Weißbach, R. et al.: Challenges in Business Processes Modeling – Is Agile BPM a Solution? Business Process Management Workshops, S. 157–167, 2016.

[We19]   Weske, M.: Business Process Management. Concepts, Languages, Architectures. Springer Berlin / Heidelberg, Berlin, Heidelberg, 2019.

[WP15]   Wagner, K. W.; Patzak, G.: Performance Excellence. Der Praxisleitfaden zum effektiven Prozessmanagement. Hanser; Ciando, München, 2015.

[zH05]   zur Muehlen, M.; Ho, D. T.-Y.: Risk Management in the BPM Lifecycle: BPM Workshops, S. 454–466, 2005.

Implementierung des Circular Economy Konzepts bei IT-Dienstleistern: Eine Systematische Literaturrecherche

Larissa Koch de Souza[1]

Abstract: Auf der IT-Dienstleistungsbranche lastet ein enormer Handlungsdruck hinsichtlich ökonomischer und ökologischer Umweltveränderungen. Ein aktueller Trendansatz in diesem Bereich ist die Circular Economy (CE); denn der regenerative Systemansatz erzielt simultan ökonomische und ökologische Vorteilseffekte für Unternehmen. Die Implementierung des Ansatzes gestaltet sich bislang in Bezug auf die IT-Dienstleistungsbranche jedoch schwierig. In der Forschungsarbeit werden daher die Implementierungsvoraussetzungen von CE bei IT-Dienstleistern untersucht. Es wird das Grundkonzept der CE, sowie die Ausrichtung der Branche auf das Thema, mittels Systematischer Literaturrecherche (SLR) analysiert. Zudem werden fünf Hypothesen bezüglich der Implementierungsvoraussetzungen und Implementierungsmöglichkeiten (Umsetzungsarten) erarbeitet. Die Ergebnisse dienen der Unterstützung zirkulärer Projektdurchführungen bei IT-Dienstleistern.

Keywords: Circular Economy, IT-Dienstleister, nachhaltige IT, Implementierungsansatz, SLR

1   Einleitung

Schnelle, tiefgreifende ökonomische und ökologische Veränderungen beeinflussen die Welt. Auch die IT bleibt dabei von globaler Erwärmung nicht verschont. Im Gegenteil - Insbesondere im Kontext der Nachhaltigkeit fällt die IT negativ auf [Ca21]. So sehr, dass auch die Regierungsebene zunehmend versucht dem entgegenzuwirken und Aktionspläne zur Implementierung nachhaltiger Konzepte aufsetzt (bspw. der European Green Deal) [CC20]. Doch schon jetzt ist ein großer Pessimismus hinsichtlich der Zielerfüllung in der Unternehmenspraxis spürbar. Dort wird der Handlungsdruck der IT zum Großteil weiterhin stark unterbewertet, denn selten überschneiden sich die ökologischen Zielvorhaben der Gesellschaft mit den ökonomischen Vorteilen für Unternehmen.

Ein aktueller Trendansatz in diesem Kontext ist die Circular Economy (CE) [Ge17]. Über die Etablierung eines wirtschaftlichen Systems im Kreislauf-Aufbau wird Wiederherstellung, Wiederverwendung und Regeneration innerhalb von Unternehmen gefördert [El13]. Vorteile sind sowohl die Minderung negativer ökologischer Auswirkungen als auch die Erzielung positiver ökonomischer und sozialer Effekte [El20a]. Trotz des breiten Literaturspektrums hinsichtlich der CE im Allgemeinen wurde der Bezug speziell auf die IT-Dienstleistungsbranche bislang gänzlich vernachlässigt [Ca21]. Es gibt kein einheitliches Verständnis, was CE für IT-Dienstleister bedeutet, und es mangelt an operativen Konzepten, welche den Handlungswillen bei Unternehmen fördern könnten [KRH17, Ca21]. In der Forschungsarbeit wird infolgedessen mittels SLR die CE als Grundkonzept betrachtet, auf die IT-Dienstleistungsbranche ausgerichtet und bezüglich der Implementierungsvoraussetzungen und -möglichkeiten analysiert. Die Ergebnisse bieten eine Orientierung für Unternehmen hinsichtlich der Durchführung zirkulärer Ansätze und dienen als Basis für

---

[1] Hochschule der Medien Stuttgart, Fakultät IuK, Nobelstr. 10, 70569 Stuttgart, lk196@hdm-stuttgart.de

zukünftige Forschungen zur Entwicklung eines CE-Reifegradmodell. Die weitere Forschung diesbezüglich findet im Rahmen einer Masterthesis statt, welche auf die festgehaltenen Zwischenergebnisse dieser Forschungsarbeit aufbaut, um IT-Dienstleistern ein greifbares Vorgehensmodell mit Reifegradkriterien zur CE-Implementierung zu bieten.

2   Einordnung der Circular Economy für IT-Dienstleister

Es herrscht seit Jahren ein steigender Handlungsdruck für nachhaltige Veränderung. Faktoren wie ökonomischer Verlust, Preisrisiken, Lieferrisiken, Degradation natürlicher Systeme, regulatorische Trends, Technologiefortschritte & Urbanisierung beeinflussen die Unternehmen und Umwelt [El15]. Infolgedessen wurden bereits zu Beginn der 2000er Jahre die ersten relevanten Studien zur CE durch die Ellen MacArthur Foundation (EMAF) veröffentlicht. Die globale Initiative der EMAF ist bis heute ein starker Vorreiter von CE in der Forschung [CC20]. Die Grunddefinition der CE nach EMAF basiert auf der Schaffung einer möglichst abfall- und emissionsfreien Wiederverwertung von Rohstoffen, welche zu positiven ökonomischen, ökologischen und sozialen Auswirkungen führt [Mc16, El20a]. Die CE agiert dabei als „generatives System" auf Micro-, Meso- und Macro-Ebene [KRH17]. Primärintention des Ansatzes ist die Wahrnehmung der Harmonisierung zwischen ökonomischem Wachstum und Umweltschutz [LR16, El13].

Die CE wurde über die Jahre weiter erforscht und das Konzept ausgereift - sowohl aus Forschungsperspektive als auch aus Unternehmenssicht. Mit der Einführung des European Circular Economy Package im Jahr 2015 wurde zudem über Regierungsinvolvement das nötige Commitment zur CE-Umsetzung innerhalb eines Aktionsplans niedergeschrieben [Eu15, FF20]. Das bekannteste und aktuelle EU-Programm im nachhaltigen Kontext ist inzwischen jedoch der European Green Deal, welcher den „Circular Economy Action Plan" enthält [CC20, FW22]. Versucht man nun jedoch die bisherigen CE-Aktionspläne, Definitionen und Strategien auf die IT-Dienstleistungsbranche zu übertragen, lässt der Forschungsstand zu wünschen übrig [LR16]. Aufgrund der diversen Betrachtungsgegenstände, welche innerhalb der IT-Dienstleistungsbranche vorherrschen, wurde sich speziell auf IT-Dienstleistungen fokussiert, welche für die Planung und Gestaltung von Computersystemen, Software und Kommunikationstechnologie, sowie Datenwiederherstellung extern beauftragt werden [Da16]. Die CE und besonders deren Umsetzung steckt in diesem digitalen (Dienstleistungs-)Kontext noch immer in den Kinderschuhen [Br22].

3   Methode

Die Forschungsarbeit hat das Ziel folgende Forschungsfrage zu beantworten: Welche Voraussetzungen und Arten müssen für die Implementierung von CE bei IT-Dienstleistern beachtet werden. Für die Beantwortung der Forschungsfrage wurde diese in drei Teilfragen unterteilt: Wie sieht das *Grundkonzept* der CE aus, wie muss die CE speziell auf die *IT-Dienstleistungsbranche* angewendet werden und was sind die *Implementierungsvoraussetzungen und -möglichkeiten* für CE? Zur Beantwortung der (Teil-)Forschungsfragen wurde der Ansatz einer SLR durchgeführt. Die Methode wurde speziell zur Identifizierung existierender Implementierungsansätze von CE gewählt, sowie um eine breite Zusammenfassung des aktuellen Standes der CE im gegebenen Branchenkontext zu ermöglichen.

Aufgrund des aktuellen Forschungsstandes und dem erkenntlichen Zeitverzug bei Literaturveröffentlichungen ist eine Stichprobenverzerrung (insbesondere Selection und Measurement Bias) bei Anwendung der Methode zu diesem Thema jedoch bei der Wertung der Ergebnisse zu beachten [Ki04]. Die Durchführung der SLR wurde anhand der Guideline von Kitchenham aufgestellt und aufgeteilt in die Phasen: Planung, Literaturidentifikation, Literaturauswertung und Review-Reporting [Ki04, Ki07]. Die Auswahl der Artikel fand über die Literaturdatenbanken Scopus, Sciencedirect (Eigendatenbank von Elsevier) und SpringerLink statt sowie in Ausnahmefällen im Zuge des Cross-Referencing über ResearchGate. Die Suchbegriffe „Circular Economy", „Implementierung" und „IT-Dienstleister" dienten als Einschlusskriterien zur Literaturauswahl und wurden über die Block-Building-Methode nach Guba definiert [Gu08]. Die Suchbegriffe wurden über Kombinationen der Begriffe, sowie über Synonyme & Übersetzungen zusammengestellt und wurden sowohl innerhalb des Titels, des Abstracts und in-Text-Nennung berücksichtigt. Grundsätzlich wurden in die Suche Artikel ab dem Jahr 2015 einbezogen, wodurch die Webrecherche 854 Artikel umfasst.

Die literarischen Werke wurden im Anschluss mittels drei Prüfgängen ab dem Suchvorgang validiert (s. Abb. 1). Im **ersten Prüfgang** fand eine Auswahl auf Basis des Titels statt. Ausschlusskriterien waren eine zu starke Branchenspezialisierung, sowie die Mindesterwähnung einer der drei Suchbegriff-Blöcke. Somit wurden im ersten Prüfvorgang 763 Artikel abgelehnt. Im **zweiten Prüfgang** wurden dieselben Kriterien, wie im ersten Prüfgang angelegt, nun jedoch mit Fokussierung auf den Abstract. Als zusätzliches Kriterium wurden Artikel mit unzureichender Forschungsintensität und Methodenreliabilität aussortiert. Daraus resultierend wurden 38 Artikel in der Zweitprüfung abgelehnt. Im **dritten Prüfgang** wurden die Volltexte auf alle zuvor genannten Kriterien überprüft. Dabei wurden nochmals acht Artikel abgelehnt. Im Rahmen des Volltextscreenings wurden mittels Cross-Referencing sieben weitere Artikel der SLR hinzugefügt. Damit umfasst das Gesamtergebnis der SLR 52 Artikel. Hinsichtlich der Forschungsfrage behandeln 51 der insgesamt 52 Artikel den Forschungsfragen-Teil *Grundkonzept der CE*, 29 Artikel behandeln die *Ausrichtung auf die IT-Dienstleistungsbranche* und 42 Artikel behandeln die *Implementierungsvoraussetzungen und -möglichkeiten*. Die Verteilung der analysierten Literatur auf die drei Forschungsfragen-Cluster findet sich im Anhang. Das ausführliche Protokoll der SLR bezüglich der einzelnen Prüfdurchgänge, sowie deren Auswertungen, wird im Rahmen der aufbauenden Masterthesis zur Verfügung gestellt.

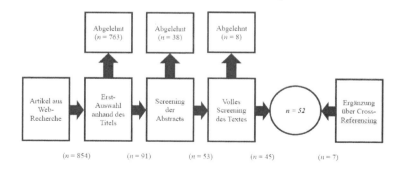

Abb. 1: Screening Prozess der SLR

4   Ergebnisse

4.1   Circular Economy Grundkonzept

Zur besseren Veranschaulichung der unterschiedlichen analysierten Definitionen der CE wurden die Inhalte aus der SLR nach den sieben meist-vertretenen Haupteigenschaften einer CE geclustert: **Zirkularität, Regeneration, Systemgedanke, Verbindung von Ökonomie, Ökologie & Sozial, Geschäftsmodellinnovation, Slowing/Closing/Narrowing-Strategien** und **R-Strategien.** Die Cluster sind auf Basis der quantitativen Vertretung der Themen innerhalb der betrachteten Artikel entstanden und definieren unterschiedliche Aspekte der CE (s. Tab. 1). Die Betrachtung aller sieben Teildefinitionen bildet die Gesamtdefinition von CE. Eine CE ist folglich ein zirkulierendes, regeneratives System, welches über verschiedene Wege und Strategien (Slowing/Closing/Narrowing, R-Strategien oder Geschäftsmodellinnovation) eine Verbindung ökonomischer, ökologischer und sozialer Vorteile schafft.

Cluster	Teildefinition
Zirkularität	Eine CE bildet einen geschlossenen, zirkulären Flow mit mehreren Phasen (Design, Production/Remanufacturing, Distribution, Consumption, Collection und Recycling [El12]).
Regeneration	Eine CE ist regenerativ und restaurativ by Design.
Systemgedanke	Eine CE ist ein komplexer Systemansatz, welcher auf Mikro-, Meso- und Makroebene umgesetzt werden kann.
Verbindung Ökonomie, Ökologie & Sozial	Eine CE vereinigt positive ökonomische, ökologische und soziale Effekte.
Slowing, Closing & Narrowing	Eine CE findet in der Praxis über ein Verlangsamen, Schließen oder Verengen von Ressourceflüssen statt.
R-Strategien	Eine CE wird über die R-Strategien eingeführt (z.B. über Reduce, Reuse, Recycle, Remanufacture, Redesign, Repurpose & Recover).
Geschäftsmodellinnovation	Eine CE hat einen stark-innovativen Charakter und bietet hohes Potential zur Geschäftsmodellinnovation.

Tab. 1: Zusammenfassung der Definitionseigenschaften von Circular Economy

Wie innerhalb der Definitionen erarbeitet, ist eine der Haupteigenschaften von CE die Verbindung der ökonomischen, ökologischen und sozialen Effekte [Ro19, Up21]. Die Nutzenvorteile von CE lassen sich folglich in diese drei Bereiche unterteilen. Die Vereinigung der positiven Effekte aller drei Bereiche dient als übergeordnetes Ziel [LR16].

- *Ökologie:* Der Bereich Ökologie wurde innerhalb der betrachteten Literatur am häufigsten als Antrieb einer CE genannt. Der Hauptvorteil der CE als regeneratives Modell besteht in der Regeneration des eigenen Ansatzes, (Abfall-)Ressourcenminimierung und Emissionssenkung [MPB21]. Ressourcen werden besser genutzt, wodurch kein Überkonsum stattfindet und Verschwendung, sowie Emissionen reduziert werden [FF20, KP23, KHS18, El19].

- *Ökonomie:* Eine CE innerhalb von Unternehmen schafft nachhaltig-ökonomisches Wachstum, ohne die Wettbewerbsfähigkeit zu mindern [Br22]. Am meisten genannt wurde innerhalb der SLR die Steigerung der Ressourceneffizienz, sowie die Erhöhung der umweltbezogenen Performance [RS19, FF23]. CE hilft zudem, einen stärkeren Resilienzaufbau gegenüber Umweltrisiken zu etablieren, Energiekosten zu senken, weniger Abhängigkeiten gegenüber Lieferanten zu haben und auch Umweltsteuern zu senken [An18, KHS18, Ro19]. Bereits 2012 stellte die EMAF potenzielle Kosteneinsparung von bis zu 23% an Input-Kosten für Unternehmen bei erfolgreicher Etablierung einer CE fest [El12]. Der hohe Innovationscharakter ermöglicht zudem Geschäftsmodellinnovationen [Ne22, An18].

- *Sozial:* CE auf sozialer Ebene fördert ethischen Konsum, Qualität und Haltbarkeit von Produkten und Dienstleistungen [AWR21]. Eine CE-Umsetzung innerhalb der Wirtschaft bewirkt daher positive, soziale Effekte [AWR21]. Ein möglicher Folgeeffekt einer CE-Implementierung ist die gesteigerte Arbeitnehmerattraktivität. Zudem kann die Umsetzung einer CE innerhalb von Unternehmen ein erhöhtes Anstellungspotential bieten und laut EMAF neue Jobs ermöglichen [El19, Ri15].

Neben den Vorteilen einer CE, zeigt die SLR, dass noch einige Herausforderungen im Kontext der Unternehmenseinführung bewältigt werden müssen. Die am häufigsten wahrgenommene Herausforderung bei der CE-Implementierung ist das mangelnde Bewusstsein für CE-Relevanz auf Seiten der Unternehmen. Der gesamte Regenerations- und Umweltkontext einer CE ist temporär und dynamisch basiert, welches folglich auch sozialer Dynamik und Veränderungsbereitschaft bedarf [KHS18]. Zudem verfügen wenig Unternehmen über eine nachhaltige Basis für CE, was die Implementierung erschwert [Ne22]. Auch externe Umweltfaktoren und -limitationen hindern die Implementierung einer CE [KHS18, Kh21a]. Bock et al. kritisieren in diesem Kontext, dass die CE ein „zirkuläres Utopia" sei und bspw. Rebound-Effekte zu Problemen führen können [Bo23, KHS18].

4.2   Ausrichtung der IT-Dienstleistungsbranche

Der ursprüngliche Hintergrund der CE liegt in der Material(verarbeitungs)effizienz [El12, Ro19]. Bei IT-Dienstleistern steht jedoch kein spezifisches Produkt im Fokus des Lebenszyklus, sondern die Servicebereitstellung zwischen IT-Hersteller und Kundschaft [Kh16]. Für eine Ausrichtung auf diese Branche stehen daher Themen wie eine Nutzenerhöhung trotz Ressourceneinsparungen im Fokus [NFS23, Wa17]. Dies ist für Unternehmen der Branche bislang schwer umzusetzen. Fleischer und Weber legen diesbezüglich das Augenmerk auf die Roland Berger Studie, innerhalb welcher im Jahr 2020 nur knapp 30% der IT-Branchenunternehmen Bereitschaft gegenüber einer CE-Implementierung zeigten [FW22]. Der Relevanz von CE sind sich bisher primär die digital-führenden Unternehmen aus der Branche bewusst [Ne22]. Die Sicherung der Wettbewerbsfähigkeit, sowie die Verschiebung der Kundennachfrage zu zirkulären Services haben diesbezüglich die meiste Triebkraft [NFS23]. Die begrenzte Implementierungsbereitschaft und der limitierte Forschungsstand der Branche findet nicht nur Erwähnung bei einzelnen Autoren, sondern spiegelt sich auch in der Ergebnisverteilung der SLR stark wider [Co22, An18, Kh20].

Ergänzend zu der dienstleistungsbezogenen Ausrichtungen der Branche gibt es IT-bezogene Adaptionen des CE-Grundkonzepts für IT-Dienstleister. Beispielsweise gibt es ein generelles Einverständnis der Literatur bezüglich des starken Innovationspotentials von CE-Ansätzen in der Branche [Pa17, FHR22, KPY22, He18]. Der Branchenkontext der IT-Dienstleister ermöglicht zudem ein höheres Potential von transparenten Datenwegen [An18, KPY22, Ne22, Kh21b]. Final wirkt der erhöhte Einsatz digitaler Technologien als Verstärkungsfaktor von CE [RBW22, KPY22, Uç20]. Die vier relevantesten Technologien für CE in der IT-Dienstleistungsbranche sind Blockchain, KI, Cloud und IoT [Kh21b, RAV21, An18, FHR22].

Abschließend ist kritisch festzuhalten, dass die IT-Dienstleistungsbranche selbst an negativen Umwelteinflüssen beteiligt ist [FT23, RP22, Bo23]. Dies sorgt zwar für enormes Verbesserungspotential durch die Implementierung von CE, wird in der Literatur jedoch auch kritisch betrachtet. Mehrere Forscher der SLR hinterfragen, ab wann sich der Einsatz welcher CE-Implementierungsstrategien tatsächlich rechnet [Br22]. Nicht immer ist ein zirkulärer Verstärkungsfaktor der ökoeffizienteste Ansatz, weswegen es einer genauen Betrachtung des Implementierungsvorgehens bedarf.

4.3   Circular Economy Implementierung

Die Implementierungsvoraussetzungen und -möglichkeiten von CE für IT-Dienstleister werden basierend auf qualitativen Überschneidungen der Literatur in 4 Teilbereiche der *Implementierungsvoraussetzungen und -möglichkeiten* aufgeteilt. Innerhalb jeden Teilclusters wird im Folgenden eine Kurzzusammenfassung der Ergebnisse vorgestellt. Darauf aufbauend werden gerichtete Hypothesen auf Basis der Erkenntnisse aufgestellt. Die Prüfung der Hypothesen ist Teil der anknüpfenden Masterthesis, innerhalb welcher diese Hypothesen als Basis für die Entwicklung eines Reifegradmodells nach Knecksted, Poeppelbus und Becker (2009) dienen [KPB09]. Die aktuellen Implementierungserkenntnisse dienen somit als Forschungszwischenstand der laufenden Forschung.

1. Zirkuläre Organisationsstrategie: Bei der Implementierung von CE wird es zu Ängsten vor der Veränderung, potenziellem Misserfolg, Qualitätsverlust und falscher Innovationsentwicklungen von allen Seiten des Ökosystems kommen [Kh21a]. Eine wichtige Voraussetzung für die Implementierung der Kreislaufwirtschaft bei IT-Sourcing Unternehmen ist folglich die Begleitung der Veränderung durch gutes *Change Management* [He18, Ri15]. Es benötigt hohes Change Management Commitment der Unternehmen während aller Veränderungsphasen [LR16, KC22, An18]. Darüber hinaus benötigt es die Unterstützung des gesamten Unternehmens, welche dann über eine *nachhaltige Führungskultur* gelebt und gefördert werden muss [KPY22]. Die Unternehmensführung muss die Veränderungsbereitschaft und das CE-Bewusstsein aktiv vorleben und die Mitarbeitenden mittels Agilität und Effizienz hierbei gezielt führen [Ri15, KP23].

> *H1: Ein etabliertes Change Management wird von Unternehmen benötigt, um die Bereitschaft und das Bewusstsein für CE her- und sicherzustellen.*

Insbesondere im (IT-)Dienstleistungssektor herrschen zudem hohe finanzielle Risiken aufgrund der Integrität der Leistung und der schwer-standardisierbaren Zahlungsbereitschaft von Kunden [He18, KC22]. Die Haupteigenschaft einer CE ist die zirkuläre Wertschöpfung, welche mit der Erwartungshaltung von reduzierten negativen Umwelteinflüssen, sowie ökonomischen Kostenvorteilen einhergeht [LGB18]. Ein *Finanzmanagement* hilft entsprechend, um über eine CE-Umsetzung die ökonomischen Kostenvorteile wahrzunehmen und potenzielle Finanzrisiken zu senken. Darüber hinaus bilden sich strategische und operationale Geschäftsrisiken bei der CE-Umsetzung durch unerwartet-negative Prozessentwicklung aufgrund unterschätzter operationaler Barrieren [An18, RBW22]. Die starke Abhängigkeit der IT-Dienstleister zu den Prozessen der IT-Hersteller ist bspw. ein hohes Risiko innerhalb der Branche. Ebenfalls können unerwartete, latente Risiken auftreten, welche die CE-Implementierung bei IT-Dienstleistern beeinflussen [Kh21a].

> *H2: IT-Dienstleister haben über die starke Abhängigkeit gegenüber den IT-Herstellern und der besonderen Abhängigkeit gegenüber den Kunden ein hohes operationales Risiko, was über ein Risiko- und Finanzmanagement während der CE-Umsetzung systematisch angegangen werden muss.*

2. Zirkuläre IT-Strategie: Nur wenn Unternehmen CE strukturiert innerhalb ihrer IT-Strategie umsetzen, kann das Konzept langfristig gehalten und etabliert werden [KPY22]. Der Gedanke der Kreislaufwirtschaft muss über die IT-Strategie verankert werden [Ne22, Zi23, He18]. Die Erstellung eines CE-konformen *IT-Strategie Konzeptes*, ist jedoch mit hohen Aufwänden verbunden, weswegen oft auf externe Beratungsunterstützung zurückgegriffen wird [Ri15]. Für die Umsetzung von Zirkularität auf strategischer Ebene benötigt es daher zunächst Standards hinsichtlich der Kollaboration zwischen Mensch und Maschine [Ne22]. Unter Beachtung der eigenen Fähigkeiten und Ressourcen (produktiv, human & technisch) gilt es daher einen *Digitalisierungs- und Infrastrukturstandard* innerhalb des eigenen Unternehmens zu etablieren [CC20]. Über ein systematisches Vorgehen müssen Unternehmen ihren Status Quo bestimmen und Standards angehen [RBW22].

Darüber hinaus ist Transparenz und Nachverfolgbarkeit sind essenziell, um zirkuläre Ressourceneffizienz in der Praxis umsetzen zu können [KC22, He18, An18]. Antikainen et al. gehen innerhalb ihrer Forschungsergebnisse sogar so weit, dass sie den häufigsten Grund eines Scheiterns von CE bei fehlendem *Informations- und Datenmanagement* sehen [An18]. Das Informationsmanagement trägt zur CE-Implementierung mittels Datensammlung, Datenmonitoring und Datenanalyse bei. Es wird zudem an die Strategien des Narrowing, Closing und Slowing angeknüpft [RAV21]. Beispielsweise können Ressourceflows entlang der gesamten Lieferkette verengt (Narrowing-Strategie) und Produktlebenszyklen verlangsamt werden (Slowing). Der *Einsatz digitaler Technologien* nimmt in diesem Kontext besonders bei den IT-Dienstleistern eine relevante und CE-verstärkende Rolle ein [AH22, Pa17]. Digitale Technologien ermöglichen unterschiedliche Funktionalitäten für CE: Verbessertes Datenmanagement, Servicedesignverbesserung, Maintenance, Nutzungsoptimierung und Erweiterungsaktivitäten [An18, Br22]. Zudem beeinflusst der hohe Disruptionsfaktor der Technologien die Geschäftsmodellinnovation der Unternehmen [Ne22]. Das Potential einer Zirkularität über neue, restrukturierte Services wird somit erhöht. Ein Abwägen der eigenen technischen, organisationalen Fähigkeiten und der Rentabilität der Technologienutzung ist bei der Umsetzung dennoch unerlässlich [RS19, Up21].

> *H3: Um eine langfristige, systematische Umsetzung von CE sicherzustellen, muss die IT-Strategie von Unternehmen anhand der Zirkularität ausgerichtet werden und Themen wie IT-Standards, Datenmanagement und den Einsatz neuer Technologien berücksichtigen.*

3. Äußere Einflüsse: Bei einer Kreislaufwirtschaft wird Zirkularität auf allen Ebenen innerhalb des Zielprozesses benötigt. Das bedeutet, dass das ganze Ökosystem bei der CE-Implementierung betrachtet werden muss [An18, Bo23, Br22]. *Stakeholderkommunikation und -kollaboration* haben daher einen enormen Effekt auf den Implementierungserfolg von CE [El19, KC22, Uç20, Li22]. Die Relevanz dieser Voraussetzung sticht bei der SLR besonders hervor, denn das Stakeholdermanagement ist einer der Top-umsetzungsrelevanten Faktoren. Akzeptiert vor allem die Kundschaft potenzielle Veränderung der IT-Dienstleistungen aufgrund der Zirkularitätsumsetzung, kann eine nachhaltige Resilienz gegenüber Preis- und Qualitätsschwankungen aufgebaut werden [Uç20]. Für eine erfolgreiche Umsetzung von CE muss daher speziell das Vertrauen zum Kunden von Grund auf geschärft werden. Dies kann über die Erhöhung von funktionalen Eigenschaften, der emotionalen Wahrnehmung von CE (bspw. über symbolische Werte) oder monetären Einsparungen geschehen [AWR21]. Auch erhöht *institutionelle Promotion* das gesellschaftliche und unternehmerische Bewusstsein gegenüber dem Thema. Staatliche Förderung, (Nicht)Besteuerung und Investitionen in zirkuläre Geschäfte sind mögliche, legislative Motivatoren, um Unternehmen bei der Umsetzung von CE zu unterstützen [El20b, Kh21a, LR16]. Zudem liegt es in der Verantwortung der Regierungen ein soziales Bewusstsein für Zirkularität zu schaffen [LR16]. Es ist für Unternehmen notwendig, die Formen der Unterstützung und formalen Einflüsse durch Regierungsinvolvement wahrzunehmen.

> *H4: Für die erfolgreiche Umsetzung von CE benötigt es die Kollaboration & Kooperationen aller Beteiligten des Ökosystems. Anreize wie institutionelle Promotion können dabei das Bewusstsein und Vertrauen in CE stärken.*

4. Arten der Umsetzung: Die Forschungsergebnisse der SLR machen deutlich, dass CE-Implementierung bereits in kleinen Schritten möglich ist und die Umsetzung *einzelner Strategien* bereits große Nutzenvorteile erzielt. Am häufigsten wird auf die R-Strategien eingegangen [El12, FF20]. Die R-Strategien gibt es in verschiedenen Zusammensetzungen - am populärsten sind: Refuse, Rethink, Reduce, Reuse, Repair, Refurbish, Remanufacture, Repurpose, Recycle, Recover [Li22]. Das Rethinking ist für die IT-Dienstleistungsbranche leichter umsetzbar als andere R's, denn Zirkularität wird über die reine Nutzenintensivierung von Services erzielt [He18, Zi23, LR16, LGB18]. Neben den Einzelstrategien gibt es zudem vollständige *Frameworks*, welche als Gesamtansatz für CE-Implementierungen angewendet werden können [Co22]. Das Bekannteste ist das ReSOLVE-Framework [El15]. Es umfasst eine Mischung aus R-Strategien und anderen teilstrategischen Ansätzen. CE- Frameworks mit Bewertungsfokus wiederum sind in der Praxis aufgrund des Forschungsstandes bislang kaum umsetzbar [FHR22, JB16]. Es stellt sich daher durchaus die Frage, ob nicht doch die CE-Einzelstrategien den Weg zum Erfolg ebnen. Dies stützt auch eine aktuelle Studie von Neligan, Fluchs und Schmitz, laut welcher nur ein geringer Unternehmensanteil bislang Interesse an vollständigen Geschäftsmodelländerungen und nachhaltiger Frameworkanwendung hat [NFS23]. Das Ziel einer zirkulären Geschäftsmodellinnovation bedarf so beispielsweise nicht direkt eines gesamten Frameworks, sondern kann über Einzelstrategien erreicht werden [Bo16, LGB18]. Voraussetzung ist allerdings, dass die Unternehmen ihre eigenen Ziele, Werteversprechen, Kanäle, Hauptaktivitäten & -ressourcen vor der zirkulären Innovation verstehen [He18, LGB18].

> *H5: Bereits die Umsetzung simpler CE-Einzelstrategien löst positive Nutzenvorteile von CE aus (ökonomische, ökologische & soziale Effekte) und bietet realistischeres Umsetzungspotential mit dem aktuellen Stand der CE.*

5 Diskussion

Zusammengefasst definieren die Ergebnisse der ersten Teilforschungsfrage (*CE Grund-konzept*) die CE als ein zirkulierendes, regeneratives System. Hauptziel ist die Verbindung und Erzielung von ökonomischen, ökologischen, als auch sozialen Effekten. Für die Betrachtung der zweiten Forschungsteilfrage (*Ausrichtung der IT-Dienstleister*) ist festzuhalten, dass speziell für die IT-Dienstleistungsbranche die Herstellung von CE-Bewusstsein und Bereitschaft herausfordernd ist. Der bisherige Forschungsstand von CE bezieht sich primär auf produktbezogene Branchen, was eine Implementierung des Konzeptes für IT-Dienstleister erschwert. Es stellte sich zeitweilen die Frage, ob eine Implementierung von CE ohne Produktbezug sinnvoll ist, da Wiederverwertung und Regeneration materiell nicht greifbar sind. Es gibt jedoch auch eine Vielzahl an Potentialen, welche sich durch eben jene Branchenausrichtung ergeben. Neue, disruptive Innovationspotentiale, Technologieeinsätze und Informationsflüsse können den CE-Ansatz in dieser Branche bereichern.

Die Ergebnisse der SLR konnten hinsichtlich der finalen Forschungsfrage über fünf Hypothesen einen ersten Orientierungsansatz liefern, was für die Implementierung von CE in der IT-Dienstleistungsbranche zu beachten ist. Die Hypothesen H1 bis H4 befassen sich mit den Voraussetzungen, welche ein IT-Dienstleister hinsichtlich der CE-Implementierung berücksichtigen sollte. Es wird offengelegt, dass Unternehmen zunächst viel Aufbereitung hinsichtlich der eigenen, internen Strukturen durchlaufen müssen, bevor sie einen CE-Ansatz implementieren können. Es benötigt einer fundierten (IT-)Organisationsstrategie, um zirkuläres Denken bei bestehenden Unternehmen und Prozessen anzuwenden. Dies wirft die Frage auf, inwiefern das Konstrukt von Zirkularität überhaupt im aktuellen Markt umgesetzt werden kann. Insbesondere wenn man bedenkt, dass das Zusammenspiel aller Beteiligten eines Ökosystems für die CE-Implementierung benötigt werden und den zirkulären Anforderungen gerecht werden muss. Welcher Teil des Ökosystems muss treibende Kraft sein und welche Art von IT-Dienstleistern wird hier die höchsten Adaptionserfolge aufweisen können? Dies bleiben zunächst offene Fragen.

Die Hypothese H5 wiederum hält die Implementierungsmöglichkeiten, bzw. die Arten der Umsetzung, von CE fest. Die Ergebnisse zeigen, dass die Verwendung von Einzelstrategien bisweilen die empfehlenswertere Strategie für eine Erstimplementierung von CE ist. Einzelstrategien sind in der Praxis simpler umzusetzen und erzielen im Vergleich hohe Nutzenvorteile. Die genaue Unterscheidung zwischen Einzelstrategien und Frameworks muss jedoch tiefergehender betrachtet werden. Ab wann eine Teilstrategie-Sammlung als Framework eingestuft wird, wird je nach Literaturbezug unterschieden. Aufgrund des Mangels an relevanter, messbarer CE-Assessments ist eine weitere Differenzierung über klare Bewertungskriterien bislang nicht möglich. Für die Zukunft und weitere Forschungen, sowie die geplante Erstellung eines Reifegradmodells mittels der Zwischenergebnisse ist gerade dieser Mangel an Informationen kritisch und zugleich spannend zu beobachten für zukünftige Verläufe. Die finalen Hypothesen bieten letztlich alle eine Antwort auf die Forschungsfrage hinsichtlich der Implementierungsanforderungen von CE bei IT-Dienstleistern. Kritisch ist jedoch anzumerken, dass innerhalb dieser Forschungsarbeit keine weiterfolgende Verifizierung der Hypothesen über einen Praxisbezug stattgefunden hat. Die Validität der Ergebnisse erschließt sich aus der Methode der SLR, wodurch Reproduzierbarkeit der Ergebnisse geboten wird. Die angesprochenen Stichprobenabweichungen der Methode sind jedoch nicht zu missachten. Es ist für das weitere Vorgehen daher empfehlenswert, die Hypothesen mit qualitativen und praxisbezogenen Ergebnissen zu verifizieren. Die Erkenntnisse zeigen, dass das aktuelle CE-Bewusstsein und dazugehörige Vorgehensstrategien innerhalb der Wirtschaft & Gesellschaft bislang nicht ausreichen, um mit den Anforderungen der Umwelt mitzuhalten. Die Verifizierung der bisherigen Implementierungsannahmen und die Erweiterung dieser um eine praktische Spezifizierung von Maßnahmen und Reifegraden wird daher dringend benötigt, um die Circular Economy strategisch bei IT-Dienstleistern implementieren zu können.

6   Fazit und Ausblick

Alles in allem bieten die aufgestellten Hypothesen und Ergebnisse einen Überblick, wie das CE-Grundkonzept aufgebaut ist und inwiefern es bei IT-Dienstleistungsunternehmen implementiert werden kann. Dabei wurde zwischen Implementierungsvoraussetzungen und -möglichkeiten unterschieden. Die Ergebnisse bieten damit bereits jetzt eine Orientierung für IT-Dienstleister hinsichtlich der zu beachtenden Faktoren und Umsetzungsarten, sollte eine CE-Implementierung geplant sein. Im weiteren Vorgehen der Forschungsarbeit steht die Verifizierung der Hypothesen mittels qualitativer Praxisergebnisse an. Hierfür steht im nächsten Schritt der Forschung eine Fokusgruppen-Analyse mit der internationalen Management- und Technologieberatung *Campana & Schott* an. In Form eines virtuellen, interaktiven Expertenworkshops ist die qualitative Prüfung und Verifizierung der Hypothesen aus Praxissicht geplant. Darüber hinaus werden Erkenntnisse über potenzielle Abstufungen der CE-Umsetzung als Basis für die Entwicklung eines Reifegradmodells angestrebt. Das geplante Reifegradmodell wird in der laufenden Forschung in Form einer Masterarbeit zur Verfügung gestellt. Ziel ist mit dieser weiterreichenden Forschung an die aktuellen Zwischenergebnisse anzuknüpfen und IT-Dienstleistern ein Vorgehensmodell bieten zu können, mittels welchem CE branchenspezifisch implementiert werden kann. Das Fundament legen bereits jetzt die aufgestellten Hypothesen und Ergebnisse. Sie sind als klare Handlungsempfehlung zu verstehen, denn letztlich schafft die Implementierung von CE das, was bislang kein anderer Nachhaltigkeitsansatz erreichen konnte: Die IT-Dienstleister nehmen eine aktive Rolle ein und können dem ökonomischen und ökologischen Handlungsdruck simultan standhalten, bzw. darüber hinaus sogar nachhaltig profitieren.

Literaturverzeichnis

[AH22]   Alcayaga, Andres; Hansen, Erik: IoT-enabled circular strategies: An expert study and framework of b2b practices. 2022.

[An18]   Antikainen, Maria; Uusitalo, Teuvo; Kivikytö-Reponen, Päivi: Digitalisation as an Enabler of Circular Economy. Procedia CIRP, 73, S. 45-49, 2018.

[AWR21]   Aarikka-Stenroos, Leena; Welathanthri, Martina Don; Ranta. Valtteri: What Is the Customer Value of the Circular Economy? Cross-Industry Exploration of Diverse Values Perceived by Consumers and Business Customers. Sustainability 13, no. 24, S. 13764, 2021.

[Bo16]   Bocken, Nancy; Pauw, Ingrid; Bakker, C.A., van der Grinten, Bram: Product design and business model strategies for a circular economy. J. Ind. Prod. Eng., S. 1015, 2015.

[Bo23]   Bocken, Nancy; Pinkse, Jonatan; Darnall, Nicole; Ritala, Paavo: Between Circular Paralysis and Utopia: Organizational Transformations towards the Circular Economy. Organization & Environment, 36(2), S. 378–382, 2023.

[Br22]   Bressanelli, Gianmarco; Adrodegari, Federico; Pigosso, Daniela; Parida, Vinit: Circular Economy in the Digital Age. Sustainability, 14, 2022.

[Ca21]   Cagno, Enrico; Neri, Alessandra; Negri, Marta; Bassani, C. A.; Lampertico, Tommaso: The role of digital technologies in operationalizing the circular economy transition: A systematic literature review. Applied Sciences, 11(8), 2021.

[Ca22]   Castro, Camila; Hofmann Trevisan, Adriana; Pigosso, Daniela C.A.; Mascarenhas, Janaina: The rebound effect of circular economy: Definitions, mechanisms and a research agenda. Journal of Cleaner Production, 345, Seiten 131-136, 2022.

[CC20]   Camón Luis, Enric; Celma, Dolors: Circular Economy. A Review and Bibliometric Analysis. Sustainability 12, 16, S. 6381, 2020.

[Co22]   Ivanir, Costa; Riccotta, Rosangela; Montini, Paola; Stefani, Eduardo; de Souza Goes, Roberto; Gaspar, Marcos Antonio; Martins, Fellipe Silva; Aragon Fernandes, Aguinaldo; Machado, Celso; Loçano, Rodrigo: The Degree of Contribution of Digital Transformation Technology on Company Sustainability Areas. Sustainability 14, no. 1, S. 462, 2022.

[Da16]   Daum, Mario: IT-Dienstleistungsbranche: Die Branche, ihre Unternehmen und Beschäftigten im Zentrum der digitalen Transformation, 2016.

[El12]   Ellen MacArthur Foundation: Towards the circular economy. Ellen MacArthur Foundation, 2012.

[El13]   Ellen MacArthur Foundation: Towards the circular economy. Journal of Industrial Ecology, 2. Jg., Nr. 1, S. 23-44, 2013.

[El15]   Ellen MacArthur Foundation: Towards the circular Economy, Businessrationale for an accelerated transition. Ellen MacArthur Foundation, 2015.

[El19]   Ellen MacArthur Foundation: Artificial intelligence and the circular economy - AI as a tool to accelerate the transition. Ellen MacArthur Foundation, 2019.

[El20a]   Ellen MacArthur Foundation: The Business Opportunity of a Circular Economy. In: (Liu, L., Ramakrishna, S., Hrsg.) An Introduction to Circular Economy. Springer, Singapore, 2020.

[El20b]   Ellen MacArthur Foundation: The circular economy: a transformative Covid-19 recovery strategy – How policymakers can pave the way to a low carbon, prosperous future. Ellen MacArthur Foundation, 2020.

[Eu15]   Europäischer Grüner Deal, https://commission.europa.eu/strategy-and-policy/priorities-2019-2024/european-green-deal_de, Stand: 15.06.2023

[FF20]   Fogarassy, Csaba; Finger, David: Theoretical and Practical Approaches of Circular Economy for Business Models and Technological Solutions. Resources 9, no. 6: 76, 2020.

[FHR22]   Fröhling, Magnus; Hansen, Erik G.;.Reichwald. Ralf: Economic Theory and Practice. In: TUM Forum Sustainability, Circular Economy, TUM.University Press, München, 2022.

[FT23]   Figge, Frank; Thorpe, Andrea Stevenson: Circular economy, operational eco-efficiency, and sufficiency. An integrated view, Ecological Economics, Volume 204, Part B, 2023.

[FW22]   Fleischer, Dennis; Weber, Carsten: Ganzheitlicher Digitalisierungsansatz zur Umsetzung von Circular Economy in der Automobilindustrie. KCT Schriftenreihe, FOM Hochschule für Oekonomie & Management, KCT KompetenzCentrum für Technologie- & Innovationsmanagement, 9, 9, 2022.

[Ge17]   Geissdoerfer, Martin; Savaget, Paulo; Bocken, Nancy M.P.; Hultink, Erik Jan: The Circular Economy – A new sustainability paradigm?, Journal of Cleaner Production, 143, 2017, S. 757-768, 2017.

[Gu08]   Guba, B. (2008). Systematische Literaturrecherche. Wiener Medizinische Wochenschrift, 158 (1-2), S. 62-69, 2008.

[GVE18[Geissdoerfer, Martin; Vladimirova, Doroteya; Evans, Steve: Sustainable business model innovation: A review. Journal of Cleaner Production, 198, Seiten 401-416, 2018.

[Ha16]   Hagelüken, Christian: Die Circular-Economy-Strategie der EU verbessert die Rahmenbedingungen für eine nachhaltige Metallwirtschaft - sofern sie consequent umgesetzt wird. World of Metallurgy - ERZMETALL, 69, Seiten 223-226, 2016.

[He18]   Heyes, Graeme; Sharmina, Maria; Mendoza, Joan Manuel; Schmid, Gallego; Azapagic, Alejandro: Developing and implementing circular economy business models in service-oriented technology companies. Journal of Cleaner Production, 177, S. 621-632, 2017.

[JB16]   Jawahir, I.S.; Bradley, Ryan: Technological Elements of Circular Economy and the Principles of 6R-Based Closed-loop Material Flow in Sustainable Manufacturing, Procedia CIRP, 40, S. 103-108, 2016.

[KC22]   Kumar, Nallapaneni Manoj; Chopra, Shaurhat S.: Leveraging Blockchain and Smart Contract Technologies to Overcome Circular Economy Implementation Challenges. Sustainability 14, 15: 9492, 2022.

[Kh16]   Khan, Mozaffar; Serafeim, George; Yoon, Aaron: Corporate Sustainability: First Evidence on Materiality. SSRN Electronic Journal, 2016.

[Kh20]   Khan, Syed Abdul Rehman; Yu, Zhang; Sarwat, Salman; Godil, Danish Iqbal; Amin, Sumeela; Shujaat; Sobia: The role of block chain technology in circular economy practices to improve organisational performance, International Journal of Logistics Research and Applications, 25:4-5, S. 605-622, 2020.

[Kh21a]   Khan, Syed Abdul Rehman, Pablo Ponce, George Thomas, Zhang Yu, Mohammad Saad Al-Ahmadi, and Muhammad Tanveer. 2021. "Digital Technologies, Circular Economy Practices and Environmental Policies in the Era of COVID-19" Sustainability 13, no.

22: 12790.

[Kh21b]   Khan, Syed Abdul Rehman; Ponce, Pablo; Tanveer, Muhammad; Aguirre-Padilla, Nathalie; Mahmood, Haider; Shah, Syed Adeel Ali: Technological Innovation and Circular Economy Practices: Business Strategies to Mitigate the Effects of COVID-19. Sustainability 13, 15: 8479, 2021.

[KHS18]   Korhonen, Jouni; Honkasalo, Antero; Seppälä, Jyri: Circular Economy: The Concept and its Limitations, Ecological Economics, 143, S. 37-46, 2018.

[Ki04]   Kitchenham, Barbara: Procedures for Performing Systematic Reviews, Keele Univ., 2004.

[Ki07]   Kitchenham, Barbara: Guidelines for performing Systematic Literature Reviews in software engineering, EBSE Technical Report, 2007.

[Kn22]   Knäble, David; de Quevedo Puente, Esther; Pérez-Cornejo, Clara; Baumgärtler, Thomas: The impact of the circular economy on sustainable development: A European panel data approach. Sustainable Production and Consumption, 34, Seiten 233-243, 2022.

[Ko17]   Korhonen, Jouni; Nuur, Cali; Feldmann, Andreas; Birkie, Seyoum Eshetu: Circular economy as an essentially contested concept. Journal of Cleaner Production, 175, Seiten 544-552, 2018.

[KP23]   Kulkarni, Amit; Pathak, Ravindra: Circular Economy Industry 4.0 Technologies Using TOPSIS (Technique for Order of Preference by Similarity to Ideal Solution Method. REST Journal on Emerging trends in Modelling and Manufacturing, 9, S. 6-17, 2023.

[KPB09]   Knackstedt, Ralf; Poeppelbuss, Jens; Becker, Jörg: Vorgehensmodell zur Entwicklung von Reifegradmodellen, 2009.

[KPY22]   Khan, Syed Abdul Rehman; Piprani, Arsalan Zahid; Yu, Zhang: Digital technology and circular economy practices: future of supply chains. Oper Manag Res 15, S. 676–688, 2022.

[KRH17]   Kirchherr, Julian: Reike, Denise: Hekkert, Marko: Conceptualizing the circular economy: An analysis of 114 definitions, Resources, Conservation and Recycling, 127, S, 221-232, 2017.

[LGB18]   Lüdeke-Freund, Florian; Gold, Stefan; Bocken, Nancy: A Review and Typology of Circular Economy Business Model Patterns. Journal of Industrial Ecology, 23, S. 36-61, 2018.

[Li22]   Liu, Qinglan; Trevisan, Adriana; Yang, Miying; Mascarenhas, Janaina: A framework of digital technologies for the circular economy: Digital functions and mechanisms. Business Strategy and the Environment, 31, 2022.

[LR16]   Lieder, Michael; Rashid, Amir: Towards circular economy implementation: a comprehensive review in context of manufacturing industry, Journal of Cleaner Production, 115, S, 36-51, 2016.

[MBP21]   Mhatre, Purva; Panchal, Rohit; Singh, Anju; Bibyan, Shyam: A systematic literature review on the circular economy initiatives in the European Union, Sustainable Production and Consumption, 26, S. 187-202, 2021.

[Mc16]   McKinsey - Deutschland kann erheblich vom Prinzip der „Circular Economy" profitieren, https://www.mckinsey.de/news/presse/deutschland-kann-erheblich-vom-prinzip-der-circular-economy-profitieren, Stand: 28.05.2023

[Ne22]   Neligan, Adriana; Baumgartner, Rupert; Geissdoerfer, Martin; Schöggl, Josef-Peter: Circular disruption: Digitalisation as a driver of circular economy business models. Business Strategy and the Environment, 32, 2022.

[NFS23]   Neligan, Adriana; Fluchs, Sarah; Schmitz, Edgar: Produkte und Dienste für eine zirkuläre Wirtschaft, 2023.

[Pa17]   Pagoropoulos, Aris: Pigosso, Daniela C.A.; McAloone, Tim C.: The Emergent Role of Digital Technologies in the Circular Economy: A Review, Procedia CIRP, 64, S. 19-24, 2017.

[RAV21]   Ranta, Valtteri; Aarikka-Stenroos, Leena; Väisänen, Juha-Matti: Digital technologies catalyzing business model innovation for circular economy—Multiple case study, Resources, Conservation and Recycling, 164, 2021.

[RBW22]   Ramesohl, Stephan, Berg, Holger, & Wirtz, Joscha: The Circular Economy and Digitalisation –Strategies for a digital-ecological industrial transformation, Wuppertal, 2022.

[Ri15]   Rizos, Vasileios; Behrens, Arno; Kafyeke, Terri; Hirschnitz-Garbers, Martin; Ioannou, Anastasia: The Circular Economy: Barriers and Opportunities for SMEs, 2015.

[Ro19]   Rosa, Paolo; Sassanelli, Claudio; Urbinati, Andrea; Chiaroni, Davide; Terzi, Sergio: Assessing Relations Between Circular Economy and Industry 4.0: A Systematic Literature Review. International Journal of Production Research, 58, S. 1662-1687, 2019.

[Ro21]   Tavera Romero, Carlos Andrés; Castro, Diego F.; Ortiz, Jesús Hamilton; Khalaf, Osamah Ibrahim; Vargas, Miguel A.: Synergy between Circular Economy and Industry 4.0: A Literature Review. Sustainability, 13(8), 4331, 2021.

[RS19]   Rajput, Shubhangini; Singh, Surya Prakash: Connecting circular economy and industry 4.0, International Journal of Information Management, 49, S. 98-113, 2019.

[RP22]   Ruda, Mariana; Pukas, Yu: The role of international supply chains establishing a circular economy model. Management and Entrepreneurship in Ukraine: the stages of formation and problems of development, S. 292-300, 2022.

[Sc21]   Schmidt, Mario: Klimaschutz, Ressourcenschonung und Circular Economy als Einheit denken. NachhaltigkeitsManagementForum, 29, Seiten 57-64, 2021.

[Uç20]   Uçar, Ece; Le Dain, Marie-Anne; Joly, Iragaël: Digital Technologies in Circular Economy Transition: Evidence from Case Studies, Procedia CIRP, 90, S. 133-136, 2020.

[Up21]   Upadhyay, Arvind; Mukhuty, Sumona; Kumar, Vikas; Kazancoglu, Yigit: Blockchain technology and the circular economy: Implications for sustainability and social responsibility, Journal of Cleaner Production, 293, 2021.

[Wa17]   Was Circular Economy für Unternehmen bedeutet, https://www.pwc.de/de/nachhaltigkeit/was-circular-economy-fuer-unternehmen-bedeutet.html, Abruf:

[Zi23]   Ziegler, Rafael; Poirier, Cynthia; Lacasse, Marie; Murray, Evan: Circular Economy and Cooperatives—An Exploratory Survey" Sustainability 15, no. 3: 2530, 2023.

Anhang

Anhang 1: Zuordnung der SLR-Literatur zu den Forschungsfragen-Clustern

Autoren	Grundkonzept	IT-DL-strategische Ausrichtung	Umsetzung
[AH22]	x	x	x
[An18]	x	x	x
[AWR21]	x		x
[Bo16]	x		x
[Bo23]	x	x	x
[Br22]	x	x	x
[Ca22]	x		x
[CC20]	x		x
[Co22]	x	x	
[El12]	x		x
[El15]	x		x
[El19]	x	x	x
[El20a]	x		
[El20b]	x		x
[FF20]	x	x	x
[FHR22]	x	x	x
[FT23]	x	x	x
[FW22]	x	x	
[FW22]	x	x	x
[Ge17]	x		
[GVE18]	x		
[Ha16]	x		x
[He18]	x	x	x
[JB16]	x		x
[KC22]	x	x	x
[Kh20]	x	x	x
[Kh21a]	x	x	x
[Kh21b]		x	
[KHS18]	x		x
[Kn22]	x		x
[Ko17]	x		x
[KP23]	x		x
[KPY22]	x	x	x
[KRH17]	x		
[LGB18]	x		x
[Li22]	x	x	x

[LR16]	x		x
[MBP21]	x		
[Ne22]	x	x	x
[NFS23]	x	x	x
[Pa17]	x	x	x
[RAV21]	x	x	x
[RBW22]	x	x	x
[Ri15]	x	x	x
[Ro19]	x	x	x
[Ro21]	x		
[RP22]	x	x	x
[RS19]	x	x	x
[Sc21]	x		
[Uç20]	x	x	x
[Up21]	x	x	x
[Zi23]	x		x

Öko? Logisch! Warum IT und Buen vivir zusammengehören und was Sozioinformatik damit zu tun hat

Christa Weßel[1]

Abstract: Die Quechua wissen es seit Jahrhunderten und länger und es spricht sich auch in technologiebasierten Zivilisationen herum: Menschen und die von ihnen geschaffenen Artefakte sind Teil dessen, was wir Natur oder auch Umwelt nennen. Zu den Artefakten gehört auch Informationstechnologie. IT kann Ressourcen verschwenden oder schützen. Ob sie dies tut und wie sie dies durchführt, hängt von der Haltung und den Werten der Entscheiderinnen und Entscheider in Projekten, Organisationen, Kommunen, Staaten und anderen Strukturen ab. Lassen Sie uns in einen Dialog treten, wie Sozioinformatik Impulse setzen kann, Buen vivir in der Konzipierung und Anwendung von IT zu verankern. Buen vivir, Sumak kawsay, das gute Leben, ist ein Begriff aus der indigenen Kultur Lateinamerikas. Sozioinformatik ist eine Disziplin, die sich mit der Wechselwirkung von Menschen und (Informations-) Technologie auseinandersetzt.

Keywords: Wirtschaftsethik, Nachhaltigkeit, ESG environment social governance, buen vivir, Sumak kawsay, Sozioinformatik, actor network theory, change, Quechua, United Nations, sustainable development goals, Wertschätzende Erkundung, appreciative inquiry

1   Die Herausforderung

Wassermangel, Stürme, Gift, Krieg, Hunger, Krankheit, Artensterben, Unterdrückung, Tod, einschließlich der Menschheit. Dies sind einige der Herausforderungen, vor denen die Menschheit irgendwie „schon immer", besonders jedoch in den vergangenen zweihundert Jahren und lebensbedrohlich für die Lebewesen auf diesem Planeten seit einigen Jahrzehnten stehen. Wie können wir diese Herausforderungen bewältigen?

Was kann Informatik zur Bewältigung dieser Herausforderungen beitragen? Was kann Sozioinformatik dazu beitragen? Was können wir Technik-basierten Kulturen von anderen Kulturen lernen? Wo ist das, was wir von ihnen lernen können, bereits bei uns verankert – sogar in wissenschaftlichen Theorien und Modellen? Einige Antworten soll dieser Text geben und die Lesenden inspirieren, weitere Antworten und Fragen zu finden.

Nach einer Zielbeschreibung zur nachhaltigen Entwicklung basierend auf Arbeiten der Vereinten Nationen (UN) betrachtet dieser Text Modelle aus der Psychologie, den Systemwissenschaften und der Organisationsentwicklung und untersucht Zusammenhänge zwischen diesen Modellen und von den UN formulierten Zielen. Es folgt eine Betrachtung zu den Beiträgen, die Informatik, Sozioinformatik und Soziotechnik leisten können. Und schließlich geht es um Buen vivir, den Beitrag der indigenen Kulturen. Der letzte Abschnitt „Und nun alle zusammen" skizziert einige Möglichkeiten, wie wir Bewusstsein fördern und fordern und Nachhaltigkeit in Entwicklung, Anwendung und Abwicklung von

---

[1] Dr. Christa Weßel MPH | Organisationsentwicklung & Sozioinformatik, Königstraße 43, 26180 Rastede, mail@christa-wessel.de

Informationstechnologie umsetzen können.

2   Ziele

Die Gefahren für den Planeten Erde sind seit Jahrzehnten bekannt. „Planet" nutze ich im Folgenden für die Menschen, die Natur (die Menschen sind ein Teil davon), das Klima, die Erde und die Meere. 2015 haben die Vereinten Nationen eine Agenda mit 17 Zielen – den Sustainable Development Goals (SDG) – zur Bewältigung dieser Gefahren verabschiedet: „2030 Agenda for Sustainable Development" [UN15]. Die siebzehn Ziele kurz und übersichtlich dargestellt finden sich in der UN-Agenda auf Seite 18 und hier im Artikel im Abschnitt „Zusammenhänge" in Tabelle 1. Im weiteren Verlauf nutze ich für diese die Abkürzung UN-SDG.

Investoren und andere Stakeholder entscheiden mittels der ESG-Dimensionen über Investitionen, Auftragsvergaben, Kooperation und – beispielsweise im staatlichen Bereich (Bund, Länder, Kommunen) – über Förderungen [Ha19]. Die ESG-Dimensionen sind *environment, social, governance*. 2004 haben zwanzig internationale Unternehmen unter der Schirmherrschaft der Vereinten Nationen Empfehlungen zum Umgang mit ESG-Themen erarbeitet [UN04]. Unternehmen und andere Organisationen verfassen Berichte, beispielsweise mittels GRI-Standards und -Vorlagen, die als Grundlage für Entscheidungen dienen [GRI23]. GRI steht für Global Reporting Initiative. Die drei ESG-Dimensionen enthalten Kategorien.

- Umwelt / Natur (environment): Klimawandel, Treibhausgas-Emissionen, Verlust von Biodiversität (Artensterben), Waldvernichtung / Wiederaufforstung, Verringerung von Luftverschmutzung, Energie-Effizienz und Wasser-Management.

- Soziale Aspekte (social): Sicherheit und Gesundheit von Mitarbeitenden, Arbeitsbedingungen, Vielfalt (diversity), Gleichberechtigung, Inklusion, Konflikte und humanitäre Krisen, Stärkung oder Schwächung der Nutzer- / Kundenzufriedenheit und des Engagements der Mitarbeitenden.

- Unternehmensführung (governance): Verhinderung und Verhütung von Bestechung und Korruption; Vielfalt im Management (board), Gehälter und Boni für das Management; Datensicherheit und Datenschutz, inklusive Privatsphäre; Managementstrukturen.

Eine Anmerkung zur Quelle: die GRI bietet umfassendes, frei zugängliches Material zur Berichterstattung [GRI23]. [WI23] ist eine erste Einführung, um einen Überblick zu erhalten. Die ESG-Dimensionen finden auch Anwendung in Bezug auf Informationstechnologie, auf ihren Einsatz und auf Projekte.

3   Modelle

Was haben die Bedürfnishierarchie des Psychologen Maslow, product people planet des Systemwissenschaftlers Senge, die ESG-Dimensionen und die siebzehn Nachhaltigkeitsziele der Vereinten Nationen (UN-SDG) miteinander zu tun?

Die Bedürfnisse der Menschen können wir nur mit der Berücksichtigung der Bedürfnisse dieses Planeten decken. Die einfachen Modelle von Maslow und Senge lassen sich in meinen Augen als Basis für ESG und UN-SDG lesen. Damit kann der Zugang zu den komplexen Herausforderungen leichter fallen.

3.1   Hierarchie der Bedürfnisse

Abraham Maslow (1908–1970) hat in den 1940er Jahren eine Hierarchie der Bedürfnisse entwickelt, die Maslow'sche Bedürfnispyramide, hierarchy of needs [Ma43; Ma54; Cr00]. Die Basis bilden physiologische Bedürfnisse, wie Wärme, Unterkunft und Nahrung. Dann folgen Sicherheitsbedürfnisse. Die nächste Stufe bilden die soziale Eingebundenheit (social or love needs) und das Selbstwertgefühl. Wenn all diese Bedürfnisse erfüllt sind, folgt schließlich die Spitze der Bedürfnishierarchie, die Selbstverwirklichung. Selbstverwirklichung bedeutet, dass ein Mensch sein persönliches Potential voll ausschöpfen und verwirklichen kann. „A musician must make music, an artist must paint, a poet must write, if he is to be ultimately at peace with himself." ([Ma54] zitiert nach [Cr00], S. 109).

3.2   Product, people, planet

Organisationsentwicklung behandelt die Zusammenarbeit von Menschen in Unternehmen, Behörden, Universitäten, Schulen, Krankenhäusern, Vereinen, politischen und vielen anderen Organisationen sowie die Zusammenarbeit mehrerer Organisationen. Organisationsentwicklung geht davon aus, dass es einer Organisation dann gut geht, wenn es den Menschen in ihr gut geht. „Gut" in Bezug auf die Organisation beinhaltet dabei ökonomischen, sozialen und ökologischen Erfolg. „Gut" bedeutet für die Menschen Gesundheit, eine befriedigende und fordernde, aber nicht überfordernde Arbeit, Anerkennung, soziales Aufgehobensein, die Möglichkeit zur persönlichen und beruflichen Entwicklung und eine angemessene Bezahlung. Es ist Absicht, dass die Bezahlung als letzter Punkt auftaucht. Zahlreiche Studien haben in den vergangenen sechzig Jahren diese Rangfolge gezeigt [Cr00; Cu08].

Peter Senge (*1947) – Systemwissenschaftler und Organisationsentwickler – nennt dies product, people, planet (PPP) [Se06]. Dabei spielt es keine Rolle, ob eine Organisation ein Produktions-, Dienstleistungs-, gewinnorientiertes Unternehmen oder eine gemeinnützige Einrichtung, Behörde oder anderes ist. PPP steht für

- Product: Qualität der Produkte (Waren, Dienstleistungen oder eine Kombination aus beidem),

- People: soziale Verantwortung für die Beschäftigten und die Kommunen, in denen die Organisation angesiedelt ist, bis hin zur globalen Perspektive und für nachfolgende Generationen,

- Planet: Verantwortung gegenüber der Umwelt.

Cooperrider und Kollegen verwenden in der Wertschätzenden Erkundung für das erste P „Profit" [CWS08]. Leitende Annahme ist dabei, dass beide Organisationsarten, profit und non-profit, ohne eine gesunde finanzielle Grundlage nicht überleben können. Dazu gesellen sich soziale Verantwortung und ökologische Nachhaltigkeit in Balance. Der Abschnitt „Buen vivir: Balance" erzählt, wie dies sogar in die Verfassung eines Staates Einzug halten kann.

3.3   Zusammenhänge

Tabelle 1 ist eine Skizze, in der ich die Bedürfnis-Pyramide, PPP, ESG und die UN-SDG nebeneinander gestellt habe. Es ist zu erkennen, dass die Zuordnungen die Raster der Tabelle überschreiten. Sowohl die ESG-Dimensionen als auch die Ziele der UN-SDG lassen sich zum Teil mehreren Stufen der Bedürfnispyramide von Maslow als auch dem PPP-Modell zuordnen – und umgekehrt.

Hierarchy of needs	ESG	Product People Planet	UN-SDG
self-fullfilment	governance		10. equality of states 8. economic growth 16. peaceful communities
social and love needs	social	people	5. education
security	social	product	4. gender 11. cities 12. consumption & production 3. health
phys: food, water, housing			1. end poverty
	environment	planet	6. water 7. energy 9. infrastructure 13. combat climate change 14. oceans 2. food
		17. strengthen partnership for (1) ... (16)	

Tab. 1: Psychologie, Organisationsentwicklung, ESG und UN-SDG

In welchem der UN-Ziele ist Informatik enthalten? „Informatik ist überall" ist mittlerweile eine Redewendung. In meinen Augen ist es insbesondere Ziel (9), die Infrastruktur, jedoch sicher auch die Ziele (1) bis (16) in unterschiedlichem Ausmaß und je nach dem Kontext, in dem Menschen versuchen, dieses Ziel zu verwirklichen.

4   Beiträge der Informatik

Informationstechnologie zu nutzen kann ein Ressourcenfresser sein. Streaming und Clouds sind zwei Beispiele dafür. IT kann auch die Schonung von Ressourcen unterstützen: Smarte Steuerungen sind ein Beispiel dafür: smart homes, smart hospitals, smart cities und einige mehr [IS17]. Beides ist von Entscheidungen und Verhaltensweisen abhängig. Im Projekt- und Unternehmensalltag sehen wir dies in der Verwendung von Ressourcen in Forschung & Entwicklung: wie viele Rechner und Server brauchen wir?; in der Kommunikation: müssen wir zum Projektpartner fliegen?; in der Nutzung von Räumen: wie groß sind das Büro der Chefin, des Chefs, der Besprechungsraum? Wie ist die Energiebilanz des Gebäudes?

Zu welchen Entscheidungen Menschen gelangen und in welcher Form sie dies umsetzen, hängt von ihren Werten, ihrer Haltung und den Werten und der Policy der Organisation ab, in der sie sich bewegen. Dies ist ein Gebiet der Sozioinformatik.

4.1   Sozioinformatik

Sozioinformatik ist eine Disziplin, die sich mit der Wechselwirkung von Menschen und (Informations-) Technologie auseinandersetzt [We21]. Sozioinformatikerinnen und -informatiker sind von ihrer Ausbildung her manchmal – in jüngerer Zeit – Sozioinformatikerinnen und -informatiker. Oftmals kommen sie jedoch aus der Soziologie, Psychologie, Philosophie, Kulturanthropologie, Völkerkunde (Ethnologie), Geschichts-, Rechts- und Wirtschaftswissenschaften (Betriebs- und Volkswirtschaft) und – natürlich – Informatik. Sozioinformatik ist multidisziplinär.

Sozioinformatik sucht und findet Muster. Ein Beispiel ist die Tabelle 1 weiter oben. Soziotechnik spannt den Bogen noch weiter als die Sozioinformatik. Zwei Modelle aus der Soziotechnik sind von besonderer Bedeutung für die Interaktion von Menschen und (Informations-) Technik: Actor Network Theory und Social Shaping of Technology.

4.2   Soziotechnik

In einem sozio-technischen System interagieren Menschen und Artefakte. Artefakte sind von Menschen hergestellte Gegenstände: Werkzeuge, Maschinen und damit auch IT. Dies bedeutet, dass Menschen IT für ihre Bedarfe entwickeln – das allein wäre rein deterministisch – und die Rechnersysteme selbst Menschen in der Entwicklung und Nutzung von IT beeinflussen. Diese Wechselwirkung und gegenseitige Beeinflussung sind Gegenstand der Actor Network Theory und des Social Shaping of Technology.

Bruno Latour (1947–2022), Philosoph und Soziologe, prägte in den 1980er Jahren den Begriff Actor Network Theory (ANT), Akteur-Netzwerk-Theorie [La98]. Er schlug vor, technische Gegenstände und das Wissen darüber (Technologie) und das soziale Zusammenleben (Soziologie) als ein Netz zu betrachten, in dem Menschen und von ihnen hergestellte Gegenstände (Artefakte) die Knoten des Netzes bilden. Die Beziehung von Menschen zu Menschen, Menschen zu Gegenständen sowie Gegenständen zu Gegenständen bilden die Kanten (Linien) des Netzes. MacKenzie & Wajcman [MW99] und Williams & Edge [WE96] entwickelten in ihren Forschungsgruppen Social Shaping of Technology (SST), die soziale Gestaltung von Technologie. Dies ist ein Perspektivenwechsel, ein Paradigmenwechsel von der technologischen Vorherbestimmtheit (technological determinism) hin zur Technologie als sozialer Konstruktion.

Verknüpfung von Akteuren kennen auch die Quechua. Alles ist miteinander verbunden und interagiert, nimmt Einfluss aufeinander. Auch ein Notebook auf die Luftqualität in der Antarktis.

5   Buen vivir: Balance

Buen vivir oder auch sumaq kawsay (südliches Quechua) ist Kern der Weltanschauung indigener Völker in Lateinamerika. Es geht um Balance, um materielle, soziale und spirituelle Zufriedenheit und um Demut. So viel nehmen wie ich brauche, ressourcenschonend, und genauso viel und möglichst mehr zurückgeben. Buen vivir heißt nicht angenehmes oder sorgenfreies Leben oder viele materielle Güter. Buen vivir bedeutet eine Balance der Menschen untereinander und auch der Menschen und der Natur [Hü16].

Ecuador hat Buen vivir 2008 in seine Verfassung aufgenommen [Co22; La08]. Alberto Acosta Espinosa, kurz Alberto Acosta (*1948 in Quito), hat Wirtschaftswissenschaften (Betriebs- und Volkswirtschaften) in Deutschland studiert und war maßgeblich an der ecuadorianischen Verfassungsgebung beteiligt. Die Verfassung beschreibt die Natur nicht mehr als auszubeutendes Objekt sondern als Subjekt. Die Menschen haben Grundrechte. Sie beinhalten

> [...] das gleiche Recht auf ein würdevolles Leben, das Gesundheit, Nahrung, Trinkwasser, Unterkunft, eine gesunde Umwelt, Bildung, Arbeit, Erholung und Freizeit, Sport, Kleidung, soziale Sicherheit und andere notwendige soziale Dienstleistungen [...].
> ([Ac09], S. 219)

Acosta beschreibt im zitierten Artikel sehr gut auch die Zweifel von Politikern unterschiedlichster Richtungen im verfassungsgebenden Prozess. Und Acosta betont, dass das immer wieder Aushandeln in der Verwirklichung dieser – wie er es selbst nennt – „Utopie" ein sehr langer Prozess ist.

6   Und nun alle zusammen

Was und wie können Buen vivir, Sozioinformatik und Informatik zur Nachhaltigkeit und zur Bewältigung der Herausforderungen beitragen, mit denen dieser Artikel beginnt?

Es ist eine Frage der Haltung. Aus Sicht der Sozioinformatik geht es um Balance zwischen technisch Machbarem und den Konsequenzen für Menschen, ihr (soziales) Zusammenleben und die Umwelt (wir sind Teil der Umwelt).

Was haben wir? Was können wir?

Wir haben sowohl in den indigenen Kulturen als auch in wissenschaftlichen Modellen das Bewusstsein, dass alles miteinander verbunden ist: Buen vivir / sumaq kawsay der Quechua [Ac09; Hü16; La08], Actor Network Theory [La98] und Social Shaping of Technology [MW99; WE96]. Dies hat sich auch in den Arbeiten der Vereinten Nationen niedergeschlagen: dem United Nations Framework Convention on Climate Change [UN92] und der 2030 Agenda for Sustainable Development [UN15]. Auch zahlreiche Unternehmen und andere Organisationen haben verstanden, dass es sich ökologisch, sozial und ökonomisch lohnt, ganzheitlich vorzugehen [UN04]. Darüber berichten sie beispielsweise anhand der GRI-Standards als Entscheidungsbasis für Investoren und andere Stakeholder [GRI23].

Wie können wir dieses Bewusstsein im Alltag der Anwendung von Informationstechnologien und in IT-Projekten verankern?

Reden wir darüber, immer wieder: in Auftragsgewinnung und Projekt-Design, in strategischen und taktischen Entscheidungsprozessen, in der Aus- und Weiterbildung in Hoch- und anderen Schulen mit einer festen Verankerung in den Curricula, in Workshops, Seminaren, in Artikeln, Blogs, Büchern, im Radio, im TV, im Netz und auf Konferenzen. Tauschen wir uns mit Kolleginnen und Kollegen aus, mit Auftraggebenden, mit Nutzerinnen und Nutzern – kurz mit den Menschen.

Und lassen Sie uns Sozio-Technik im Sinne des Buen Vivir mit allen Beteiligten entwickeln, implementieren und pflegen: Nutzende, Entscheidende, Entwickelnde und andere Stakeholder. Ein Ansatz dazu kann die Wertschätzende Erkundung (appreciative inquiry) sein. Sie gehört zu den Ansätzen der humanistisch-systemischen Organisationsentwicklung und ist ein durchgehend auf positive Aspekte und Ressourcen fokussiertes Vorgehen. Hintergründe, Leitgedanken, Vorgehen, Instrumente (Interviewleitfäden et cetera) und Beispiele sind Thema zahlreicher Veröffentlichungen [AC23, CWS08, We17]. Wertschätzende Erkundung geht davon aus, dass sich unsere Aufmerksamkeit auf das richtet, wonach wir fragen. Fragen Sie also nicht nach Problemen und Fehlern. Lassen Sie uns fragen:

Was ist das Beste, das wir haben? Was können wir sehr gut? Was können wir alles noch schaffen? Wir werden Antworten finden.

Literaturverzeichnis

[Ac09]   Acosta Espinoza, A.: Das „Buen Vivir". Die Schaffung einer Utopie. (übersetzt und gekürzt von Almut Schilling-Vacaflor). Juridikum 2009-4: 219-223.

[AIC23]   Appreciative Inquiry Commons. David L. Cooperrider Center for Appreciative Inquiry at Champlain College in continuing partnership with Case Western Reserve University's Weatherhead School of Management. – https://appreciativeinquiry. champlain.edu/ (accessed 22 August 2023)

[Co23]   Colaboradores de Wikipedia, 'Asamblea Constituyente de Ecuador de 2007 y 2008', Wikipedia, La enciclopedia libre, 18 julio 2023, 01:45 UTC, <https://es.wikipedia.org/w/index.php?title=Asamblea_Constituyente_de_Ecuador_de_2007_y_2008&oldid=152532147> [descargado 18 julio 2023]

[Cr00]   Crainer, S.: The Management Century. New York, Jossey-Bass 2000.

[Cu08]   Cummings, T.G. (Ed): Handbook of Organization Development. Los Angeles, Sage Publications 2008.

[CWS08]   Cooperrider, D.L.; Whitney, D.; Stavros, J.M.: Appreciative Inquiry Handbook (2nd ed.) Oakland, CA, Berrett-Koehler Publishers 2008.

[GRI23]   GRI (Global Reporting Initiative). Integrating SDGs into sustainability reporting. [with links to he download of several reporting tools]. – https://www.globalreporting.org/public-policy-partnerships/sustainable-development/integrating-sdgs-into-sustainability-reporting/ (accessed 21 August 2023)

[Ha19]   Haberstock, P.: ESG-Kriterien. In: Wirtschaftslexikon Gabler. Revision von ESG-Kriterien vom 28.01.2019 – 16:23. – https://wirtschaftslexikon.gabler.de/definition/esg-kriterien-120056/version-369280 (besucht am 21 August 2023)

[Hü16]   Hübener, K.L.: Gut leben statt besser leben: Die Natur in der Weisheit südamerikanischer Völker. Feature in der Reihe Lebenszeichen. Köln, WDR 13.03.2016 – https://www1.wdr.de/radio/wdr5/sendungen/lebenszeichen/gut-leben-100.html   (16 März 2016 & 03 Jul 2020)

[IS17]   Informatik Spektrum. Themenheft „Smart Cities" Band 40, Heft 1, Februar 2017.

[La08]   Langer, M.: Eine neue Verfassung für Ecuador? Eine Analyse des Verfassungsentwurfs. Friedrich Ebert Stiftung 2008. – https://library.fes.de/pdf-files/iez/05723.pdf (21 August 2023)

[La98]   Latour, B.: On recalling ANT. In: Law J, Hassard J (ed). Actor Network and After. Oxford, Blackwell Publishers 1998: 15-25. – http://www.bruno-latour.fr/sites/default/files/P-77-RECALLING-ANT-GBpdf.pdf (21 August 2023)

[Ma43]   Maslow, A.H.: A theory of human motivation. Psychological Review 50 (4), 370–396, 1943. – https://psychclassics.yorku.ca/Maslow/motivation.htm (accessed 22 August 2023)

[Ma54]   Maslow, A.H.: Motivation and Personality. New York, Harper and Brothers 1954.

[MW99]   MacKenzie D, Wajcman J (ed). The Social Shaping of Technology (Second Edition). Buckingham, Philadelphia, Open University Press 1999.

[Se06]   Senge, P.M.; The Fifth Discipline. The art and practice of the learning organization. Revised edition. London, Doubleday 2006.

[UN92]   UN, United Nations. United Nations Framework Convention on Climate Change. 1992 – https://unfccc.int/resource/docs/convkp/conveng.pdf (accessed 21 August 2023)

[UN04]   UN, United Nations. The global impact. Who cares wins. Connecting financial markets to a changing world. Recommendations by the financial industry to better integrate environmental, social and governance issues in analysis, asset management and securities brokerage.   2004.   –   https://www.unepfi.org/fileadmin/events/2004/stocks/who_cares_wins_global_compact_2004.pdf (accessed 21 August 2023)

[UN15]   UN, United Nations. Transforming our World: The 2030 Agenda for Sustainable Development. 2015. – https://sdgs.un.org/2030agenda (accessed 21 August 2023)

[We17]   Weßel, C.: Beraten: Philosophien, Konzepte und das Projekt. Frankfurt am Main, Weidenborn Verlag 2017.

[We21]   Weßel, C.: Sozioinformatik: Von Menschen & Computern … und Bibern. Rastede, Weidenborn Verlag 2021.

[WE96]   Williams, R.; Edge, D.: The social shaping of technology. Research Policy 1996; 25 (6): 865–899. – https://www.researchgate.net/publication/222482133 _The_Social_Shaping_of_Technology (09 May 2023)

[Wi23]   Wikipedia contributors, 'Environmental, social, and corporate governance', Wikipedia,

The Free Encyclopedia, 16 August 2023, 11:11 UTC, <https://en.wikipedia.org/w/index.php?title=Environmental,_social,_and_corporate_governance&oldid=1170655222> [accessed 21 August 2023]

GI-Edition Lecture Notes in Informatics

P-324   Matthias Riebisch,
Marina Tropmann-Frick (Hrsg.)
Modellierung 2022
Fachtagung vom 27. Juni - 01. July 2022,
Hamburg

P-325   Heiko Roßnagel,
Christian H. Schunck,
Sebastian Mödersheim (Hrsg.)
Open Identity Summit 2022
Fachtagung vom 07. - 08. July 2022,
Copenhagen

P-326   Daniel Demmler, Daniel Krupka, Hannes
Federrath (Hrsg.)
INFORMATIK 2022
26.–30. September 2022
Hamburg

P-327   Masud Fazal-Baqaie, Oliver Linssen,
Alexander Volland, Enes Yigitbas,
Martin Engstler, Martin Bertram,
Axel Kalenborn (Hrsg.)
Projektmanagement und
Vorgehensmodelle 2022
Trier 2022

P-328   Volker Wohlgemuth, Stefan Naumann,
Hans-Knud Arndt, Grit Behrens,
Maximilian Höb (Editors)
Environmental Informatics 2022
26.–28. September 2022,
Hamburg, Germany

P-329   Arslan Brömme, Naser Damer,
Marta Gomez-Barrero, Kiran Raja,
Christian Rathgeb, Ana F. Sequeira,
Massimiliano Todisco, Andreas Uhl (Eds.)
BIOSIG 2022
14. - 16. September 2022,
International Conference

P-330   Informatik in der Land-, Forst- und
Ernährungswirtschaft
Fokus: Resiliente Agri-Food-Systeme
Referate der 43. GIL-Jahrestagung
13.–14. Februar 2023Osnabrück

P-331   Birgitta König-Ries, Stefanie Scherzinger,
Wolfgang Lehner, Gottfried Vossen
(Hrsg.)
Datenbanksysteme für Business,
Technologie und Web (BTW 2023)
06.–10. März 2023, Dresden

P-332   Gregor Engels, Regina Hebig,
Matthias Tichy (Hrsg.)
Software Engineering 2023
20.–24. Februar 2023, Paderborn

P-333   Steffen Becker & Christian Gerth (Hrsg.)
SEUH 2023
23.–24. Februar 2023, Paderborn

P-334   Andreas Helferich, Dimitri Petrik,
Gero Strobel, Katharina Peine (Eds.)
1st International Conference on Software
Product Management
Organized by „GI Fachgruppe Software
Produktmanagement im Fachbereich
Wirtschaftsinformatik (WI PrdM)",
Frankfurt, 2023

P-335   Heiko Roßnagel, Christian H. Schunck,
Jochen Günther (Hrsg.)
Open Identity Summit 2023
15.–16. June 2023, Heilbronn

P-336   Lutz Hellmig, Martin Hennecke (Hrsg.)
Informatikunterricht zwischen
Aktualität und Zeitlosigkeit
20.-22. September 2023, Würzburg

P-338   René Röpke und Ulrik Schroeder (Hrsg.)
21. Fachtagung
Bildungstechnologien (DELFI)
11.-13. September 2023, Aachen

P-340   Axel Kalenborn, Masud Fazal-Baqaie,
Oliver Linssen, Alexander Volland,
Enes Yigitbas, Martin Engstler,
Martin Bertram (Hrsg.)
Projektmanagement und
Vorgehensmodelle 2023
16. und 17. November 2023, Hagen

P-341   Gunnar Auth und Tim Pidun (Hrsg.)
6. Fachtagung Rechts- und
Verwaltungsinformatik (RVI 2023)
26.–27. Oktober 2023, Dresden

All volumes of Lecture Notes in Informatics
can be found at
https://dl.gi.de/handle/20.500.12116/21.

The titles can be purchased at:

Köllen Druck + Verlag GmbH
Ernst-Robert-Curtius-Str. 14 · D-53117 Bonn
Fax: +49 (0)228/9898222
E-Mail: druckverlag@koellen.de